INTÉGRATION EN AFRIQUE CENTRALE

Réformes, projets prioritaires, et rationalisation des Communautés économiques régionales

Émergences Africaines

Dirigée par Magloire KEDE ONANA

La collection « ÉMERGENCES AFRICAINES » se propose de renverser des certitudes faciles. Nous sommes convaincus que l'Afrique, longtemps considérée comme en retrait, s'ouvre au monde, et est plus que jamais au cœur des enjeux. Son Histoire ne doit plus s'écrire ailleurs, par des continents eux-mêmes en crise de modèles à proposer/imposer.
Une nouvelle génération très entreprenante d'Africains et d'Africanistes existe aujourd'hui, qui problématise et réécrit l'Histoire du continent dans toutes ses facettes, et par une approche multidisciplinaire. Il s'agit de dévoiler une Afrique des « Bonnes Nouvelles » : celle qui, parce que plus ouverte au monde, présente tous ses atouts d'émergence.
Dernière arrivée dans la compétition mondiale, l'Afrique est capable d'apporter un élan différent à la mondialisation grâce à son devenir, qui est subordonné à son être.

Dernières parutions

Georges-Giresse MONDO, *Terre d'errance*, Roman, juin 2023
Sarah Anyang AGBOR, Edward Oben AKO, Manyaka Toko DJOCKOUA, *American literature, Periods, Trends and Themes*, janvier 2023
Jacques Didier LAVENIR MVOM, *Cameroun 1962 le train de la mort, Un épisode tragique oublié de la guerre d'indépendance*, janvier 2023
Abel MINKO MINKO, *Les voies d'exécution dans l'espace OHADA, Le cas du Cameroun*, décembre 2022
Eric Bertrand LEKINI, *L'intelligence artificielle, Le nouvel art de la guerre hybride au Cameroun*, septembre 2022
Marcelline DJEUMENI TCHAMABE, *La pédagogie des urgences à l'ère du numérique en de Covid-19*, septembre 2022
Rémy MBIDA MBIDA, *L'Union Africaine dans le maintien de la paix et sa coopération avec les Nations unies*, septembre 2022
Magloire Bienvenu MBA, *La responsabilité catéchétique des missionnaires. Analyse théologique des archives missionnaires du Sud-Cameroun 1890-1965*, 2022.
Victor-Joseph BELLA, *L'Ultime mort du Ressuscité*, 2022.
Guy David MBARA A BETSEM, *La chose constatée devant le Comité des droits de l'Homme des Nations Unies. Contribution à la théorie de l'expertise internationale*, 2021.
Jules Ambroise NOPOUDEM, *Le Cameroun dans l'accord de partenariat de Cotonou. Une analyse de la mise en oeuvre des Programmes indicatifs Nationaux du Fonds européen de Développement (2000-2020)*, 2021.

Guy MVELLE

INTÉGRATION EN AFRIQUE CENTRALE

Réformes, projets prioritaires, et rationalisation des Communautés économiques régionales

L'Harmattan

Du même auteur

L'Union Africaine : Fondements, organes, programmes et actions, Paris, l'Harmattan, 2007

L'Union Africaine face aux contraintes de l'action collective, Yaoundé, l'Harmattan, 2013

Intégration et coopération en Afrique. La difficile rencontre possible entre les théories et les faits, Yaoundé, l'Harmattan, 2014

L'aide française en Afrique. Les mutations via les contrats de désendettement et de développement (C2D), Paris, l'Harmattan, 2016

L'Union Africaine quinze ans après (avec Laurent Zang), Paris, l'Harmattan, 2017

Antonio Gutterez au Secrétariat général de l'ONU : Les attentes impatientes de l'Afrique, Paris, l'Harmattan, 2017

Manu Dibango. Essai sur la mondialité d'une africanité menacée, Paris, l'Harmattan, 2021

En couverture : image générée par IA et modifiée par Geoges Macaire Eyenga

5-7, rue de l'École-Polytechnique, 75005 Paris
http://www.editions-harmattan.fr
ISBN : 978-2-336-49363-3
EAN : 9782336493633

Sommaire

Remerciements

L'auteur de ces pages tient à adresser ses sincères remerciements aux autorités du PREF-CEMAC qui ont bien voulu mettre à sa disposition les soutiens financiers et matériels qui lui ont permis de se rendre dans certaines capitales d'Afrique centrale où se trouvent les institutions sous-régionales pour y collecter les données en complément de l'abondante documentation mise à la disposition par le secrétariat permanent du programme que dirige le Pr. Michel Cyr Djiena Wembou.

Cette gratitude s'étend tout particulièrement à toutes les autorités qui nous ont accordé des audiences nous permettant de mieux comprendre les projets d'intégration dans la sous-région et les difficultés que celle-ci rencontre. Il s'agit de façon non limitative de Madame la Ministre de l'intégration de la République du Congo, Monsieur le représentant du président de la BDEAC, Monsieur l'ambassadeur extraordinaire et plénipotentiaire du Cameroun en Guinée Equatoriale, Monsieur le commissaire de la CEMAC en charge de l'Éducation, de la Recherche, du Développement Social, des droits de l'homme et de la bonne gouvernance, le commissaire de la CEMAC en charge du marché commun, Madame la Directrice du commerce et de la concurrence à la commission de la CEMAC et tous les responsables de la commission qui se reconnaitront dans ce propos.

La reconnaissance de l'auteur va enfin à la dynamique équipe de l'unité de recherche en droit, institutions et intégration communautaires de l'université Dschang qui a assuré la relecture finale de ce travail, en particulier le Pr. Zulandice Zankia et les Dr. Marien Ludovic Ndiffo Kemetio et Théophile Nguimfack Voufo.

Bien évidemment, toutes les opinions émises dans cet ouvrage doivent être considérées comme propres à son auteur.

Liste des sigles et abréviations

- **AEF :** l'Afrique Équatoriale française
- **ASSA-AC :**_agence de supervision de la sécurité aérienne en Afrique centrale
- **BAD :** banque africaine de développement
- **BDEAC :**_banque de développement des États de l'Afrique centrale
- **BDEGL :** banque de développement des États des grands lacs
- **BEAC :** banque des États de l'Afrique centrale
- **BM :** banque mondiale
- **BMI :** bureau maritime international
- **CAC :** communauté de l'Afrique centrale
- **CADBE :**_charte africaine des droits et du bien-être de l'enfant
- **CADEG :**_charte africaine de la démocratie, des élections et de la gouvernance
- **CADHP :**_charte africaine des droits de l'homme et des peuples
- **CCPAC :**_comité des chefs de police de l'Afrique centrale
- **CEA :** communauté économique africaine
- **CEAO :** communauté économique de l'Afrique de l'Ouest
- **CEBEVIRHA :** commission économique du bétail, de la viande et des ressources Halieutiques
- **CEDAC :** communauté économique et de développement de l'Afrique centrale
- **CEEAC :**_communauté économique des États de l'Afrique centrale
- **CEMAC :**_communauté économique et monétaire de l'Afrique centrale

- **CEPGL :** communauté économique des pays des grands lacs
- **CER :** communautés économiques régionales
- **CESE :** conseil économique, social et environnemental
- **CICOS :** commission international du bassin du Congo-Oubangui-Sangha
- **COBAC :** commission bancaire de l'Afrique centrale
- **COMIFAC :** commission des forêts d'Afrique centrale
- **COPAX :** conseil de paix et de sécurité pour l'Afrique centrale
- **COPIL :** comité de pilotage
- **COPIL/CER-AC :** comité de pilotage des réformes des communautés économiques régionales en Afrique centrale
- **COREP :** comité des représentants permanents
- **COSUMAF :** commission de surveillance du marché financier de l'Afrique centrale
- **CPC :** coalition des patriotes pour le changement
- **CRESMAC :** centre régional de la sécurité maritime de l'Afrique centrale
- **DSCE :** document de stratégie pour la croissance et l'emploi
- **EHT-CEMAC :** école d'hôtellerie et du tourisme de la CEMAC
- **EIED :** école inter-Etat des douanes
- **FDLR :** forces démocratiques de libération du Rwanda
- **FMI :** fonds monétaire international
- **FOMAC :** force multinationale de l'Afrique centrale
- **FSRDA :** fonds spécial régional de développement agricole
- **GABAC :** groupe d'action contre le blanchiment d'argent en Afrique centrale

- **GATT** : accord général sur les tarifs douaniers et le commerce
- **GUCE** : guichet unique des opérations du commerce extérieur
- **HAM** : haute autorité monétaire
- **HAMF** : haute autorité des marchés financiers
- **IDE** : investissements directs étrangers
- **IRAZ** : institut de la recherche agronomique et zootechnique
- **ISSEA** : institut sous régional de statistique et d'économie appliquée
- **ISTA** : institut sous régional multisectoriel de technologie appliquée, de planification et d'évaluation des projets
- **M23** : mouvement du 23 mars
- **MAEP** : mécanisme africain d'évaluation par les pairs
- **MARAC** : mécanisme d'alerte rapide de l'Afrique centrale
- **OCA-CEMAC** : observatoire du climat des affaires en zone CEMAC
- **OCAM** : organisation commune africaine et mauricienne
- **OCAMM** : organisation commune africaine et malgache mauricienne
- **OCDE** : organisation pour la coopération et le développement économique
- **OCEAC** : organisation de coordination pour la lutte contre les endémies en Afrique centrale
- **ONU/CEA** : commission économique des Nations unies pour l'Afrique centrale
- **OPCVM** : organismes de placements collectifs des valeurs mobilières
- **PAC-CEEAC** : politique agricole commune de la CEEAC

- **PDCT-AC :** plan directeur consensuel des transports en Afrique centrale

- **PEAC :** pool énergétique de l'Afrique centrale

- **PER :** programme économique régional

- **PIDA :** programme pour le développement des infrastructures

- **PMI :** programme minimum d'intégration

- **PPP :** partenariat public privé

- **PREJAC :** projet régional d'appui à l'entrepreneuriat jeune agricole en Afrique centrale

- **PREF-CEMAC :** programme des réformes économiques et financières de la CEMAC

- **PREP-CEMAC :** programme des réformes économiques et financières de la CEMAC

- **PRIASAN :** programme régional d'Investissement agricole, de sécurité alimentaire et nutritionnelle

- **PRR :** programme de réforme régional

- **SIG :** système d'information géographique

- **SINELAC :** société internationale pour l'électricité des grands lacs

- **TCI :** taxe communautaire d'intégration

- **TEC :** tarif extérieur commun

- **TSD :** traitement spécial différencié

- **UA :** union africaine

- **UAMCE :** union africaine et malgache de coopération économique

- **UDE :** union douanière équatoriale

- **UDEAC :** union douanière des États d'Afrique centrale

- **UE :** Union européenne

- **UEAC :** union des États de l'Afrique centrale (1968)
- **UEAC :** union économique d'Afrique centrale
- **UMAC :** l'union monétaire d'Afrique centrale
- **ZLE :** zone de libre-échange
- **ZLECAf :** zone de libre-échange continentale africaine

Introduction générale

La physionomie plurielle et concurrentielle de l'intégration régionale actuelle en Afrique centrale découle d'un long processus historique. Il tire ses sources dans le contexte de la fin de la colonisation en Afrique, le non-alignement, le panafricanisme, et la conscience qu'ont eue très tôt les États de se rassembler pour constituer des ensembles ou blocs régionaux capables d'affronter les enjeux internes de développement, et résister aux chocs exogènes dont les variations pouvaient avoir un impact dans la région. Les tenants d'une perspective économique attribuent ce besoin précoce d'intégration à « l'échec des tentatives menées depuis les indépendances pour parvenir à une industrialisation réussie, caractérisée par une substitution aux importations »[1]. L'on est alors dans une composante essentielle de leurs stratégies de développement, principalement articulée sur la motivation économique de surmonter l'isolement de petites économies fractionnées. Ceci a entraîné comme c'est le cas de nombreuses autres régions d'Afrique, la composition et la recomposition d'organisations régionales et sous-régionales à vocation économique, mais également plus ou moins généraliste œuvrant pour renforcer la coopération et l'intégration aux plans économique, social et politique.

Dès 1959, dans le but de créer des rassemblements techniquement utiles et fonctionnels pour des solutions à des problèmes spécifiques, l'Union douanière équatoriale (UDE) est créée et constituée de quatre anciens territoires sous administration française entre 1910 et 1958 que sont le Gabon, le Moyen-Congo (dont une partie correspond au Gabon et une autre à la République du Congo actuelle), le Tchad et l'Oubangui-Chari (devenu République Centrafricaine)[2]. Le Cameroun dont le statut très complexe a évolué de colonie allemande et britannique à mandat de la Société des Nations et tutelle de la France, rejoint le groupe des quatre en 1961, alors qu'il venait d'accéder à son indépendance le 1er janvier 1960. En 1964, les cinq États devenus indépendants transforment l'UDE en Union douanière des États d'Afrique centrale (UDEAC) et sont rejoints vingt ans après (1984) par la Guinée Equatoriale, ex-colonie espagnole ayant accédé à l'indépendance en 1968. Ce regroupement est l'embryon d'une véritable union douanière, avec un fonds commun de solidarité et un tarif extérieur commun. Il est également chargé de la coopération économique dans

[1] ONU-CEA : Historique des efforts déployés en Afrique en appui à l'intégration régionale, consulté le 17 mars 2024 à 13h 08.

[2] L'AEF avait pour capitale Brazzaville où siégeait le gouverneur général, représentant du ministre français des colonies.

certains domaines comme l'implantation des industries en Afrique centrale. L'UDEAC devient le 16 mars 1994, Communauté Economique des États de l'Afrique Centrale (CEMAC), avec au cœur de ses missions, l'économie, la monnaie et la paix comme facteur de développement harmonieux des États membres, à travers une union économique et une union monétaire.

Lors de la célébration le 16 mars 2024 des trente années d'existence de la CEMAC, un bilan plutôt mitigé a été dressé, y compris par les plus hautes autorités de la Communauté. Monsieur Faustin Archange Touadéra, président en exercice et chef d'État de la RCA a reconnu par exemple les faiblesses que présente la sous-région dans l'amélioration des conditions de vie de certaines couches de populations vulnérables, à l'instar des jeunes et des femmes qui constituent par ailleurs la démographie la plus importante de l'espace. Ces populations fragilisées par différentes conjonctures socioéconomiques et politiques, et qui constituent « le plus grand fondement de l'espoir »[3] de la communauté de demain, devraient bénéficier d'un regard particulier. À cela s'ajoute la lancinante question du bon fonctionnement des institutions de la CEMAC qui ont de plus en plus du mal à mettre en œuvre leurs nombreux et importants chantiers intégrateurs. Le président centrafricain propose une rupture ou au moins une diminution de la dépendance vis-à-vis de l'extérieur, à travers un financement sans recours aux partenaires extérieurs, car, la communauté « regorge de nombreuses ressources et, par des mécanismes innovants, peut mieux s'organiser et avoir la maîtrise des financements internes de son développement »[4]. La CEMAC devrait faire preuve d'imagination, de détermination sans faille et d'une volonté politique encore plus affirmée permettant de transformer l'espoir « en un immense succès afin de placer définitivement l'espace sur une orbite d'expansion économique susceptible d'éradiquer la misère et la pauvreté encore présentes dans nos sociétés »[5].

D'autres dynamiques intégratives se mettront en place en Afrique centrale toujours dans le but de créer des ensembles techniquement fonctionnels, mais coordonnés par des concertations intergouvernementales avec pour ambition de faire face aux problèmes sans cesse croissants qui se posent aux populations, et de conjuguer les efforts lorsque les solutions nationales et globales ne peuvent pas être suffisantes.

Le 20 septembre 1976 naît la CEPGL autour de trois États que sont : la RDC, le Burundi et le Rwanda Ils comptent assurer un large éventail de missions au profit de leurs gouvernements et populations dans des domaines

---

[3] Discours du président Faustin Archange Touadera lors de la célébration du 30e anniversaire de la CEMAC, 16 mars 2024.

[4] Touadera F A, discours du 16 mars 2024 cité.

[5] Discours du président Touadera cité plus haut.

comme : la sécurité des États et de leurs populations, la promotion et l'intensification des échanges commerciaux, la circulation des personnes et des biens ; et la coopération dans les domaines social, économique, commercial, scientifique, etc.

En 1983, la Communauté Economique des États de l'Afrique centrale (CEEAC) est à son tour créée. Elle regroupe onze membres ayant également de larges ambitions généralistes autant dans le domaine politique, économique, culturel, technique que scientifique.

Toutes ces organisations comptent en leur sein de nombreux organes, institutions et agences spécialisées où siègent les mêmes États de la région. Elles donnent une impression de concurrence et d'éclatement parce que les mêmes missions peuvent être réalisées par plusieurs entités à la fois, au bénéfice des mêmes États et gouvernements qui pourtant ne disposent pas suffisamment de ressources pour satisfaire à cette multi-appartenance. Toutefois, l'on peut aussi voir dans cette multi-appartenance, une foi à la solidarité et à l'intégration entre peuples et gouvernements ayant une histoire commune, des cultures similaires, partageant ensemble des frontières et conscients que les problèmes communs ne peuvent être résolus que dans le cadre de solidarités intégratives dépassant l'espace des États-nations.

La démarche ci-dessus est saluée par les uns, mais critiquée par les autres, caractérisant tout de même l'intégration régionale en Afrique centrale qui néanmoins, avance tout en éprouvant certaines difficultés à remplir tous les objectifs qu'elle s'est assignés. D'où la série de réformes engagées ces vingt dernières années avec en toile de fond : la stabilisation du cadre macro-économique des Etats, une transformation structurelle et profonde des économies de la sous-région afin de renforcer leur résilience et les placer sur le sentier de l'émergence, et l'amélioration de l'efficacité des institutions régionales pour une meilleure gouvernance organisationnelle et financière. La perspective est fondamentalement économique, libérale, même si le rôle des États reste très prépondérant. Ce qui est recherché, c'est une situation économique et financière performante, non entravée par les contraintes gouvernementales qui restent pourtant très présentes. Toute chose qui nécessite un éclairage tant sur les contenus des principales réformes en cours, les transformations qu'elles suscitent, l'impact sur l'intégration et le développement des Etats et des peuples, les insuffisances et les mesures correctives nécessaires et les modèles théoriques possibles qui en découlent.

La région Afrique centrale est souvent considérée comme très en retard par rapport aux autres espaces d'intégration africaine. Pourtant elle a réalisé au fil des années, de nombreuses avancées perceptibles. C'est le cas du marché commun de la CEMAC où l'on peut observer de nombreuses évolutions sur la libre circulation des personnes et des biens, l'union douanière, le commerce et la fiscalité. Depuis le 1er janvier 2014, cette libre circulation est effective au sein des six pays de la Communauté, sous réserve de la présentation d'une carte nationale d'identité ou d'un passeport en cours de validité, avec certaines difficultés résolues en octobre 2017 par chaque État membre. Au sein de l'Union douanière, le Conseil des ministres de la Communauté a renforcé le 28 décembre 2021, le règlement portant sur le tarif extérieur commun (TEC) selon la version 2022 du système harmonisé de la désignation et de la codification des marchandises. Au niveau du commerce, les échanges intra-communautaires restent faibles (environ 4 %° en comparaison aux échanges avec le reste du monde), mais ils se densifient de plus en plus même s'ils sont plus favorables à certains pays comme le Cameroun, le Gabon, le Tchad et le Congo dont la part est respectivement de 37 %, 16,6 %, 15,4 % et 14,2 %, la RCA et la Guinée Équatoriale ne représentant, respectivement que 9,7 % et 6,5 %.

Une intégration dans le domaine de la fiscalité existe depuis l'UDEAC qui avait adopté dès le 13 décembre 1966, une convention fiscale entre les pays membres, laquelle était précédée par une convention d'assistance mutuelle administrative signée le 14 décembre 1965. De nombreux autres textes ont été adoptés dans ce domaine dont la directive du 30 juillet 2004 portant révision de l'acte instituant l'impôt unique sur le revenu des personnes physiques, ou le règlement du 08 avril 2019 portant révision de l'Acte du 13 décembre 1966 relatif à la convention sur la non double imposition de l'impôt sur le revenu des personnes physiques. Des efforts restent néanmoins importants dans ce domaine, en raison de la délicate cohabitation entre la souveraineté fiscale des États et les prérogatives communautaires en la matière. Les Etats de la Communauté, tout en acceptant le principe d'une fiscalité communautaire, ne respectent pas toujours leurs engagements en créant de nouveaux droits ou en maintenant ceux qui sont caducs, ou alors en refusant systématiquement de reverser une taxe importante comme la taxe communautaire d'intégration (TCI). Parmi les États récalcitrants, les sources dignes de foi citent deux pays pétroliers de la sous-région dont les agents déclarent que leurs gouvernements collectent bien cette taxe, mais ne la reversent pas. Le motif est que c'est une manne financière colossale mal utilisée par les instances communautaires. En dehors d'une sensibilisation plus persuasive, la meilleure solution à ce problème est la mise sur pied d'un corps d'agents de recouvrement de la TCI dans les différents services douaniers nationaux, et la création d'un compte spécial au sein de chaque État de la Communauté.

En lien avec la ZLECAf, et même si l'Union africaine ne la reconnaît pas comme CER, la CEMAC a déjà également fait de nombreuses avancées au niveau de son marché commun, avec notamment l'élaboration de la liste régionale harmonisée des concessions tarifaires en vue de conserver les acquis de l'Union douanière, et de bénéficier d'une période de libéralisation plus longue tel que prévu dans l'Accord de Kigali (2018). Cette liste s'articule autour d'un groupe principal d'au moins 90 % des lignes tarifaires à libéraliser, d'un deuxième groupe de produits dits sensibles correspondant à au plus 7 % des lignes tarifaires à libéraliser progressivement sur une période de 13 ans, y compris la période moratoire de cinq ans, et enfin un troisième groupe de produits dits produits exclus de la libéralisation, à hauteur de 3 % maximum des lignes tarifaires qui respecte le taux de la clause anti-concentration retenu de 10 % des importations originaires d'Afrique des trois dernières années (2015-2016-2017). Ces accords de libre-échange au sein des CER sont des fondements de la ZLECAf à travers : i) la préservation des acquis ; ii) la géométrie variable ; iii) la souplesse, le traitement spécial différencié (TSD) ; iv) la transparence et la divulgation des informations ; v) la libéralisation substantielle ; vi) le traitement de la nation la plus favorisée ; vii) le traitement national ; viii) la réciprocité ; ix) la prise des décisions par consensus ; x) l'adoption des meilleures pratiques[6].

Toutefois, malgré ces multiples avancés, des goulots d'étranglement existent toujours au sein de la région Afrique centrale, comme il en est d'ailleurs le cas dans les autres CER d'Afrique en général. Ces goulots tournent autour de la volonté politique des États à mettre en application, les engagements pris officiellement dans le cadre des rencontres officielles. Tous les États sont particulièrement et prioritairement préoccupés par leurs problèmes de stabilité interne du fait des insécurités qui y sévissent, et des mutations politiques souvent brusques. À cela s'ajoutent les questions budgétaires qui rendent encore plus difficile le respect de ces engagements au plan financier. Ceci les pousse à privilégier les solutions aux problèmes internes au détriment d'une mutualisation des efforts bénéfiques à tous, et du respect de leurs engagements communautaires.

Il se pose également le problème des replis nationalistes. C'est le fait que de nombreux peuples, soutenus par leurs gouvernements, sont encore fermés à l'idée d'accepter de voir s'installer sur leur territoire, d'autres peuples venant des pays étrangers et considérés comme des boucs émissaires, des envahisseurs responsables de tous leurs problèmes socio-économiques.

Au niveau de la confiance, de nombreux gouvernements considèrent les autres comme étant complices de leurs malheurs en général, et des instabilités socio-politiques qui sévissent sur leur territoire. Des déclarations officielles faites à ce sujet, rendent difficiles la solidarité si nécessaire pour la réalisation des projets d'intégration.

---

[6] CEMAC, 2019, *Atelier régional sur l'élaboration de la liste harmonisée de concessions tarifaires CEMAC pour la ZLECAF*, Douala, 2021, p. 4.

La lancinante et perpétuelle question du leadership dans cette sous-région demeure également, car tous les États manifestent certes une volonté de prendre en charge un volet de l'intégration, mais se préservent d'une sur-expansion couteuse et préjudiciable pour l'atteinte de leurs objectifs de politique intérieure. La Guinée Equatoriale est toujours prête pour abriter les institutions régionales en cas de crise dans un pays de la sous-région, et d'accueillir les grandes rencontres de la Communauté. Le Congo est en charge des réformes économiques et financières de la CEMAC, pendant que le Gabon pilote les réformes institutionnelles de la CEEAC, et le Cameroun celles de la rationalisation des CER en Afrique centrale. Les défenseurs de la théorie de la sur-expansion soutiennent que : une puissance risque fort de consacrer de grosses dépenses en s'affairant sur plusieurs fronts à la fois pour stabiliser des situations bénéfiques collectivement. À travers sa volonté de stabilité hégémonique —, mais non impérialiste — il risque une débauche d'énergie qui n'améliorera que de façon incrémentale, les situations jugées anormales tout en le ruinant. Pour ce qui est des pays de l'Afrique centrale et même de l'Afrique en général, la multi-appartenance qu'ils pratiquent est déjà une sur-expansion en soi. Il est alors question de choisir, non pas un repli sur soi national, source de dépérissement ou de déclin en ce contexte de mondialisation, mais des engagements volontaristes à l'intérieur d'un nombre réduit d'espaces d'intégration. Un désengagement à l'extérieur ne peut être un bon choix que s'il produit de la prospérité à l'intérieur, sinon il faut s'engager pour voler au secours des autres et tirer profit de cette ouverture. Trop de dirigeants africains pensent qu'un trop grand engagement communautaire est source d'épuisement et de déclin à l'intérieur. Pourtant, nul ne sait vraiment de façon exacte qu'elles sont les causes précises d'une décadence intérieure. Les historiens avancent plus de deux cents causes de la décadence de Rome. Et ils demeurent toujours en désaccord sur les dates, ce d'autant plus qu'un certain nombre de Romains s'inquiétaient déjà d'une possible décadence dès l'An 133 avant Jésus Christ, six siècles avant la date communément admise de sa chute. Comme le souligne Joseph Nye à la suite des historiens : « la Rome en décadence n'est pas une entité unique, mais se compose de nombreux facteurs et il est futile de rechercher une cause déterminante dans tout l'éventail possible »[7]. D'ailleurs, Nye démontant avec bonheur, point par point les thèses déclinistes de John Kennedy, relève que les nations peuvent aussi voir leur puissance décliner parce qu'elles n'utilisent pas certaines des ressources dont elles disposent. Ce fut le cas des États-Unis qui, à peine sortis de la Première Guerre mondiale, étaient déjà potentiellement une puissance mondiale, mais choisirent l'isolationnisme

[7] Nye J, 1990, *Le leadership américain. Quand les règles du jeu changent*, Presses universitaires de Nancy, p.13.

comme politique. Ceci les transforma en partenaire secondaire dans le jeu politique international[8].

Pour toutes ces raisons et bien d'autres, les différents regroupements d'Afrique centrale se sont engagés dans des réformes économiques et financières, des projets prioritaires, des réformes institutionnelles et un processus de rationalisation, dans l'espoir qu'ils apporteront un souffle nouveau à l'intégration.

Les réformes économiques et financières. En Afrique centrale, elles sont menées par la CEMAC, à travers le Programme économique régional (PER) et ensuite le Programme des réformes économiques et financières (PREF-CEMAC) à qui l'on a assigné pour objectif de « concevoir et mettre en œuvre des actions rapides, vigoureuses et coordonnées, aussi bien au niveau national que sous régional, pour la stabilisation du cadre macroéconomique et une transformation structurelle et profonde des économies de la sous-région, afin d'en renforcer la résilience et de les placer sur le sentier de l'émergence »[9]. Son action est basée sur les cinq piliers que sont : 1) les politiques budgétaires, 2) les politiques monétaires et le système financier, 3) les réformes structurelles, 4) l'intégration régionale, et 5) le renforcement de la coopération internationale.

Après une première matrice, le COPIL en charge des réformes économiques et financières a adopté en 2021, une stratégie définie dans le document cadre révisé du PREF-CEMAC pour la période 2021-2025, ainsi que la matrice des actions y afférentes. Ce document, tout en renforçant les actions en cours de réalisation ou non réalisées des piliers de la matrice initiale, prend également en compte les questions relatives au Cadre stratégique des accords de seconde génération des pays de la CEMAC avec les partenaires techniques et financiers internationaux (2020) et le plan communautaire de relance économique post-Covid-19 des pays de la CEMAC (2021-2025). Il intègre aussi la matrice révisée du PREF-CEMAC et précise les objectifs généraux, les objectifs spécifiques, les actions ciblées devant être menées, les critères de réalisation, le degré de priorisation de chaque action et les indicateurs de performance. Enfin, le document cadre révisé du PREF-CEMAC phase II 2021-2025 tient compte des réformes structurelles proposées par le Fonds monétaire international et la Banque mondiale.

Les accords de seconde génération des pays de la CEMAC avec les partenaires techniques et financiers viennent corriger ceux de première génération conclus avec le FMI, suite à la crise née de la forte chute des prix

---

[8] *Ibid.*, p.14.

[9] Article 2 de la Décision n°02/16-CEMAC-CCE-SE du 30 juillet 2016.

du pétrole en 2014. La première génération visait principalement la restauration de la viabilité et le renforcement de la stabilité externe, à travers la conjugaison des politiques d'ajustement budgétaire et de politique monétaire appropriée. Elle devait également jeter les bases devant permettre à moyen terme d'accéder à une croissance économique saine, durable et inclusive. Suite aux résultats insuffisants en matière de croissance inclusive et d'allègement de dette, les programmes de deuxième génération entendent réaliser les objectifs sociaux des pays, tout en procédant à l'ajustement nécessaire à la viabilité extérieure. Cela passe par une croissance forte, soutenue et inclusive, appuyée par des financements abondants et des politiques budgétaires rationnelles et soutenables. Le FMI demande aux pays de la CEMAC d'atteindre trois grandes catégories d'objectifs que sont : 1) les objectifs de développement à caractère social avec trois axes majeurs que sont le développement du capital humain, la réduction réelle de la pauvreté et l'amélioration générale des conditions de vie des populations ; 2) les objectifs à caractère économique *stricto-sensu* qui concernent la modification profonde de la structure économique des pays de la CEMAC, conduisant à l'augmentation de la contribution des secteurs tels que l'agriculture, l'élevage et les industries de transformation des produits locaux dans la formation du PIB ; et 3) tous les objectifs à caractère budgétaire, financier, monétaire et extérieur qui figurent généralement en premier plan dans les programmes avec le FMI[10].

Le plan de relance économique post-covid 19 pour sa part couvre la période 2021-2025. Il s'articule autour de trois axes principaux que sont les mesures déjà inscrites dans le PREF-CEMAC, dont les modalités d'application devront être revues et leur mise en œuvre accélérée, les mesures exceptionnelles de riposte compte tenu de la situation d'urgence inédite et exceptionnelle créée par la pandémie de la Covid-19, et de nouvelles mesures fortes pour donner un nouvel élan au développement économique et social des pays de la CEMAC. Pour garantir son succès, le plan prévoit une répartition des rôles et responsabilités entre les États membres, les institutions de la CEMAC, la Banque centrale, la BDEAC, le PREF — CEMAC et les partenaires au développement. Ce plan prend surtout en compte l'aspect sécuritaire dans l'évaluation des conditions de succès, car aucun développement n'est possible dans les situations de conflits armés. Parce que le traité de la CEMAC donne aux chefs d'État le droit de créer les organes et institutions subsidiaires, d'aucuns considèrent Le PREF-CEMAC comme un organe subsidiaire de la conférence des chefs d'État de la CEMAC. On peut également y voir une agence spécialisée dans

[10] PREF-CEMAC, 2020, *Cadre stratégique pour les accords de seconde génération des pays de la CEMAC avec les partenaires techniques et financiers internationaux*, p. 5.

le domaine des réformes économiques et financières dont la supervision est assurée par des autorités politiques, sous réserve de pérennisation du programme.

Les projets prioritaires. L'une des mesures prioritaires de ce plan de relance sous-régional est l'accélération de la mise en œuvre des projets intégrateurs. Parce que le PER phase 1 (PER 2010-2015) a fait l'objet de mise en œuvre insuffisante, les Chefs d'État de la CEMAC ont décidé dans le cadre de la phase 2 (PER 2017-2021) de se focaliser sur un portefeuille limité et réaliste de projets phares, susceptibles d'accélérer l'intégration physique et commerciale de la CEMAC durant les cinq années suivantes. L'espoir est que ces projets soient effectivement réalisés et permettent de faire un bond en avant, tant en termes d'intégration dans la sous-région qu'au niveau de l'amélioration des conditions de vie des populations.

Les réformes institutionnelles de la CEEAC celles-ci ont été engagées en 2015, dans l'objectif général d'améliorer l'efficacité et l'efficience de cette CER, dans le but de réaliser un saut qualitatif majeur dans la gouvernance organisationnelle et financière pour en faire une communauté économique régionale viable, forte, dotée d'un exécutif à l'architecture rénovée, afin de contribuer à accélérer le processus de rationalisation CEEAC/CEMAC/CEPGL. Cinq instruments juridiques ont ainsi été adoptés en 2019 et feront l'objet d'analyse dans cet ouvrage, dans la perspective de déceler la capacité de ces réformes à produire une gouvernance communautaire efficace et efficiente.

Le processus de rationalisation des trois communautés d'Afrique centrale. Il émerge enfin au milieu des années 2000, suite au constat de l'UA selon lequel : le processus d'intégration de l'Afrique se heurte à plusieurs obstacles au nombre desquels se trouve principalement la prolifération des regroupements régionaux et sous-régionaux. Le Traité d'Abuja portant création de la Communauté économique africaine (1991) subdivise le continent en cinq régions que sont : l'Afrique du Nord, l'Afrique de l'Ouest, l'Afrique centrale, l'Afrique de l'Est et l'Afrique Australe. Ces cinq régions correspondent aux huit communautés économiques régionales reconnues par l'UA et par la ZLECAf que sont : l'UMA, le COMESA, la CEN-SAD, la CAE, la CEEAC, la CEDEAO, l'IGAD et la SADC. Or, au lieu de ces huit communautés régionales, les États africains ont créé au moins quatorze regroupements économiques poursuivant pour la plupart des cas les mêmes objectifs. Ceux-ci se structurent essentiellement autour des éléments tels que : la zone de libre-échange, la réalisation de l'union douanière, le marché commun, l'union monétaire et l'union économique et monétaire. Depuis 2007, l'Afrique centrale s'est alors engagée à s'arrimer aux recommandations de l'UA et de la CEA, mais près de deux décennies après, le processus de rationalisation est toujours en cours, et peut-être pas prêt à s'achever.

Parler de transformation dans le cadre de cet ouvrage revient à faire allusion aux exigences d'adaptation, d'amélioration, d'évolution, de correction et de changement possibles face aux problèmes que rencontre l'intégration en Afrique centrale. L'on parle le plus souvent de transformation structurelle pour désigner un processus à long terme. Il consiste à faire passer les activités économiques d'un pays des secteurs primaires, tels que l'extraction des ressources et l'agriculture, à des activités situées plus loin dans la chaine de production comme l'industrie manufacturière et les services. Les institutions économiques et financières mondiales considèrent ce type de transformation comme essentielle pour atteindre la prospérité dans les pays les moins avancés. Pour la BAD, cette forme de transformation est consubstantielle au développement économique. Elle est au centre des stratégies de l'ONUDI. Klinger et Lederman (2004) la désignent comme la réallocation progressive et soutenue des ressources des secteurs d'activités économiques les moins productifs. La BAD (2018) l'assujettit en Afrique à l'industrialisation considérée comme le seul moyen pouvant garantir l'émergence économique du continent, et favoriser la convergence du niveau de vie vers celui des pays avancés[11]. Cette perspective purement économique est celle qui est largement adoptée au sein de la CEMAC, où l'un des piliers du PREF porte sur les réformes structurelles basées entre autres sur le renforcement de la diversification économique et le développement du secteur privé, à travers la finalisation de l'étude du schéma directeur d'industrialisation communautaire. Ce schéma comprend : le développement industriel, l'amélioration de la compétitivité, le développement des chaines de valeurs. Il est également prévu des actions d'accélération de la diversification dans les domaines identifiés dans le secteur primaire, l'industrie, le tourisme et les autres services, et le développement des chaines de valeur, c'est-à-dire, l'ensemble des activités interdépendantes d'une entreprise dont le fonctionnement global permet la création de valeurs.

Les transformations ou réformes en cours en Afrique centrale touchent néanmoins à des domaines socio-politiques sans lesquelles la réussite économique est impossible. Dans le pilier des politiques budgétaires, l'un des objectifs généraux est la rationalisation de la qualité et de l'efficacité de la dépense publique. Comme action à réaliser, l'on a la réalisation des investissements sociaux dans les domaines de l'éducation, la santé, et les affaires sociales ; l'amélioration des conditions de vie des

---

[11] Avom D, et Nguekeng B, 2020, « Transformations structurelles des économies d'Afrique subsaharienne : Quels rôles des chaines de valeurs mondiales ? » *Revue d'économie de développement*, Vol. 28, pp. 5-46.

couches sociales les plus défavorisées à travers la mise en place des filets sociaux ; l'augmentation des crédits affectés aux dépenses sanitaires en vue de renforcer les moyens de lutte contre la pandémie de la covid-19, etc.

Sur le pilier intégration régionale, ces transformations et réformes en zone CEMAC concernent également le renforcement de la sécurité des biens et des personnes à travers la construction d'ici la fin de l'année 2025 de cinq postes-frontières Cameroun/Gabon, Guinée Equatoriale/Gabon, Tchad/Cameroun, RCA/Cameroun, et Cameroun/Guinée Équatoriale. Comme l'ont relevé avec emphase de nombreux auteurs, il existe en Afrique centrale un besoin majeur et amplement reconnu d'intégration régionale pour de nombreuses raisons. Patrick Guillaumont et Sylviane Guillaumont Jeanneney retiennent comme raison, la petite dimension démographique et économique de la majorité des pays et le déficit en infrastructures régionales tant dans le domaine des télécommunications, des transports que de l'approvisionnement en énergie, etc.[12]. À cela, il convient incontestablement d'ajouter la question de la gouvernance de la région qui touche non seulement à la manière dont les décisions sont adoptées et mises en œuvre, mais également aux rapports inter-institutionnels et aux relations entre ces institutions et les autres acteurs pertinents de l'intégration.

La question de la gouvernance se pose également à l'échelle continentale où les chefs d'État et de gouvernements ont engagé en 2016, de reformer l'Union africaine « pour la rendre plus efficace et plus solide financièrement »[13]. Il s'agit entre autres de clarifier le rôle du président de l'UA par rapport au président de la commission, de veiller à ce que le principe de subsidiarité soit mieux interprété pour éviter que subsiste des incohérences dans les décisions prises aux niveaux continental et régional, de faire fonctionner selon des règles et mandats clairs, les organes législatifs et judiciaires comme le parlement et la cour de justice afin d'éviter qu'ils soient de simples organes consultatifs sans rôle effectif, d'éviter que les décisions prises au niveau des chefs d'État continuent d'être revisitées et révisées, voire subissent des résistances de la part de certains membres du Comité des représentants permanents, ou que se créent des structures parallèles dont le principal objectif semble être de contrecarrer et de retarder les réformes proposées et mises en place par les chefs d'État, etc.[14]

Les transformations/réformes dont il est question dans le cadre de cet ouvrage peuvent se définir comme le processus de passage des activités

---

[12] Guillaumont P et Guillaumont S J, 2014/4,« Un indicateur de besoin d'intégration régionale », *Revue d'économie de développement*, Vol.22, p. 84.
[13] Union Africaine, 2024, *Rapport du président Paul Kagame sur la réforme institutionnelle de l'Union africaine*, 37e sommet de l'UA, Addis-Abeba.
[14] *Ibid.*

socio-économiques et politiques, d'un stade élémentaire à une échelle élevée de réalisation prenant en compte les conditions socio-politiques des populations et des États engagés dans des objectifs communs.

Concernant l'intégration régionale, Jean-Paul Martin et Henri Nonn suggèrent de prendre en compte l'étymologie du mot. Elle renvoie à l'action de réunir de façon ordonnée, les diverses composantes qui forment un ensemble. La notion d'intégration régionale signifie pour eux : « l'ensemble des modalités par lesquelles des unités spatiales différenciées contribuent à l'unité du tout régional, s'adaptent à celui-ci en se soumettant à certaines des conditions de son fonctionnement, en s'ajustant entre elles pour affaiblir tensions et conflits »[15]. Ils considèrent alors l'intégration régionale comme un processus dynamique, et non un état d'équilibre fait de rapports stables. Il s'agit d'un « enchaînement de divers mécanismes d'adaptation qui permettent aux composants de la structure régionale de s'ajuster entre eux, dans le sens d'un renforcement des solidarités internes et d'un plus grand degré d'unité du tout régional exprimé dans son fonctionnement ressenti comme réel par ses habitants »[16].

Pour Ernst Haas, l'intégration régionale est un processus dans lequel les élites transfèrent « leurs loyautés, attentes et activités politiques vers un nouveau centre dont les institutions possèdent et revendiquent des compétences supérieures à celles des États nationaux préexistants »[17]. Cette définition qui part des acteurs a le mérite d'inscrire l'intégration dans un « processus ». Ce qui suppose une quête permanente, étape par étape, jamais définitivement ou difficilement atteinte, une dynamique dans laquelle s'inscrivent les élites (politiques, économiques, sociales, etc.) qui confèrent à une nouvelle structure une bonne partie des missions qui jadis leur appartenaient afin qu'elle les gère dans une perspective d'intérêt commun. Pour Guy Hermet et al., l'intégration est un « processus par lequel se tissent des liens multiples soit entre États, soit directement entre communautés nationales jusqu'à un seuil remettant en cause, au moins partiellement, le principe même de la souveraineté nationale »[18]. Cette définition qui part des actions identifie d'autres acteurs que les États comme catalyseurs de l'intégration, même si la puissance publique ne s'efface jamais définitivement du processus

---

[15] Martin J P et Nonn H, 1980, « La notion d'intégration », *Travaux de l'Institut de géographie de Reims*, n°41-42, p. 35.

[16] *Ibid.*

[17] Haas E cité par Lequesne C, 1996, « La commission européenne entre autonomie et dépendance », *Revue française de science politique*, Vol. 46, n°3, P. 392.

[18] Hermet G, Badie B, Birnbaum P et Braud P, 2005, *Dictionnaire de la science politique et des institutions politiques*, 6e édition, Armand Colin, Paris, p. 156.

Très souvent, les analyses de l'intégration ou des intégrations régionales font de nombreuses typologies qui distinguent des phénomènes intégratifs tels que l'intégration normative, l'intégration politique, l'intégration juridico-institutionnelle, l'intégration scientifique (scientific approach) d'inspiration anglo-saxonne et marxiste... (Panayotis Soldatos). À ces domaines d'intégration, l'on peut ajouter l'intégration culturelle, économique... L'on peut également distinguer une intégration par le haut et une intégration par le bas. L'intégration par le haut est le fait des institutions publiques. Elle, plus ou moins supranationale, réunit les partenaires étatiques pour gérer une ou plusieurs questions d'intérêt commun. L'intégration par le bas réunit des individus, des associations, des syndicats, des mouvements religieux... et échappe au moins en partie au contrôle des pouvoirs publics. C'est une intégration transnationale. Elle peut requérir des autorisations de l'Etat, mais son évolution ne dépend pas de la puissance publique, sauf en cas de dérives pouvant porter atteinte aux intérêts ou à la sécurité des États. Il ne faut donc pas faire une césure entre ces deux types d'intégrations. Il y a des interactions entre le haut et le bas dans la mesure où le bas a besoin du haut et peut-être vice-versa.

Que l'on se situe dans une approche sociologique ou dans une vision plus statocentrée, l'intégration suggère une démarche d'interdépendances. C'est dans ce sens que Karl Deutsch, repris par Bertrand Badie, soutient que les États ne sont pas ces atomes qui agissent exclusivement en fonction d'une rivalité de puissance sans fin, mais aussi des unités interdépendantes, non seulement d'un système international, mais aussi de sous-systèmes d'intégration plus ou moins marqués, pouvant forger notamment des communautés de sécurité[19].

En Afrique, le traité d'Abuja de 1991 donne un certain nombre de précisions nécessaires pour une meilleure manipulation de la littérature sur l'intégration, et même pour la précision sur les différentes échelles d'analyse. Aussi, distingue-t-il la notion de région pour désigner les cinq régions que sont : l'Afrique du Nord, l'Afrique de l'Ouest, l'Afrique centrale, l'Afrique de l'est et l'Afrique australe. Une intégration qui se déroulerait dans l'un de ces cinq espaces sera appelée intégration régionale. Le traité d'Abuja entend par sous-région, un ensemble d'au moins trois États d'une même ou plusieurs régions tel que défini plus haut. Autrement dit, 3 Etats de l'Afrique du nord, de l'Afrique de l'Ouest, de l'Afrique centrale ou de 2 de ces régions, font de l'intégration sous-régionale. Enfin, l'intégration exercée ou recherchée sur l'ensemble du continent constitue l'intégration continentale. C'est par souci de faciliter le langage que l'on désigne par

---

[19] Badie B, 1998, « De la souveraineté à la capacité de l'Etat » in Smouts M-C (sous la dir.), *Les nouvelles relations internationales*, Presses de Science Po, Paris p. 42.

intégration régionale, les différentes interactions opérées dans ces différentes échelles.

La question principale autour de laquelle est construit cet ouvrage est celle de savoir comment s'agencent toutes les réformes économiques, financières et institutionnelles en cours ces deux dernières décennies en Afrique centrale, et comment comptent-elles s'articuler avec la rationalisation des CER pour aboutir à une communauté unique ? Ces réformes sont-elles capables de booster l'intégration et le développement de la région dans un contexte de mondialisation où les États et peuples sont plus tournés vers le système global que vers l'Afrique elle-même ?

L'objectif général de cet ouvrage est d'expliquer certaines faiblesses de l'intégration en Afrique centrale et de donner à comprendre les transformations possibles actuelles dans cette région, à l'aune des quatre facteurs principaux que sont : les réformes économiques et financières, les réformes institutionnelles, les projets prioritaires et la rationalisation des CER.

Cette recherche porte largement sur un travail de terrain mené au sein des instances régionales en charge de la rationalisation et des réformes en Afrique centrale. Il s'agit du Comité de pilotage de la rationalisation des CER logé à Yaoundé, la Commission de la CEMAC en Guinée Equatoriale et le PREF CEMAC à Brazzaville au Congo. Les données recueillies au sein de ces institutions ont été complétées par celles recueillies lors des rencontres scientifiques organisées à Libreville et à Dschang lors de la célébration du trentième anniversaire de la CEMAC, et les recherches sur les pages web du programme des réformes institutionnelles de la CEEAC et du Programme des réformes de la CEPGL.

Plusieurs outils théoriques nous serviront de cadres conceptuels pour l'interprétation de nos données empiriques. Leurs théories sont classiquement mobilisées pour expliquer et donner à comprendre l'intégration régionale que sont : le fonctionnalisme, le néo-fonctionnalisme, l'inter-gouvernementalisme originel, les théories des transferts politiques et institutionnels et le néo-institutionnalisme, etc. Ces différentes théories ont permis de donner des définitions aussi variées que complémentaires de l'intégration régionale dont les unes sont stato-centrées et les autres plus sociologiques et dynamiques.

Le fonctionnalisme est l'une des principales théories nous permettant de connaitre le modèle d'intégration que les Etats d'Afrique centrale tentent de mettre en œuvre depuis la fin des années 1950. Sous l'inspiration de David Mitrany, c'est « la première perspective visant à appréhender le processus d'intégration, mais aussi à y contribuer directement »[20]. Comme les néo-fonctionnalistes, les fonctionnalistes s'intéressent aux raisons qui justifient les interdépendances entre les États et les peuples, en lieu et place d'actions solitaires aux issues incertaines, et « cherchent à expliquer pourquoi, les États acceptent de se lier dans le cadre d'une organisation régionale[21]. Alors que le fonctionnalisme a un caractère normatif et tente d'élaborer « des conditions qui devraient mener à un monde plus pacifique et juste »[22] en indiquant quelle est la meilleure forme de l'intégration, le néo-fonctionnalisme est plutôt analytique. Il tente de « comprendre les raisons, ainsi que les conséquences d'un processus d'intégration, allant même jusqu'à proposer les résultats d'un tel développement »[23]. L'utilité du fonctionnalisme dans le cadre de ce travail est de nous permettre d'identifier le nombre d'institutions techniques existantes en Afrique centrale, leur contribution à l'intégration, au développement et à la paix au sein de la région, et la manière dont les réformes en cours les appréhendent. Le néo-fonctionnalisme quant à lui permet d'analyser la manière dont les variables techniques et politiques se combinent dans le cadre de cette intégration.

Les théories de l'inter-gouvernementalisme s'inscrivent dans les variantes stato-centrées de l'intégration régionale. C'est un ensemble d'approches liées à la théorie réaliste des relations internationales et en partie à la théorie libérale. Elles accordent une importance fondamentale à l'Etat et ses représentants, à la souveraineté et à la défense des intérêts nationaux dans le champ de l'intégration régionale. Ces théories viennent remettre au goût du jour, l'importance de l'État-nation dans le processus de l'intégration régionale, en introduisant l'analyse sur la « combinaison entre les pouvoirs des États nations et le pouvoir des institutions d'intégration » dans l'intensification des échanges régionaux[24]. L'intégration régionale se ferait donc autour de ces deux entités, mais avec une domination des États sur les institutions d'intégration dont le rôle se limite le plus souvent à organiser les cadres de concertation et à mettre en œuvre leurs décisions et déclarations. Dans sa perspective originelle, l'inter-gouvernementalisme affirme par la voix de Stanley Hoffmann que : « c'est la volonté des Etats et le jeu interétatique qui priment sur la logique intégrationniste dans les domaines de

---

[20] De Senarclens P et Arifin Y, 2010, *La politique internationale*, Armand Colin, Paris, 168.

[21] Saurugger S, 2020, *Théories et concepts de l'intégration européenne*, 2e édition mise à jour et augmentée, Presses de Sciences Po, p. 67.

[22] Ibid.

[23] Ibid.

[24] Suarez A, 2009, Intégration régionale : évolution d'un concept, Hachette Supérieur, p. 75. Cet ouvrage présente les évolutions de la pensée économique en matière d'intégration régionale ainsi que les particularités et les défis futurs de cette dernière. Il s'appuie pour cela sur de nombreux exemples concrets.

la *high politics* que sont la politique étrangère et la défense »[25]. L'intégration passerait en cela par l'intégration des unités politiques. Les acteurs de la société civile et autres mouvements transnationaux peuvent jouer un rôle important dans le processus d'intégration, mais leur marge de manœuvre resterait limitée dans l'élaboration de la décision publique parce que ce sont des phénomènes secondaires. Les actions et les contacts que mènent ces acteurs non gouvernementaux, ou non politiques seraient alors des épiphénomènes en comparaison avec la densité des interactions intergouvernementales. D'après l'inter gouvernementalisme originel ou classique de Stanley Hoffmann, les autorités étatiques restent les maîtres du processus d'intégration, contrairement à ce que pensent les fonctionnalistes qui postulent la primauté de l'économie sur le politique, ou les néo-fonctionnalistes qui espèrent voir les autorités fonctionnelles et les autorités politiques fusionner en une autorité acquérant une assise territoriale, sans laquelle il ne saurait y avoir d'intégration légitime. Selon les thèses néo-fonctionnalistes d'Ernst Haas, une logique intégrative quasi déterministe qui partant des domaines du *welfare* s'étend à un nombre croissant de compétences tandis que s'opère un transfert de pouvoirs vers un nouveau centre supranational. Mais, pour Christian Franck, la relance de la construction européenne, de l'Acte unique au traité de Maastricht, impose que soit réconcilié les deux paradigmes inter-gouvernementaliste et néo-fonctionnaliste[26].

En Afrique centrale, la primauté des autorités gouvernementales sur les institutions communautaires est incontestable, quel que soit le processus politique ou économique considéré. Elles sont à la tête de tous les processus et réformes examinées dans le cadre cet ouvrage : rationalisation des CER, programme des réformes économiques et financières, réformes institutionnelles, etc. D'ailleurs, rien n'est fait tant qu'elles ne se sont pas réunies et ne donnent pas leur « imprimatur ». Durant notre enquête sur le terrain, des indiscrétions nous ont fait état de ce que : le processus de rationalisation des CER était presque aux arrêts. La raison est que le président du comité de pilotage tardait à saisir le chef d'État dédié afin que soit convoqué le sommet devant adopter le traité constitutif de la future CER. Pourtant sa la validation a été faite lors de la cinquième réunion du conseil des ministres de la CEEAC/CEMAC en août 2022. Il est alors intéressant d'aller plus vers les bases classiques de l'intergouvernementalisme originel. Ceci permet de voir quels sont les effets positifs ou négatifs de cette prépondérance des gouvernements dans le processus d'intégration en Afrique centrale.

[25] Franck C, 1996, « L'Europe et ses Etats », *Etudes internationales*, Vol.27, n°4, p. 885.

[26] Franck C, op, cit., p. 885.

Les théories des transferts politiques et institutionnels quant à elles s'intéressent particulièrement à la notion de « transfert » entendu comme un : « processus par lequel les connaissances attachées aux politiques, aux arrangements administratifs, aux institutions et aux idées dans un système politique (passé ou présent) sont utilisées pour le développement de politiques, d'arrangements administratifs, d'institutions ou d'idées dans un autre système politique »[27]. Cela nous permet de savoir comment le niveau supranational ou communautaire en Afrique centrale, à travers ses réformes, vient au secours des niveaux nationaux pour les aider à améliorer leurs politiques budgétaires, monétaires, les systèmes financiers, les réformes structurelles, les arrangements institutionnels, et tous les supports politiques et cognitifs nécessaires à leur développement. Il est important aussi d'examiner les difficultés que rencontrent ces transferts et les raisons pour lesquelles les États font de la résistance, ou rejettent parfois systématiquement certaines réformes.

L'analyse institutionnelle pour sa part nous offre l'occasion de questionner la pertinence des réformes institutionnelles engagées tant au sein de la CEMAC qu'au sein de la CEEAC, et surtout l'opportunité de la suppression des trois CER d'Afrique centrale au bénéfice d'une seule, alors que cette région a toujours fonctionné sur la base d'une multipolarité institutionnelle depuis les premiers regroupements mis sur pied durant les périodes des indépendances, et en vertu de la souveraineté dont dispose chaque État d'adhérer au regroupement de son choix. Au-delà du diagnostic général opéré par l'UA et la Commission économique des Nations unies pour l'Afrique centrale (CEA), ces trois institutions et tous leurs démembrements étaient-elles si en crise au point où elles étaient devenues incapables d'assurer toute régulation de la vie sociale au sein de la zone d'intégration de l'Afrique centrale ? Étaient-elles devenues incapables de conduire les individus, les groupes et les Etats, c'est-à-dire de déterminer leur conatus à prendre telle direction et pas telle autre ? N'étaient-elles plus capables de produire des réactions, des redirections du conatus des personnes affectées ? Était-on revenu dans un état ante-institutionnel, sorte de phase informe de la multitude similaire à l'état de nature où les individus et les groupes divers ne sont plus formellement contraints à rien, et qui nécessite absolument un changement radical ? Le bilan institutionnel des trois regroupements était-il si négatif qu'il était devenu plus qu'urgent de les dissoudre et les fusionner ? Maintenant qu'une nouvelle institution est en train de se mettre en place, quels sont les critères de gouvernance permettant de penser que l'on pourrait avoir un bilan institutionnel affectif positif ?

[27] Dolowitz et March, 2000, cités par Saurugger S et Surel Y, 2006, « L'européanisation comme processus de transfert de politique publique », *Revue internationale de politique comparée,* Vol.13, pp. 191-192.

Quelle est la capacité des institutions futures à contraindre les États et les populations de la communauté afin que l'on n'ait plus ces disparités dans l'application des instruments communautaires ? Quelle puissance revêtent les institutions à venir pour qu'elles soient mieux respectées et induisent les changements voulus et impactent sur tous les aspects de l'intégration et le développement en Afrique centrale ?

Dynamique, changement, mutation, métamorphose, évolution, révolution sont enfin autant de vocables que les sciences sociales et le langage courant utilisent lorsqu'ils veulent parler des transformations plus ou moins radicales que connaissent toutes les sociétés à un moment donné de leur histoire, et qui en appellent à une remise en question des bases anciennes. Si pour d'aucuns la science politique s'est montrée réticente à étudier le changement politique parce qu'il se prête mal à l'interprétation rationnelle, ce thème est pourtant constant et dominant dans la description qu'on donne de la société du milieu du XXe siècle. De nombreux sociologues examinent la manière dont le monde est en train d'évoluer vers un nouveau type de société, au-delà de la société industrielle qui elle, avait déjà brisé et désorganisé les anciennes sociétés traditionnelles. Et elle est sur le point de donner naissance à un troisième type de société dont les traits caractéristiques commencent à peine à se révéler[28]. La perspective subjective du changement que retient Guy Rocher nous semble très intéressante pour faire une prospective sur les chances qu'ont les réformes en cours en Afrique centrale de porter des fruits. Pour le sociologue canadien, le changement n'est pas seulement un phénomène extérieur à nous, se produisant dans les choses ou dans notre milieu. C'est aussi une idéologie, une perception du monde, une certaine conviction. Il pense que : « si beaucoup de choses changent effectivement autour de nous, c'est pour une large part parce que nous croyons qu'elles changent, ou parce que nous voulons qu'elles changent, ou parce que nous avons accepté qu'elles changent »[29]. Toute chose qui peut nous éclairer sur la portée et la pertinence de cette thématique sur les réformes en cours, car l'intégration régionale en Afrique centrale cherche à se transformer depuis la mise sur pied des premiers regroupements à la fin des années 1950.

L'observation générale est que : l'on est dans une zone en stase où rien ou très peu de progrès sont réalisées en termes de solidarité ou de développement des peuples et des États. Pourtant, ce n'est pas toujours le cas. Certes, il y a des grandes lenteurs, de nombreuses remises en cause, parfois des annulations des processus déjà engagés ; des crises et des instabilités, de nombreuses tensions entre dirigeants politiques au plus haut

---

[28] Rocher G, 1973, *L'idéologie du changement comme facteur de mutation sociale*, Les Classiques des sciences sociales.
[29] Op cit., p. 9.

niveau[30], mais d'année en année, des avancées mêmes incrémentales sont réalisées dans une zone regorgeant un énorme potentiel en ressources naturelles. L'on est passé de la simple coopération, entendue comme la coordination des politiques et des actions dans des domaines bien limités, à un effort d'intégration supposant plus d'interdépendances. D'aucuns parleraient du passage d'un « régionalisme de coopération » à un « régionalisme d'intégration »[31]. Le premier est de type intergouvernemental sous la forme qu'il était défendu au sein des Nations unies à travers notamment les grandes commissions économiques régionales[32]. Le second est un type de régionalisme défendu en particulier en Europe et en Amérique latine par les partisans d'une union économique toujours plus poussée, mais n'aboutissant jamais à une union politique de type fédératif[33]. Avec les réformes économiques, financières, institutionnelles, ainsi que l'implémentation des projets prioritaires, nul doute que des résultats palpables seront visibles ces cinq prochaines années, non pas seulement sur les équilibres macro-économiques, mais également sur les conditions sociales et politiques des peuples et des États, sous réserve bien sûr des améliorations nécessaires et des chocs exogènes toujours imprévus. Sur ce point, l'Afrique centrale devrait éviter ce que certains analystes appellent « une intégration négative », celle-là même qui résulte de la seule libéralisation des échanges, c'est-à-dire de la levée des obstacles tarifaires et non tarifaires et de la libre circulation des marchandises, des capitaux, voire des personnes sans amélioration substantive des conditions de vie des peuples. Les États et autres acteurs hors souveraineté de la région devraient travailler à une démarche plus inclusive tant au niveau des délibérations, de la prise de décision, qu'au niveau projets retenus et des objectifs à atteindre.

Mis à part le retrait du Rwanda de la CEEAC durant quelques années, l'Afrique centrale qui est si critiquée présente pourtant une physionomie différente des autres espaces d'intégration en Afrique, à l'instar de la CEDEAO dont les sorties du Mali, du Niger et du Burkina Faso sont tout de même révélatrices d'une crise profonde. L'organisation ouest-africaine est accusée de n'avoir fourni aucun soutien contre les djihadistes qui menacent les trois pays ; qu'elle leur a imposé des sanctions qui nuisent à leurs populations, et qu'elle est tombée sous l'influence des gouvernements étrangers. Un retrait qui portera certainement atteinte à la libre circulation

---

[30] Il y a un sérieux problème de confiance entre Etats de la région avec un impact sur l'intégration régionale dans la zone.

[31] Arès M, Boulanger E et Deblock C, 2016, « Intégration ou interconnexion ? » *Revue Interventions économiques*, n°55.

[32] Ibid.

[33] Ibid.

entre ces trois Etats et le reste des membres la CEDEAO, avec des conséquences économiques et sociales pour toutes les parties concernées.

Tous les cadres théoriques retenus ci-dessus et d'autres qui seront évoqués tout au long de ce travail ont certainement pour mission de nous servir de lanterne pour éclairer, voire de donner des réponses, fussent-elles fragiles, à des réalités complexes et parfois indéchiffrables, mais observées en Afrique centrale. Par exemple, pourquoi le processus de rationalisation des CER dans la région a duré plus de quinze ? Nos théories doivent également avoir une capacité explicative et permettre de faire des prévisions sur l'avenir de l'intégration en Afrique centrale. Ou encore, les réformes économiques et financières en cours seront-elles capables de consolider le marché commun ? Les acteurs hors souveraineté sont-ils suffisamment impliqués pour que soient évitées les crises sociales ? Les ajustements engagés pourront-ils susciter le développement des relations entre les peuples et une fusion qui fera naître un véritable sentiment d'appartenance communautaire, et donc une citoyenneté d'Afrique centrale comme le prévoit le projet de traité de la future CER unique ?

Nous sommes en présence d'outils qui permettent de faire un résumé rationnel de tous les éléments que nous allons observer, avec peut-être l'illusion de dissiper ce qu'Edgar Morin appelle « l'apparente complexité des phénomènes afin de révéler l'ordre simple des choses auquel ils obéissent »[34]. Nous sommes tout de même conscients que ces modes simplificateurs de connaissance mutilent plus qu'ils n'expriment les réalités ou les phénomènes dont ils rendent compte, et peut-être peuvent produire plus d'aveuglement que d'élucidation. Malgré la pertinence des outils théoriques mobilisés, lesquels n'ont d'ailleurs pas été conçus pour objectiver l'intégration en Afrique centrale, ce livre va finalement montrer que l'intégration en Afrique qui est fondamentalement économique, est certes dominée par des logiques intergouvernementales, mais n'est pas moins une réalité complexe, c'est-à-dire quelque chose qui ne se résume pas selon la belle formule d'Edgar Morin « en un maître mot », ce qui ne peut se ramener à une loi, « ce qui ne peut se réduire à une idée simple »[35].

Tout au long de nos analyses, un certain nombre d'éléments seront toujours recherchés :

— La manière dont les gouvernements des États dominent le processus d'intégration, les réformes, la rationalisation et les projets prioritaires, et les pouvoirs résiduels accordés aux instances communautaires ;

---

[34] Morin E, 2005, *Introduction à la pensée complexe*, Seuil, Paris, p. 9.
[35] Morin E, *Op, cit.*, p.10.

— Le degré d'implication des acteurs hors-souveraineté à l'instar des opérateurs économiques, les associations, les groupes divers, les individus, etc. dans la réalisation des objectifs généraux et l'atteinte des résultats des réformes en cours ;

— Le degré de préservation de la paix sociale et des acquis sociaux, compte tenu des idéologies sur lesquelles sont basées la plupart des réformes ;

— La probabilité de réalisation des objectifs que poursuivent les réformes économiques et financières en cours, face à la possibilité de survenance des chocs exogènes, etc.

Le présent ouvrage est divisé en dix chapitres tantôt indépendants tantôt interdépendants :

— Chapitre 1 : Composition et recompositions des regroupements régionaux en Afrique centrale

— Chapitre 2 : Des contrecoups internes et externes à l'intégration en Afrique centrale

— Chapitre 3 : Les réformes économiques et financières de la CEMAC

— Chapitre 4 : Les réformes institutionnelles de la CEEAC

— Chapitre 5 : Des projets prioritaires comme accélérateurs de l'intégration

— Chapitre 6 : La rationalisation des CER en Afrique centrale

— Chapitre 7 : L'harmonisation et la coordination des politiques, programmes et instruments

— Chapitre 8 : Les limites aux réformes et à la rationalisation en cours en Afrique centrale

— Chapitre 9 : Cadre organique et système des valeurs de la future CER unique

— Chapitre 10 : Prospective autour de la future CER unique

Conclusion générale.

Chapitre 1
Compositions et recompositions des regroupements régionaux en Afrique centrale

Dans les distinctions établies par Yves Lacoste sur les ensembles spatiaux en fonction de leur dimension, l'Afrique centrale des onze, avec ses 6 667 047 km^2, est un ensemble spatial de premier ordre. Elle a une population estimée à plus de 220 millions d'habitants pour une densité de 28 habitants au km^2. Une telle dimension et une population de cette envergure supposent de multiples phénomènes à prendre en compte pour comprendre les dynamiques intégratives et leurs freins. Cela oblige à ne pas masquer des faits dont l'origine peut se situer hors du cadre de l'observation, alors qu'ils ont une influence certaine sur les processus en cours. Comparativement aux autres régions du continent, l'Afrique centrale est présentée comme une région riche en ressources naturelles et une zone à grande homogénéité géographique, avec la plupart de ses États situés dans la zone climatique équatoriale. De ce fait, ils sont recouverts par la grande forêt, excepté au Rwanda, au Burundi, et sur la plus grande superficie du Tchad[36].

L'histoire des compositions et des recompositions des regroupements des États en Afrique centrale est également d'une très grande importance. Dans ce sens, elle permet de présenter les facteurs nouveaux et anciens qui sont à l'origine des coups d'arrêt ou des coups d'accélération de l'intégration dans la zone ; les acteurs majeurs, les influences pouvant expliquer les lentes ou rapides évolutions en présence, et surtout les grandes étapes de cette intégration.

Il est pertinent de faire cette double présentation et même cette représentation historique et géographique. Elle permet de voir en quoi la région est inscrite dans un sentier historique qui conditionne les dynamiques actuelles, en quoi elle est attractive tant pour ses peuples que les nations extérieures, et en quoi les aspects géographiques constituent des freins ou des opportunités à une plus grande intégration (Section 1).

La présentation et la représentation de la région Afrique centrale sont également nécessaires du point de vue institutionnel, et ce à partir des trois institutions au sein desquelles sont regroupées ses États que sont : la CEMAC, la CEEAC et la CEPGL pour voir la manière dont se fait la gouvernance de la zone et la probabilité que l'intégration s'intensifie au regard des diverses réformes engagées ces vingt dernières années (Section 2).

---

[36] Decraene P, 1989, *l'Afrique centrale*, CHAEAM, Paris, p. 15.

Section 1 : Perspectives historique et géographique de l'Afrique centrale

Il est intéressant que la description d'une dynamique, à l'instar de l'intégration régionale qui repose d'abord sur une dimension géographique, commence toujours par la détermination de l'espace sur lequel elle se déroule. Comme c'est le cas en géopolitique[37], réfléchir aux limites de ce que l'on nomme devrait constituer la base de notre raisonnement. L'histoire quant à elle nous permet de « relier entre eux les évènements, à les replacer dans une suite, dans une continuité qui seule permet de les interpréter et d'en saisir la signification »[38]. Relier des évènements crée une continuité qui sélectionne les faits à mettre en perspective les uns par rapport aux autres. Il s'agit d'une série de questions relevant principalement de la politique, de l'économie et des rapports entre les États africains et leurs anciennes puissances colonisatrices et auxquelles nous comptons apporter des réponses[39]. L'on examinera ici l'historique de la construction des ensembles régionaux en Afrique centrale (I) avant de présenter la géographie qui permet à la région d'être une triple réserve de puissance (II).

I/Historique de la construction des ensembles régionaux en Afrique centrale

Il est intéressant de présenter les fondements de l'intégration en Afrique centrale, de ses origines jusqu'aux réformes actuelles faisant l'objet de cet ouvrage. Quels sont les grandes étapes et les chiffres clés de cette coopération/intégration ? Quelle est l'essence de cette intégration ? Pourquoi les réformes sont-elles nécessaires aujourd'hui ?

Les territoires d'Afrique centrale se trouvent presque en avant-garde du mouvement de coopération et d'intégration en Afrique. Les prémices de cette coopération remontent l'époque coloniale lors de la création de l'Afrique-Équatoriale française (AEF). Elle regroupait au sein d'une même unité, les territoires des colonies du Moyen-Congo, de l'Oubangui-Chari, du Gabon et du Tchad. Tous les quatre pays partageaient une monnaie commune et avaient à leur tête, un gouverneur général résidant à Brazzaville. L'AEF avait entre autres objectif, d'unifier officiellement un certain nombre d'activités communes dans le cadre d'une large autonomie économique et administrative dont prétendait jouir chaque territoire. Cette coopération englobait la défense, les services postaux, les télécommunications, les routes et la perception centralisée des droits de douane. Elle se poursuit sur fond de divisions et des discordes dans lesquelles les ex-puissances coloniales ont longtemps joué un rôle déterminant. Si les indépendances ont été acquises

---

[37] Loyer B, *Op cit.*, p. 23.

[38] Langlois G, « A quoi sert l'histoire ? », PUM en ligne, https://books.openedition.org/pum/13250?lang=fr

[39] *Ibid.*

depuis les années 1960, il n'en demeure pas moins que l'intégration reste marquée non seulement par les empreintes laissées par les ex-puissances coloniales, mais également par l'influence de celles-ci dans les processus actuels. Plus ou moins discrètement, certaines grandes puissances continuent à influencer l'avancée de l'intégration dans la zone. Plusieurs sources d'impulsion sont à prendre en considération dans l'émergence de ce mouvement de coopération/intégration.

L'émergence du Tiers-Monde. Elle constitue l'un des aspects fondamentaux dont il faut tenir compte, si l'on veut avoir un regard complet de la prise de conscience des pays africains de la nécessité de se regrouper pour faire face au nouveau monde qui émergeait après la Seconde Guerre mondiale. Nouvellement indépendants et majoritaires à l'Organisation des Nations Unies, ces pays fondent sur l'organisation mondiale, un réel espoir d'émancipation en lançant de nombreuses revendications. C'est l'époque du mouvement des non-alignés fondé en 1961 en pleine guerre froide, lors de la conférence de Belgrade, dans l'esprit et la continuité de la conférence de Bandung de 1955. Les pays qui le composaient, refusaient de s'inscrire dans la logique de l'affrontement Est-Ouest, et entendaient défendre leur indépendance dans le cadre de la décolonisation. Qualifié par Léopold Sédar Senghor de gigantesque « levée d'écrou », le Non-alignement permettait aux pays du Sud de rester selon l'expression de (François Feugas, 2014) à l'écart à la fois de la noblesse européenne et du clergé américain. Rester à l'écart était non seulement un signe d'indépendance, d'une absence de soumission, mais surtout la garantie d'avoir des perspectives de construction et de développement différentes de celles qu'imposaient les ténors des deux blocs. Pour des pays ayant subi plusieurs siècles d'esclavage et des décennies de colonisation, il était question de se donner une personnalité propre, différente de celle des esclavagistes et des colonisateurs, et une reconnaissance au-delà des frontières nationales sans laquelle toute vie sur la scène internationale est impossible. Selon la Déclaration de la Havane de 1979 qui précise les buts des non-alignés, il s'agit d'assurer les cinq principes de la coexistence pacifique entre pays de régimes politiques différents : le respect mutuel pour l'intégrité et la souveraineté, la non-agression mutuelle, la non-ingérence dans les affaires intérieures, l'égalité et le bénéfice mutuel et la coexistence pacifique. Tout ceci permettait de lutter notamment contre l'impérialisme, le colonialisme, le néocolonialisme, la ségrégation raciale, le racisme et toute forme d'agression étrangère, d'occupation, de domination, d'interférence ou d'hégémonie de la part des grandes puissances ou des deux blocs qui s'opposaient. Au cœur du mouvement, se trouvait surtout la solidarité au sein des pays du Tiers-monde. Dans une déclaration politique adoptée à la quatrième Conférence des chefs d'État ou de gouvernement des pays non alignés, tenue à Alger du 5 au 9 septembre 1973, ils invitent le Secrétaire général de l'ONU à convoquer une session extraordinaire de l'Assemblée générale qui serait consacrée au développement et à la coopération économique internationale. De ces suggestions, résultent deux recommandations de l'ONU, du 1er mai 1974 concernant respectivement la Déclaration sur l'instauration d'un nouvel ordre économique international (résolution 3201 [S-VI]) et le Programme d'action sur l'instauration d'un nouvel ordre économique international (résolution 3202 [S-VI]). Ces deux déclarations ont à leur tour une relation étroite avec les stratégies de l'ONU en faveur du développement lancées au début des années 1960, les débats sur le commerce international, et le droit international du développement. Il s'agit pour les nouveaux États issus de la décolonisation de chercher à exister internationalement et de participer effectivement à la vie internationale et, sinon de remettre en cause, du moins de réformer profondément le système économique mondial mis en place au lendemain de la Seconde Guerre mondiale. Ils le considèrent comme trop libéral. Représenté par le Fonds monétaire international, la Banque mondiale et l'Accord général sur les tarifs douaniers et le commerce (GATT), et placé sous l'hégémonie de quelques puissances occidentales, avec à leur tête les États-Unis, ce système ne correspondait pas à leurs nouveaux besoins. C'est ainsi que sera constitué le Groupe des 77 afin de coordonner les positions et les revendications des pays en voie de développement face aux pays développés[40]. Mais, les nouveaux Etats vont de déception en déception. Leurs efforts sont par exemple contrés par un Conseil de sécurité composé de pays occidentaux et de la Chine dans son noyau dur, et détenant l'essentiel du pouvoir de décision sur la scène internationale. La nécessité de créer des organisations typiquement africaines se consolide et s'étend à la multiplication des regroupements régionaux sur le continent. C'est le symbole de déception face aux régimes internationaux globaux.

Le contexte général africain. L'intégration en Afrique centrale naît aussi dans un contexte plus général de regroupement entre États africains, avec en toile de fond l'idéologie panafricaniste qui émerge au milieu des années 1930. Celle-ci se définit comme un « mouvement politique et culturel qui considère l'Afrique, les Africains et les descendants d'Africains à l'étranger comme un seul ensemble et qui vise à régénérer et unifier l'Afrique ainsi qu'à encourager un sentiment de solidarité entre les populations du monde africain »[41]. Ce sentiment de solidarité est au cœur de

---

[40] Mahiou A, 2010, *La déclaration concernant l'instauration d'un nouvel ordre économique international*, United Nations Audiovisual Library of International Law, p. 1.

[41] Fouellefak Kana C, 2011, « *Cheikh Anta Diop et le panafricanisme : un repère pour l'Afrique et sa jeunesse ?* », Ethiopiques, n°87, http://ethiopiques.refer.sn/spip.php?article1789#nb1 consulté le 05 janvier 2013. Lire aussi utilement Adandé B A (sous la direction), 2007, « *Intégration régionale, démocratie et panafricanisme. Paradigmes anciens, nouveaux défis* », Dakar,

l'ensemble des discours prononcés par de nombreux leaders des indépendances africaines pour qui il est illusoire que chaque État pris individuellement puisse jouir de son indépendance sans soutien des autres États économiquement et politiquement plus forts. Le but était d'atteindre l'intégration politique, culturelle et économique aux niveaux régional, continental et extrarégional[42]. Chez Kwame N'krumah, si l'accent est particulièrement mis sur l'unité, c'est parce qu'elle est à l'origine de la solidarité. L'unité est même la condition de réalisation de la solidarité africaine. Pour lui, la division de l'Afrique ne donne pas « la possibilité d'apporter une assistance suffisante aux États frères qui s'efforcent, contre les conditions les plus difficiles, d'améliorer leur structure économique et sociale »[43]. Cette unité est envisagée dans le cadre d'une structure politique unique — gouvernement d'union — considérée comme la voie permettant à l'Afrique de « mobiliser les ressources matérielles et morales »[44] disponibles dans les divers pays, et de les « utiliser efficacement et énergiquement, de manière à susciter un changement rapide dans la condition »[45] des peuples d'Afrique. Chez Nkrumah, la solidarité est donc au cœur des mutations fondamentales dont a besoin l'Afrique, et les leaders d'Afrique centrale s'inspireront de cette solidarité et la décentraliseront en créant par effet de subsidiarité, des regroupements limités dans leur espace d'influence et plus ou moins homogènes au plan géographique.

Le contexte régional de l'Afrique centrale. L'on peut distinguer ici trois grandes périodes ayant caractérisé l'intégration régionale en Afrique centrale, des indépendances jusqu'à nos jours : la période d'émergence et des premiers élargissements, la période du grand élargissement et de la première réforme institutionnelle, et la période des révisions « constitutionnelles », des grandes réformes et de la rationalisation.

1/La période d'émergence et des premiers élargissements. Cette période s'étale de la veille des indépendances aux années 1980. Très tôt en 1959, avant même les indépendances des pays de la région, c'est la naissance de l'Union douanière équatoriale (UDE), presque au même moment où se mettent en place de nombreux régimes de coopération en Afrique. Elle est formée de quatre pays de l'Afrique-Équatoriale française (AEF) que sont : la Centrafrique, le Congo, le Gabon et le Tchad. Ils sont rejoints par le Cameroun en 1961. L'UDE précède l'Union africaine et malgache de coopération économique (UAMCE) créée en 1961. Après, elle est devenue organisation commune africaine, malgache et mauricienne

---

CODESRIA, Kodjo E, 2013, *Panafricanisme et renaissance africaine*, Lomé, Graines de pensées.

[42]Edem Kodjo, *op, cit.*,

[43] Extrait de discours prononcé en 1963.

[44]*Ibid.*

[45] *Ibid.*

(OCAMM) avant de redevenir OCAM en 1973, dès le retrait de Madagascar. En Afrique de l'ouest, Kwame N'krumah est le premier à prendre ce type d'initiative, avec la création de l'Union Ghana-Guinée (1958) et l'Union Ghana-Guinée-Mali, première étape vers l'« Union des États africains ». La deuxième étape fut d'organiser la Conférence des États africains indépendants. Elle se tint à Accra en avril 1958. Toutes ces conférences prônaient, entre autres, la constitution d'un vaste marché commun à l'échelle du continent, avec notamment élimination des barrières douanières et autres entraves au commerce entre États africains, ainsi que la conclusion d'accords de paiements multilatéraux afin de développer les échanges économiques. C'est dans ce sillage que fut créée en 1958, la Commission économique pour l'Afrique de l'ONU (CEA) pour renforcer cet aspect économique de l'intégration.

Tout en contribuant indirectement à la mise sur pied du marché commun continental pour toute l'Afrique, les États issus de l'Afrique-Équatoriale française, tout comme tous les autres États africains et certainement influencés par les ex-puissances coloniales, ont poursuivi l'approfondissement des regroupements régionaux que redoutaient N'krumah. Pour lui, ces allégeances régionales favoriseraient « un jeu de puissances » ou permettraient aux impérialistes et aux néocolonialistes de pêcher en eau trouble. Pour de nombreux dirigeants africains favorables au camp occidental, le néocolonialisme ne représentait pas une menace telle qu'il justifiât des mesures aussi draconiennes que le transfert de la souveraineté à une autorité politique centrale comme le suggérait le président ghanéen. Les projets de regroupements initiés par les Africains qualifiés de « progressistes »[46] firent face aux différentes alliances que créèrent les ex-colonies, sous l'impulsion des puissances tutélaires, à l'instar de l'OCAM qui regroupait les États africains principalement francophones et des membres de l'UDE. L'intégration en Afrique se poursuivit dans un contexte de désaccords et de divisions entre États africains, quant à la voie à choisir pour l'unité du continent. Les regroupements régionaux sont ainsi considérés comme des mécanismes de renonciation à l'unité africaine dont l'évolution dépend de l'influence provenant des ex-puissances colonisatrices. Leur division horizontale en deux blocs, l'un pro-occidental et l'autre prosocialiste, et, verticalement, en révolutionnaires, progressistes, réactionnaires, capitalistes, socialistes, traditionalistes et modérés en lien avec l'influence des grandes puissances contribuent à marquer l'intégration de son rythme actuel. Ne souhaitant pas voir les États nouvellement indépendants insister sur les aspects politiques, les grandes puissances les ont encouragés à cantonner leurs regroupements sur les aspects strictement économiques, au motif que c'est la meilleure voie permettant d'assurer le développement des peuples et de s'insérer dans l'économie mondiale.

[46]Kwame Nkrumah, Modibo Keita et Nasser, etc.

Entre Etats d'Afrique centrale, les regroupements se forment avec une certaine recherche d'hégémonie de certains pays comme la République démocratique du Congo (Kinshasa), ancienne possession belge, plus grand pays de la région tant en termes de superficie que de population, et dont la richesse du sous-sol est unanimement établie. S'oppose à cette hégémonie de puissance, la France qui a intérêt à maintenir homogènes, les territoires qui jadis étaient sous sa domination en tant que colonie ou en tant que mandat. En 1961, les cinq États membres de l'UDE signent avec Paris une convention portant sur le contrôle des changes et prévoyant la création d'une Commission chargée de régler les détails de divers instruments de la coopération régionale. À la suite de cette convention, les cinq États conclurent avec la France, un accord relatif à la création de la Banque centrale de l'Afrique équatoriale et du Cameroun. Elle sera rebaptisée en 1972, Banque des Etats de l'Afrique centrale (BEAC). Elle était destinée à se substituer à l'Institution d'Émission de l'AEF, et conférer à la nouvelle institution, le droit exclusif d'émission monétaire. Avec l'entrée de la Guinée Equatoriale dans l'UDEAC en 1984 et l'adoption par elle du franc CFA, le sort monétaire des six États, et partant l'avenir de l'ensemble de leur intégration de la sous-région sont scellés.

En 1968, la République démocratique du Congo supervise la création à Fort-Lamy au Tchad, de l'Union des Etats de l'Afrique centrale (UEAC) composée d'elle-même, de la République Centrafricaine et du Tchad. La création de l'UEAC correspond à la défection de la RCA et du Tchad au sein de l'UDEAC, et la tentative du président tchadien Tombalbaye d'y mettre fin. À la suite d'un différend au sujet de la répartition des recettes, les deux États quittent l'UDEAC créée en 1964. Toutefois, les chefs d'État du Congo-Brazzaville et du Gabon affirment leur volonté de « continuer à coopérer au sein de l'UDEAC » et proposent au président Ahidjo du Cameroun de se réunir à Port-Gentil, du 17 au 19 mai 1968 pour discuter de la transformation de l'UDEAC suite au départ de la Centrafrique et du Tchad. Leur action diplomatique et l'influence de la France produiront des effets immédiats puisque la RCA rejoint l'UDEAC en décembre 1968, année de son adhésion à l'UEAC. Des problèmes récurrents concernant la répartition des recettes douanières de l'UDEAC subsistent. Ils provoquent l'effondrement du régime de perception commune des droits de douane en 1972. Lasse de la réexportation systématique sur son territoire de marchandises d'origine extérieure à l'Union sans recevoir la part correspondante à ses droits, la RCA aurait commencé à percevoir l'intégralité des droits de douane sur tous les produits originaires de la zone franchissant ses frontières, qu'ils aient ou non déjà acquitté des droits d'entrée dans un autre État membre. Gros échec de l'Union douanière dont le principe cardinal est que : les États membres s'associent pour appliquer les mêmes taux ou droits d'importation aux marchandises en provenance du reste du monde. Les pays de l'union conviennent également de ne pas appliquer de droits de douane entre eux.

Situation qui a mis fin aux services douaniers communs et au principe de libre circulation des marchandises à l'intérieur de l'UDEAC.

À l'issue d'un conflit dévastateur avec la Libye, le Tchad regagne à son tour l'UDEAC en 1984-85, même année de l'entrée de la Guinée Equatoriale qui va abandonner sa monnaie, l'Ekwélé, au profit du franc CFA. Une autre victoire de la France qui voit entrer sous son influence, un ancien territoire d'outre-mer de l'Espagne jusqu'en 1968. Il faut dire que le maintien par les puissances coloniales des positions privilégiées en Afrique revêt un coût élevé, mais représente des enjeux énormes. Il y a un gain en termes de rayonnement international pour une puissance moyenne comme la France ; un avantage au plan économique en termes de protection des marchés ; un gain stratégique en termes d'approvisionnement en matières premières et défense des lignes de communication vers le Moyen-Orient et le Pacifique ; un enjeu humain portant sur la protection des résidents français[47]. Ces gains concernent particulièrement la situation du franc CFA, même si aujourd'hui encore de nombreux intellectuels français pensent autrement. Ils vont jusqu'à relever que la France ne tire aucun avantage de l'existence de la zone franc. C'est le cas d'Hervé Gaymard pour qui, contrairement à une légende tenace, les dépôts en devises des banques centrales africaines ne servent pas à diminuer l'endettement de la France, mais serait une contrepartie de la libre convertibilité du FCFA, alors qu'il reconnaît au même moment que ces dépôts sont rémunérés à un taux très attractif, impliquant un coût pour le trésor français qui fluctue entre 50 et 200 millions d'euros par an[48].

La parallèle établit entre l'UDEAC et les autres regroupements de l'Afrique au Sud du Sahara, y compris la Communauté économique de l'Afrique de l'Ouest (CEAO), fait ressortir le constat que l'Union douanière des États de l'Afrique centrale, dotée d'un tarif extérieur commun, d'une banque centrale et d'une monnaie commune, disposait manifestement des structures les plus perfectionnées pour favoriser l'intégration régionale de ses États. Pourtant, au cours des vingt-cinq années de son existence, les résultats ont plutôt été décevants : faiblesse du commerce intra-communautaire, faible mobilité de la main-d'œuvre, concentration des États membres sur leur marché intérieur, faiblesse du cadre institutionnel de la Banque centrale, crise économique, etc. Des faiblesses que l'on retrouve également encore aujourd'hui au sein de l'intégration en Afrique centrale.

Durant les périodes de construction — reconstruction au sein de l'UDEAC, le 20 septembre 1976, naît la Communauté économique des pays des grands lacs autour de la RDC, du Rwanda et du Burundi (CEPGL). Son objectif est d'assurer un large éventail de missions au profit de leurs

---

[47] Richardot P, 2003, *Les grands empires. Histoire et géopolitique*, Ellipses, Paris, pp. 417-418.

[48] Gaymard H, 2024, « L'Afrique, miroir de nos peines ? » *Politique étrangère*, N°241, pp. 115-116.

gouvernements et populations dans des domaines comme la sécurité des États et de leurs populations, la promotion et l'intensification des échanges commerciaux, la circulation des personnes et des biens ; et la coopération dans les domaines social, économique, commercial, scientifique, etc.

2/La période du grand élargissement et des premières réformes

Cette période couvre la double décennie 1980-2000. La situation critique au sein de l'UDEAC entraîne l'adoption en octobre 1990 à Yaoundé au Cameroun, sous l'égide de la Banque mondiale, la première grande réforme de cette institution comprenant un train de mesures au niveau régional, dans le domaine de la politique financière, sur la base d'un cadre de réformes dans les domaines de la politique fiscalo-douanière et de la politique des transports et du transit. C'est le fameux programme de réforme de politique fiscalo-douanière. Face aux graves lacunes que présente le TEC dans sa conception et sa structure[49], le programme de réforme régional (PRR) proposé a pour but d'améliorer le rendement des recettes fiscales. Selon la Banque Mondiale, l'on ne pouvait accroitre sensiblement les recettes douanières des pays de l'UDEAC qu'en réduisant les taux nominaux des tarifs. Cette mesure vise la limitation de l'incitation à la fraude. Elle devrait permettre une réduction échelonnée de la pléthore des exonérations actuellement accordées. Ces réformes tendaient également à améliorer l'efficacité et la compétitivité de l'activité manufacturière locale, tout en répartissant de manière plus uniforme, la charge fiscale entre les secteurs et les entreprises. Il s'agissait par ailleurs d'assouplir les instruments de la politique tarifaire et de la fiscalité indirecte, afin de pouvoir répondre de manière plus rationnelle aux besoins divers des pays membres. Près de deux décennies après, les résultats et les effets induits par cette réforme sont restés plutôt mitigés pour les uns et décevants pour les autres. Les déceptions sont perceptibles tant au niveau de l'application du TEC qu'au niveau des effets d'entraînement que devaient induire ces réformes.

En 1983, c'est au tour de la CEEAC d'être créée dans un contexte tout aussi particulier, marqué tant par des instabilités internes aux États que par les conflits entre ces États. La région fait également face à de nombreux autres problèmes, à l'instar de la mauvaise qualité et la faible densité des infrastructures de base, la faible interconnexion des réseaux nationaux de transport entre les pays de la région, la libre circulation des personnes et des biens, les échanges intra-commerciaux entre les pays de la région, etc. Les onze États membres se donnent pour ambition : de promouvoir et de

---

[49]La base d'application n'est pas la même dans tous les pays. Chaque pays conserve le droit de suspendre le TEC ou certaines de ses composantes sur des produits spécifiques. De plus chaque pays accorde de nombreuses exonérations de droits et taxes, en dehors des dispositions du code douanier de l'UDEAC pour favoriser différents groupes locaux.

renforcer une coopération harmonieuse et un développement équilibré et auto-entretenu dans tous les domaines de l'activité économique et sociale, en particulier dans les domaines tels que l'industrie, les transports et communications, l'énergie, l'agriculture, etc. Ces larges objectifs seront repris dans le traité révisé de 2019, et enrichis par de nombreuses autres dispositions dont l'applicabilité est tout de même sujette à débat.

En 1994, face aux nombreux problèmes que présentait l'UDEAC depuis sa création, et que l'on rencontre encore aujourd'hui dans la région, les six pays membres s'accordent à créer la Communauté économique et monétaire de l'Afrique centrale (CEMAC). Le but est de lutter contre l'extraversion de l'économie de la région, l'insuffisance des voies et infrastructures de communication, les problèmes politiques internes des Etats, les conflits interétatiques, les conflits entre intérêts nationaux et engagements sous-régionaux, les appréciations divergentes des coûts et avantages de l'intégration, etc. Il faut dire que depuis le milieu des années 1980, les six pays de l'UDEAC sont en proie à de sérieuses difficultés économiques exacerbées par la baisse brutale des prix des produits de base et la dépréciation du dollar. L'effondrement des cours des matières premières est aggravé par un mauvais ajustement macro-économique. Celui-ci plonge les économies de la région dans une profonde récession en accentuant la gravité de leurs déficiences structurelles. On retrouve dans tous les six pays les mêmes problèmes : faible mobilisation des ressources intérieures, étroitesse de la base génératrice des recettes publiques, taux de change surévalué, un compte des opérations courantes vulnérable, étroitement dépendant des secteurs exportateurs insuffisamment diversifiés, des dépenses publiques excessives, un secteur privé inefficace et non compétitif, une structure des coûts salariaux élevés, un système bancaire en situation de précarité, etc.[50]. Bref, à quelques différences près, les mêmes causes qui ont produit les mêmes effets et qui ont abouti aux réformes en cours ces vingt dernières années au sein de la CEMAC, avec d'une part le PER et d'autre part le PREF. La CEMAC se singularise sur le continent africain par le plus faible réseau d'infrastructures, notamment de transport et d'énergie, avec un impact négatif sur les conditions sociales et de bien-être des populations (taux élevé de pauvreté, fléaux sanitaires). Son secteur privé est peu développé et son environnement des affaires peu attractif[51].

---

[50]Banque Mondiale, 1992, *coopération régional et ajustement structurel : programme de réformes de la politique fiscalo-douanière pour les Etats membres de l'UDEAC*, rapport n° 9747.
[51]Le PER | CEMAC consulté le 17 février 2024 à 17h46.

3/La période des révisions « constitutionnelles », des grandes réformes et de la rationalisation

Cette période couvre la double décennie 2000-2020. Elle est caractérisée par quatre grands évènements : la révision du traité de la CEMAC en 2008 et en 2009, le lancement de la rationalisation des CER en 2007, l'adoption du PER et ensuite du PREF CEMAC à la fin de la décennie 2010 et la révision du traité de la CEEAC en 2019.

La révision du traité de la CEMAC intervient à la fin de la décennie 2000, avec des motivations similaires à celles qui ont justifié sa création en 1994. Les six États se réengagent à donner une impulsion nouvelle et décisive au processus d'intégration en Afrique centrale par une harmonisation accrue des politiques et des législations de leurs États, le désir de renforcer la solidarité entre les peuples, dans le respect de leurs identités nationales respectives, et l'attachement au respect des principes de démocratie, des droits de l'homme, de l'État de droit, de la bonne gouvernance, du dialogue social et des questions de genre. Les Etats veulent assurer le bon fonctionnement des institutions et organes de la Communauté, et établir une organisation commune dotée de compétences et d'organes propres agissant dans la limite des pouvoirs qui leur sont conférés par le traité, sans toutefois porter atteinte aux acquis communautaires. Les missions fondamentales de la communauté restent les mêmes, mais le traité révisé est plus étoffé avec 67 articles en lieu et place des 7 articles du traité fondateur. Beaucoup d'innovations sont observées dont l'institution de la personnalité juridique de la communauté[52], la loyauté exigée aux États membres[53] ou encore le dialogue permanent en vue de trouver des solutions communes et éviter que le fonctionnement de la communauté ne soit affecté par les mesures que l'un des États pourrait être amené à prendre en cas de troubles à l'ordre public, de guerre ou de tension internationale constituant une menace de guerre[54].

En 2007, l'Afrique centrale s'engage à s'arrimer aux recommandations de l'UA et de la CEA, relatives à la rationalisation des CER qui est projetée comme le processus consistant à s'attaquer à la fragmentation des espaces régionaux, aux institutions qui se recouvrent partiellement, à la duplication des efforts, à la dispersion des ressources, et aux querelles de légitimité découlant des multiples traités des CER et des communautés économiques sous-régionales. Il s'agit de s'attaquer aux contraintes considérables affectant la capacité des CER à générer et à canaliser un effort collectif durable dans le sens de l'intégration de l'Afrique.

Pour relever tous les défis de l'intégration tant au plan économique, financier, social et politique, les pays de la communauté adoptent la

[52] Article 3.
[53] Article 4.
[54] Article 5.

vision 2025. Elle consiste à c « Faire de la CEMAC un espace économique intégré émergent où règnent la sécurité, la solidarité et la bonne gouvernance, au service du développement humain ». Cette vision est concrétisée en 2009 dans le programme économique régional (PER), dont l'objectif est de valoriser les principales ressources de la sous-région et de bâtir une économie compétitive, diversifiée et à forte valeur ajoutée[55]. Le PER se veut le principal cadre d'action et de mise en cohérence des programmes sectoriels communautaires et des priorités nationales. Il est destiné à (i) porter le taux de croissance moyen de la CEMAC à plus de 10 %, (ii) renforcer la compétitivité de son économie dans le cadre d'un marché ouvert et concurrentiel et d'un environnement des affaires plus favorable à l'investissement (iii) participer à l'atteinte des objectifs internationaux de développement durable à l'horizon 2015. Il se décline en 5 axes, 12 objectifs stratégiques, 29 programmes et 86 projets. Il régit le développement économique de la zone CEMAC dans son ensemble, en présentant un agenda d'émergence (2010 – 2025) en trois phases quinquennales pour la réalisation de la vision 2025 de la CEMAC : la phase 2010-2015 qui consiste en la construction des fondements institutionnels de l'émergence ; la phase 2016-2020 visant « l'ancrage des piliers de la diversification économique de la communauté ; et la phase 2021-2025 ayant pour but de consolider les phases précédentes[56].

Face aux insatisfactions que va présenter le PER, les dirigeants de la CEMAC ont décidé d'accélérer le programme des réformes, en mettant sur pied le programme des réformes économiques et financières (PREF-CEMAC) chargé de mettre en œuvre les engagements pris par les chefs d'État devant le FMI et la France. Il est actuellement le cadre de référence des actions à mettre en œuvre pour faire avancer l'intégration et corriger les limites du PER. Il constitue l'une des préoccupations majeures de cet ouvrage.

Historiquement, l'Afrique centrale est donc une région qui s'est inscrite très tôt dans les dynamiques de coopération et d'intégration, devançant ainsi certaines grandes initiatives à l'échelle continentale. Elle a été très tôt pionnière pour mettre des systèmes harmonisés et intégrés d'échanges, notamment dans le cadre de l'union douanière lancée au sein de l'UDEAC. Toutefois, ce maillot jaune de l'intégration s'est construit et reconstruit à l'ombre tutélaire des puissances colonisatrices. Celles-ci avaient et ont toujours intérêt à ce que les ambitions des États soient relativement limitées aux questions économiques, au motif que celles-ci sont plus à même d'assurer le bien-être et la prospérité des peuples, et à favoriser l'insertion de la région dans l'économie mondiale. À cela, il faut ajouter les hégémonies internes, les tensions entre Etats même de la région et l'absence d'un

---

[55] Voir le Programme économique régional/CEMAC.

[56] Le PER | CEMAC.

leadership bienveillant dans une zone où un pays comme le Cameroun, de par de nombreuses données objectives est de toute évidence la « puissance » la plus stable, la plus prospère et la plus autonome. Avec les réformes en cours, l'espoir est que de nombreuses faiblesses de la région soient corrigées afin qu'elle puisse jouer pleinement le rôle qui est le sien auprès des populations.

II/L'Afrique centrale : une triple réserve de puissance

La région Afrique centrale dispose d'importantes positions favorables par rapport aux échanges extérieurs. Le discours officiel se réjouit particulièrement de « sa position charnière et stratégique au centre de l'Afrique ». Il pourrait en faire une zone privilégiée d'échanges commerciaux entre les régions du continent[57].

Globalement, l'Afrique centrale est potentiellement riche. Au sein de la CEMAC, l'on parle d'une triple puissance : puissance en matières premières, puissance agricole, et puissance métallurgique. Au plan des matières premières, les pays de la CEMAC veulent passer de simples exportateurs de matières brutes à des transformateurs de ces matières. À travers le Programme économique régional, la CEMAC entend renforcer le pilier énergétique de façon considérable. Plutôt qu'une simple exportation brute de ses hydrocarbures, elle s'engage vers une valorisation forte de toutes ses matières premières énergétiques, pour devenir autosuffisant et exportateur d'électricité, de produits pétroliers raffinés et de gaz et se positionner en un acteur significatif du dynamique marché mondial du gaz naturel liquéfié. La CEMAC veut évoluer progressivement vers une puissance énergétique régionale.

Au niveau de l'agriculture et de l'économie forestière, elle entend développer le potentiel diversifié de ressources (la forêt, les terres arables, la mer) tout en préservant l'environnement. L'Afrique centrale, en particulier, abrite la forêt du bassin du Congo, deuxième plus grande forêt pluviale au monde après l'Amazonie, un immense puits de carbone avec un potentiel d'absorption annuel de 1,5 milliard de tonnes de CO2. Le secteur forestier représente en effet la plus vaste utilisation des terres en Afrique centrale, avec environ 600 000 km2 de forêt en concession, soit environ 15 % de la superficie totale des terres sous régime concessionnaire[58]. Il faut dire avec les experts de l'ONU que : non seulement l'Afrique dépend de ses exportations vers le reste du monde de produits agricoles de base tels que le cacao, le café, le coton, le tabac et les épices pour générer les devises étrangères dont elle a tant besoin, mais elle est également importatrice net d'aliments de base tels que les céréales, les huiles végétales, les produits

---

[57] https://ceeac-eccas.org/2023/05/28/la-ceeac-en-bref/ consulté le 22 octobre 2023.

[58] bs2021_fr_utcatf_tendance_gestion-communautaire.pdf (climate-chance.org) consulté le 22 janvier 2024.

laitiers et la viande[59]. La part du commerce agricole intra-africain dans le total des échanges agricoles africains reste constamment inférieure à 20 %, soit l'une des plus faibles de toutes les régions. Avec la ZLECAf qui se met en place, la conviction est que : c'est dans l'agriculture que les ambitions du continent peuvent trouver le terrain le plus fertile, notamment par le développement des chaînes de valeur régionales inclusives autour des produits de base prioritaires, sous l'impulsion d'un secteur privé dynamique et diversifié composé de petits exploitants, d'agriculteurs commerciaux, de transformateurs et de prestataires de services. À la FAO, l'on pense que « le renforcement des capacités nationales de production alimentaire et des liens avec les marchés régionaux fournira aux pays, une base solide pour stimuler le commerce régional. Les politiques et les programmes doivent encourager le secteur privé à injecter de nouveaux investissements, à ajouter de la valeur aux produits de base, à concurrencer les importations et à créer des emplois »[60].

Sur le plan métallurgique, aussi bien pour les produits à base de bauxite que de fer, la CEMAC dispose du potentiel pour, non seulement prendre une part du marché mondial des produits intermédiaires avec l'appui de grands groupes (exemple : Rio Tinto/Alucam dans l'aluminium, Eramet/Comilog dans le ferro-manganèse), mais également devenir un acteur majeur du marché régional des produits transformés, en profitant du vaste potentiel de développement de la région (CEMAC, RDC, Angola, Nigéria) et en favorisant ainsi l'émergence d'un tissu dynamique de PME locales dans ce secteur[61].

Les réserves prouvées de pétrole s'estiment dans cette région à 31,1 milliards de barils, soit 28 % des réserves totales du continent. Le potentiel agricole, forestier et hydraulique y est également énorme avec la présence du bassin du Congo, seconde réserve forestière et hydraulique mondiale, poumon de la planète. On y retrouve par ailleurs un écosystème riche en eau, terres arables, pâturages, zones écologiques pour l'agriculture et l'élevage et un important potentiel hydro-électrique, 60 % du potentiel africain…[62].

Au niveau des éléments statiques, l'on est en présence d'une topo-politique favorable à plus d'un titre. Elle présente un relief composé de plaines, montagnes, hautes terres, plateaux, plaines côtières, des frontières

---

[59] Haile-Gabriel A, 2021, « L'agriculture, la clé du libre-échange en Afrique. La transformation des systèmes agroalimentaires peut libérer le potentiel de l'Afrique », *Afrique Renouveau.*

[60] Haile-Gabriel A, ibid.

[61] CEMAC, 2025, 2009, « Vers une économie régionale intégrée et émergente. Programme économique régional 2010-2015 », Vol. 1. *Rapport final*, pp. 74-75.

[62] Mvelle G, 2019, « Une géopolitique de l'Union africaine…référence à compléter : genèse et limite d'un projet prométhéen », *Revue camerounaise d'études internationales*, Vol.13, n°1, pp. 23-37.

maritimes, terrestres et aériennes, un accès à la mer pour de nombreux pays comme l'Angola, le Cameroun, le Congo-Brazzaville, le Gabon, la Guinée Equatoriale, et Sao Tomé e Principe. L'accès à la mer à six pays est un avantage non seulement pour les Etats en question, mais également pour ceux n'ayant pas de littoral maritime comme le Burundi, le Rwanda, la RDC, le Tchad et la RCA. Le Cameroun, par sa position géographique est ainsi la porte d'entrée naturelle des pays tels que le Tchad, la RCA et le Nord du Congo. Pour le Tchad, presque 80 % des importations transitent par le Cameroun[63]. Selon l'annuaire statistique 2021 du ministère des Transports au Cameroun, 900 000 tonnes de marchandises ont transité en 2020 sur le corridor Douala-N'Djamena qui concentre selon la Banque mondiale : « 35 % du PIB de ces deux pays et dessert 20 % de la population du Tchad et 35 % de celle du Cameroun ». La douane camerounaise quant à elle évalue à 350 milliards de FCFA par an le coût de marchandises tchadiennes qui transitent par le Cameroun[64].

Au niveau de la physio politique qui examine l'étendue du territoire par rapport à la totalité du système dans une approche dynamique, ses distances vis-à-vis des grands marchés, mais également sa position, laquelle permet de dire si oui ou non une zone revêt une importance géopolitique et même stratégique, l'on a des données attestant de l'apport que cette région peut avoir pour l'ensemble de l'Afrique. Durant la décennie 2020, l'activité économique de la région fut parmi les plus dynamiques du continent, même si le rythme a baissé consécutivement à la chute des cours du pétrole, avec une croissance moyenne autour de 5 % sur les cinq dernières années. Cette performance est certes imputable à l'envolée des prix des produits de base, mais aussi à la stabilité macroéconomique et la mise en œuvre des politiques qui ont contribué à soutenir la croissance. L'exportation des hydrocarbures représente 41 % du PIB et domine l'économie de la région, suivie de près par l'activité forestière et les industries minières extractives, et enfin par des agro-industries centrées autour de la transformation du coton, café et cacao, caoutchouc[65].

Au plan de la météo-politique, la diversité climatique y a une importance capitale dans divers domaines comme l'agriculture, l'élevage, la pêche... Au niveau des facteurs dynamiques, la géographie économique de l'Afrique centrale présente d'abondantes ressources naturelles (pétrole, or, manganèse, cobalt, uranium, zinc...) : neuf des onze pays de la CEEAC sont producteurs de pétrole ; même si l'on peut noter une faible transformation locale de ces ressources et une répartition contestée. L'on note également l'existence de

[63]https://www.cameroontradeportal.cm/tradeportal/index.php/fr/procedure-2/transit
[64]https://www.investiraucameroun.com/gestion-publique/2909-19794-corridor-tchad-cameroun-un-centre-de-vie-ouvert-pour-faciliter-le-transit-des-marchandises consulté le 24 décembre 2023.
[65] https://ceeac-eccas.org/2023/05/28/la-ceeac-en-bref/ consulté le 22 octobre 2023.

multiples voies et infrastructures de communication malgré leur faible densification ; et la production d'abondantes cultures vivrières à côté des cultures de rente tel le cacao, le café, l'huile de palme, le tabac, la banane, sans oublier une richesse forestière exceptionnelle (une forêt équatoriale riche en essences de bois très prisées), et un potentiel hydraulique et énergétique important...

Dans les grands lacs particulièrement, l'on retrouve par exemple les lacs classés parmi les 10 grands lacs d'eaux douces du monde : Lac Tanganyika (17 800 km3, RDC, Burundi, Tanzanie et Zambie), Lac Niassa (8400 km3, Malawi, Mozambique et Tanzanie), Lac Victoria (2750 km3, Kenya, Ouganda, Tanzanie), Lac Turkana et Lac Nakuru (Kenya), Lacs Albert et Edouard, Lac Kivu. L'enjeu de ces lacs réside dans le rôle important qu'ils pourraient jouer pour l'ensemble des réseaux hydrauliques, et donc pour l'économie.

La géographie humaine y présente de grandes richesses du fait notamment de la multitude des langues qui y sont parlés (kirundi, swahili, kinyarwanda, kikuyu, uganda, luo, nyamwezi, chagga, lingala, anglais et français). Le swahili est le vecteur de communication au Sud Soudan, dans la corne de l'Afrique, à l'est de la RDC, au nord-ouest du Mozambique et à l'est du Malawi, pour un total d'environ 200 millions de locuteurs entre l'Equateur jusqu'au-delà du Tropique du Capricorne. Dans le même ordre d'idées, l'on note ici une grande proximité culturelle et linguistique des peuples de cette région. Ils appartiennent tous à une sous famille des langues bantoues, entre autres le kirundi (Burundi) et le kinyarwanda (Rwanda) dans la zone linguistique niger-congo appartenant à la famille niger-kordofan, ceci pouvant favoriser des échanges dans de multiples domaines et l'acceptation des peuples situés de part et d'autre des frontières nationales.

Au plan des ressources, les grands lacs regorge entre autres le nickel, l'uranium, le cobalt, le cuivre, la platine, l'énergie hydraulique[66]; le maïs, le thé, l'industrie des roses[67], le café, les fruits, les légumes, l'horticulture en général et l'élevage en particulier, l'éco-tourisme ; l'uranium, le tabac, le pétrole, le café, le cuivre, le cobalt, l'or, l'étain, les diamants, le fer, le nickel, les pierres précieuses, le charbon, le kaolin, le gaz...

De par sa position géographique, la région Afrique centrale a vocation à être l'espace de convergence et de relais de la plupart des programmes intégrateurs du continent, notamment ceux relatifs aux infrastructures de transport, à l'interconnexion des réseaux électriques, ou encore au commerce des marchandises[68]. La performance d'un marché commun africain serait alors tributaire, dans une large mesure de l'effectivité du marché d'Afrique

---

[66] Principalement au Burundi.

[67] 15% des exportations, premier fournisseur de roses de l'UE.

[68] ONU/CEA, 2011, *Les économies de l'Afrique centrale 2011. Enjeux et opportunité des politiques industrielles en Afrique centrale*, p. 201.

centrale qui en retour, devrait tirer profit des avantages que lui confère potentiellement sa contiguïté avec les quatre autres régions. Toutefois, si la région ne s'affirme pas dans la stratégie d'intégration du continent : « la centralité de position géographique pourrait se muer en facteur affaiblissant les Etats de sa périphérie Est et Sud pouvant s'arrimer davantage aux espaces COMESA et SADC »[69].

Section 2 : Approche institutionnelle de l'Afrique centrale

Pour des raisons pédagogiques, cette section commencera par la présentation de la CEMAC et de la CEEAC en un seul bloc, en raison des liens que les deux regroupements entretiennent au niveau de leurs membres et au niveau des avancées observables sur le plan de l'harmonisation et l'uniformisation des politiques, programmes et actions (I). La CEPGL sera ensuite examinée dans ses considérations générales et conceptuelles construites au fil des années par les trois pays qui la composent pour voir les forces et les faiblesses qui la caractérisent en tant que zone pertinente d'intégration (II).

I/Les institutions de coopération et d'intégration de la CEMAC et de la CEEAC

La CEMAC est née de deux institutions qui lui sont antérieures : sont l'Union douanière équatoriale (UDE) et l'Union douanière et économique de l'Afrique centrale (UDEAC). L'UDE créée en 1959, à la veille des indépendances de la plupart des pays d'Afrique centrale, est issue d'une initiative de quatre pays de l'Afrique Equatoriale Française (AEF) que sont : la Centrafrique, le Congo, le Gabon et le Tchad. Ceux-ci sont rejoints par le Cameroun en 1961. Afin d'intensifier leur coopération et de renforcer leur intégration économique, les cinq États de la CEMAC passent à une étape supérieure. Ils créent de ce fait, en 1964, à Brazzaville au Congo, l'UDEAC. Ils sont rejoints en 1984 par la Guinée Équatoriale. L'UDEAC poursuivait plusieurs objectifs essentiellement économiques : la création d'un marché commun ; la coordination des programmes sectoriels de développement ; l'harmonisation des politiques industrielles et économiques ; et la coopération monétaire avec la création d'une monnaie commune liée au Franc français, le Franc CFA.

De nombreuses avancées ont incontestablement été réalisées sous l'égide de l'UDEAC. Parmi elles, l'adoption en 1965 de la Convention commune sur les investissements dans les pays de l'UDEAC (fondement des codes des investissements), l'impôt sur le chiffre d'affaires intérieur (1969), l'impôt sur les sociétés (1972), l'impôt sur le revenu des personnes physiques (1977), l'assiette et le champ d'application de l'impôt sur les revenus des capitaux et valeurs immobilières (1977), etc. Dès 1972, les pays de l'UDEAC signent deux conventions de coopération monétaires, d'abord

[69] Ibid.

entre eux-mêmes et ensuite avec la France. Suite à de nombreux problèmes et à une période d'hibernation, ils décident le 16 mars 1994 à N'Djamena de sortir d'une union uniquement douanière, et de créer un regroupement aux objectifs plus larges sous l'appellation de la Communauté économique et monétaire d'Afrique centrale (CEMAC).

La mission principale de la CEMAC telle qu'elle est présentée à l'article 2 du traité révisé adopté à Yaoundé le 25 juin 2008, et révisé encore à Libreville le 30 janvier 2009 reste largement économique et monétaire, même si elle s'étend sur d'autres domaines qui conditionnent la réalisation de ces objectifs économiques. Il s'agit de « promouvoir la paix et le développement harmonieux des États membres, dans le cadre de l'institution de deux unions : une union économique et une union monétaire ». Dans chacun de ces deux domaines, les États membres entendent passer d'une situation de coopération, qui existe déjà entre eux, à une situation d'union susceptible de parachever le processus d'intégration économique et monétaire[70]. Cette coopération suppose la coordination des politiques et actions dans le but de résoudre des questions d'intérêt commun, alors que l'intégration envisage « une situation d'interactions entre les acteurs dans laquelle chacun d'eux ne peut atteindre ses objectifs sans tenir compte des autres »[71].

Au plan organique, la CEMAC compte cinq institutions, sept organes, quatorze institutions spécialisées et deux agences qui sont présentés à l'annexe de cet ouvrage. Ils font d'elle une organisation généraliste intergouvernementale qui regroupe néanmoins en son sein, de nombreuses activités fonctionnelles ou techniques[72].

De façon schématique, nous proposons personnellement la distinction suivante :

i) « Les institutions d'action » : l'Union économique d'Afrique centrale (UEAC) et l'Union monétaire d'Afrique centrale (UMAC),

ii) « Les institutions supérieures » de prise de décision : la conférence des chefs d'État, le conseil des ministres de l'UEAC et le comité ministériel de l'UMAC ;

iii) « Les institutions de coordination » : la Commission ;

iv) « Les institutions de contrôle » : le parlement de la CEMAC, la Cour de justice communautaire et la Cour des comptes communautaire, la CONSUMAF, le GABAC ;

iv) « Les institutions spécialisées » : la BEAC, la BDEAC, la COBAC, CEBEVIRHA, OCEAC ;

---

[70] Article 2 du Traité de révisé de la CEMAC signé par les chefs d'Etat et de gouvernement le 25 juin 2008 à Yaoundé au Cameroun et encore révisé le 30 janvier 2009 à Libreville.

[71] Devin G, 2016, *Les organisations internationales,* Armand Colin, Paris, p. 15.

[72]Voir la liste des institutions et organes en annexe de cet ouvrage.

v) « Les établissements spécialisés de formation » : EHT-CEMAC, EIED, ISSEA, ISTA, IEP-PR…

Le caractère discutable de cette classification est la preuve de la complexité même que présente une organisation d'intégration comme la CEMAC.

La Communauté économique des États de l'Afrique centrale (CEEAC) quant à elle dont le siège est à Libreville, mais momentanément transféré à Malabo, suite au coup d'État d'août 2023 contre le président Ali Bongo, a été instituée le 18 octobre 1983 par la signature à Libreville de son Traité constitutif qui a fait l'objet d'une révision adoptée le 18 décembre 2019 dans la même ville, et entrée en vigueur le 28 août 2020. Elle est constituée de onze États membres que sont : l'Angola, le Burundi, le Cameroun, la République Centrafricaine, le Congo, le Gabon, la Guinée Equatoriale, la République Démocratique du Congo, le Rwanda, Sao Tome et Principe et le Tchad. Elle s'étend sur une superficie de 6 667 047 km2 et comprend une population estimée à plus de 220 millions d'habitants en 2023. Elle est l'une des huit CER reconnues par l'UA comme piliers de l'intégration régionale en Afrique. Selon les termes de l'article 4 de son Traité révisé, la CEEAC a des ambitions encore plus larges que la CEMAC et se présente comme une organisation véritablement généraliste. Elle entend promouvoir la coopération et le renforcement de l'intégration régionale en Afrique centrale, dans tous les domaines de l'activité politique, sécuritaire, économique, monétaire, financière, sociale, culturelle, scientifique et technique en vue de réaliser l'autonomie collective, d'élever le niveau de vie des populations, d'accroître et de maintenir la stabilité économique, de renforcer et de préserver les étroites relations pacifiques entre ses États membres et de contribuer au progrès et au développement du continent africain.

Parmi les innovations qu'apporte le traité révisé de 2019, se trouve l'introduction des questions politiques et sécuritaires dans les buts et objectifs de la CEEAC, contrairement au traité fondateur qui ne faisait pas allusion à ces aspects. Lors de sa création, les Etats de la CEEAC ne prévoient pas en 1983, d'objectifs et de missions en matière de paix et de sécurité. Pourtant, de nombreux pays de la région vivent des crises et des instabilités comme c'est le cas en Angola, au Congo-Brazzaville ou au Tchad. C'est lors du sommet de Libreville de 1998 que les États décident de mettre en place un mécanisme de maintien de la paix et de gestion des conflits. En février 1999, ce mécanisme dénommé COPAX est créé à Yaoundé et dédié à la coopération et à la prise de décisions en matière de défense commune, de promotion, de maintien et de consolidation de la paix, de sécurité et la stabilité. C'est une décennie où l'Afrique centrale vit de grands conflits internes et inter-étatiques au Rwanda, en RDC, entre le Cameroun et le Nigeria, etc. Les États envisagent ainsi désormais de mettre en place « un espace de sécurité et de défense commune […] et en tenant compte des autres parties prenantes, conformément aux instruments à vocation sécuritaire adoptés à l'échelle communautaire ou intercommunautaire aux fins de prévenir, gérer et régler les conflits »[73]. Cette ambition s'étend au renforcement de la coopération en matière policière, judiciaire et migratoire « en vue de prévenir et réprimer la criminalité transnationale organisée, le terrorisme, la cybercriminalité et les autres formes de menaces »[74].

Théoriquement peut-on parler de « communauté de sécurité » en Afrique centrale au sens où l'entend Karl Deutsch, c'est-à-dire un espace composé d'entités intégrées au sens où leurs membres ont acquis la conviction que « leurs problèmes sociaux communs peuvent être résolus par des mécanismes de changement pacifique, par la voie des procédures institutionnalisées, sans recours à la violence physique »[75] ? Cette communauté veut se bâtir sur le modèle pluraliste dans la mesure où elle est composée de plusieurs entités indépendantes l'une de l'autre, sans gouvernement commun même si l'on a pris l'habitude de désigner les membres de la commission de la CEEAC comme des membres du gouvernement de la CEEAC. Cette communauté de sécurité a néanmoins besoin de consolidation au regard des trois conditions que retient Karl Deutsch : compatibilité entre les valeurs fondamentales des élites politiques des unités concernées (ces valeurs peuvent porter sur le partage des principes démocratiques, les principes de l'économie libérale, la concertation, la solidarité, l'indépendance, l'ingérence dans les affaires intérieures des États, etc.), sentiment de sympathie mutuelle, de confiance partagée entre peuples en question, et possibilité de prédire des comportements de l'autre et de se comporter soi-même en fonction de cette prédiction. Tout dépend alors du degré de confiance entre les États, la nature et le niveau d'institutionnalisation du système de gouvernance de la région, et l'état d'anarchie formelle ou de transformation dans lequel se trouvent les États. Toutefois, un problème de confiance subsiste entre les États de la région.

Que peut-on attendre des relations entre la géante RDC et son puissant voisin le Rwanda, quand le ministre congolais de la Communication et des médias déclare sur France 24 le 27 janvier 2024 que : le mal de la sous-région est connu, et qu'il s'appelle Paul Kagame ? Ce même Rwanda est également en conflit avec le Burundi qui l'accuse de soutenir des grèves dans son pays. Situation paradoxale que celle de la déstabilisation de la RDC par le Rwanda lorsque l'on sait que celui-ci et le Burundi ont été durant la période coloniale (à partir de 1925) un petit territoire sous mandat belge administré comme partie du Congo (actuel RDC).

---

[73] Article 4 du Traité révisé de la CEEAC.

[74] *Ibid.*

[75] Deutsch K, 1956 cité par Battistella D, « La contribution de Karl Deutsch à la théorie des relations internationales » *op, cit.*, p. 536.

L'objectif de la CEEAC, bien que généraliste est assis en grande partie comme c'est le cas de la CEMAC, sur des considérations d'ordre économique. Il s'agit d'aboutir à l'établissement d'une union économique entre ses membres malgré l'accent porté sur les activités politiques et sécuritaires. L'Union économique espérée prévoit l'élimination entre les États membres des droits de douane et toutes autres taxes d'effet équivalent à l'importation et à l'exportation des marchandises ; l'établissement et le maintien d'un tarif douanier extérieur commun ; l'établissement d'une politique commerciale commune à l'égard des États tiers ; la suppression entre les États membres des obstacles à la libre circulation des biens, des services, des personnes, des capitaux, et au droit d'établissement ; l'harmonisation des codes nationaux d'investissement, et l'harmonisation des politiques de concurrence et de protection des consommateurs.

Au plan organique, la CEEAC comprend six organes que sont : la conférence des chefs d'État et de gouvernement, le conseil des ministres, la commission, les comités techniques spécialisés, le comité des représentants permanents, et le comité inter-Etat des experts. Elle compte également et théoriquement de nombreuses institutions que sont : le parlement de la communauté, la cour de justice de la communauté, la cour des comptes de la communauté, des institutions spécialisées et des institutions financières. Beaucoup de ces institutions ne sont pas opérationnelles, ce qui pose le problème de la viabilité globale de la CEEAC, et peut-être la nécessité d'une fusion avec la CEMAC, et la CEPGL[76]. A l'instar de la CEMAC, la CEEAC est également une organisation généraliste intergouvernementale regroupant néanmoins en son sein, de nombreuses activités fonctionnelles ou techniques qui confirment le caractère complexe de l'intégration en Afrique centrale.

II/La CEPGL : De la sécurité des États à une coopération plus globale

La CEPGL, fondée le 20 septembre 1976, regroupe trois pays de la région des grands Lacs. Il s'agit : de la RDC, du Burundi et du Rwanda. Elle s'étend sur une superficie globale de 2 399 172 millions de km2 avec la RDC qui dispose d'un territoire de 2 345 millions de km2[77]. Sa démographie est estimée en 2023 à près de 130 millions d'habitants, la RDC disposant de plus de 102 millions d'habitants. Le siège de la CEGL est fixé à Gisenyi, ville rwandaise jumelle de Goma (de l'autre côté du Lac Kivu). Elle constitue la continuité institutionnelle des accords de sécurité de la tripartite conclus en 1966 entre ces mêmes pays afin de remédier au climat d'instabilité qui suivit leur indépendance. Les objectifs de la CEPGL sont au

---

[76]https://sinelac.org/la-cepgl/ consulté le 24 décembre 2023 à 11heures.

[77] Le Burundi a une superficie de 27 834 km2 pour une population d'un peu plus de 13 millions d'habitants en 2023 et le Rwanda s'étend sur 26338 km2 pour une population estimée en 2023 à 14 094 683 millions d'habitants.

nombre de quatre : 1) la sécurité des États et de leurs populations de façon qu'aucun élément ne vienne troubler l'ordre et la tranquillité sur leurs frontières respectives ; 2) la conception, la définition et la volonté de créer et de développer des activités d'intérêts communs ; 3) la promotion et l'intensification des échanges commerciaux et la circulation des personnes et des biens ; 4) et la coopération étroite dans les domaines social, économique, commercial, scientifique, culturel, politique, militaire, financier, technique, touristique, et plus spécifiquement en matière judiciaire, douanière, sanitaire, énergétique, de transports et de télécommunications.

La structure organique de la CEPGL est composée d'institutions, d'organismes spécialisés et d'entreprises communes. Il s'agit de la conférence des chefs d'État qui est la plus haute instance décisionnelle de la communauté. Elle oriente la politique générale dans tous les domaines de coopération ; le Conseil des ministres et les commissaires d'État chargés de promouvoir toutes les actions tendant à la réalisation des objectifs définis ; le Secrétariat exécutif permanent qui a entre autres mission d'élaborer des projets d'intérêt commun et de les soumettre aux États membres, avec des propositions concrètes ayant trait notamment à l'implantation des industries. Il s'occupe également de suivre la réalisation des projets en cours d'exécution, de formuler des propositions de modification de réajustements éventuels, de signaler les solutions ; la commission technique d'arbitrage ; l'institut de recherche agronomique et zootechnique (IRAZ) dont la mission principale est de faire de la recherche dans le domaine agronomique et zootechnique, et de participer à l'exécution des projets communautaires, dans le but de favoriser l'autosuffisance alimentaire des pays membres. La Banque de Développement des États des Grands lacs (BDEGL) a pour objectif principal de mobiliser des ressources, en vue de financer des projets visant à poursuivre l'intégration économique et le développement de la région ; la Société internationale pour l'électricité des Grands lacs (SINELAC) chargée de l'exploitation de la centrale hydro-électrique communautaire de la Ruzizi II ainsi que de la commercialisation de l'énergie produite aux trois pays membres via leurs sociétés nationales d'électricité ; l'Organisation de la CEPGL pour l'énergie des Grands lacs (EGL) avec pour mission d'assurer la coopération entre les États membres dans le secteur de l'énergie, et de jouer le rôle d'organe de planification, d'études et de réalisation des projets.

Au plan institutionnel, la CEPGL comme la CEMAC et la CEEAC, présente des organes inter-étatiques dominant le processus d'intégration (conférence des chefs d'État, conseil des ministres, commissaires d'État, etc.). Le rôle des organes intégrés se limite à l'élaboration des projets et leur soumission à la sanction des gouvernements des États membres. Un rôle très résiduel est accordé aux acteurs hors souveraineté dont la présence et les rationalités sont pourtant si importantes pour la réalisation des objectifs de l'intégration. L'on demeure donc dans un regroupement inter-étatique qui soumet l'évolution de l'intégration à la volonté des gouvernements des États qui pourtant, n'entretiennent pas entre eux un climat de confiance nécessaire à la constitution d'une communauté politique.

Au plan politique, le climat de tension existant entre les trois pays de la CEPGL ne peut que causer la léthargie de l'institution. Avec des tensions et accusations régulières entre le Rwanda et les deux autres États que sont la RDC et le Burundi, il est impossible d'atteindre le sentiment de sympathie mutuelle, de confiance partagée entre les gouvernements et les peuples dont parlent les théoriciens de l'intégration (K. Deutsch) et qui est si nécessaire pour que se crée une « communauté de sécurité », c'est-à-dire un ensemble possédant une identité commune, entretenant des transactions nobles, bénéfiques et régulières, cultivant la solidarité, la confiance, la protection mutuelle contre les influences négatives de l'extérieur, etc. Dans ce contexte, nul doute que l'épanouissement de ces trois États ne sera alors possible que dans le cadre d'un regroupement plus large, à l'instar de celui qui est envisageable pour les onze pays de l'Afrique centrale sous forme de CER unique, et dont le projet de traité constitutif énumère un certain nombre de valeurs constitutives : la paix, l'État de droit et la démocratie, le respect des droits de l'homme et des libertés fondamentales, ainsi que la bonne gouvernance. Pour qu'il y ait communauté, ces valeurs doivent être communes à tous les États membres de la future CER, faute de quoi l'on parlerait simplement de l'existence des liens sociétaux artificiels. Une nuance que nous offre aisément ce que les premiers sociologues allemands (F. Tönnies, G. Simmel, M. Weber)° ont appelé « les catégories fondamentales » de la « sociologie pure »[78]. Tönnies définit la « communauté » (Gemeimschaft) comme « vie réelle et organique », commune, familière, intime, « réelle et substantielle », fondée sur les trois liens sociaux fondamentaux (de filiation, d'alliance, de consanguinité). Elle caractérise les groupements « de sang, de lieu et d'esprit ». Elle est régie par la concorde et se fonde sur l'entente, c'est-à-dire sur l'amour collectif unissant des semblables. La « société » (Gesellschaft) à l'opposé est une « construction idéelle et mécanique », artificielle, mondaine et abstraite, produite par l'extension du commerce, des échanges et de l'individualisme. C'est une « juxtaposition de personnes indépendantes » dans laquelle « chacun est pour soi dans un état de tension avec les autres ». Dans cette forme de construction humaine, « la valeur n'est plus une qualité objective liée à l'usage, mais une quantité de travail nécessaire à la production de marchandises destinées à l'échange sur un marché »[79]. Pas d'intégration

[78]Dubar C, 2013, « Communauté et Société, F. Tönnies », *Sociologie du travail* [En ligne], Vol. 55 - n° 1, consulté le 21 février 2024. URL : http://journals.openedition.org/sdt/12578 ; DOI : https://doi.org/10.4000/sdt.12578 consulté le 21 février 2024 à 02h45mn.

[79]*ibid.*

donc sans paix, et pas de paix sans confiance mutuelle. Non seulement il y a menace sur les valeurs centrales communes, mais aussi il y a une peur permanente que ces valeurs centrales communes ne fassent l'objet d'attaque par certains États vis-à-vis d'autres. Dans ce cas, la rationalisation que prône l'UA est nécessaire pour que ces trois États se fondent dans un ensemble plus consensuel.

Au regard de ce qui précède, l'on voit bien que l'on est en présence de regroupements globalement généralistes et intergouvernementaux, avec une prédominance sur les préoccupations économiques. De l'UDEAC à la CEMAC, il est question de la création d'un marché commun ; la coordination des programmes sectoriels de développement ; l'harmonisation des politiques industrielles et économiques ; et la coopération monétaire avec la création d'une monnaie commune. À la CEEAC, l'on entend promouvoir la coopération et le renforcement de l'intégration régionale dans tous les domaines de l'activité politique, sécuritaire, économique, monétaire, financière, sociale, culturelle, scientifique et technique, etc. Les pays de la CEPGL quant à eux se sont engagés à assurer la sécurité de leurs États et de leurs populations, de créer et de développer des activités d'intérêts communs, de promouvoir et d'intensifier les échanges commerciaux et la circulation des personnes et des biens ; et la coopération de façon étroite dans les domaines social, économique, commercial, scientifique, culturel, politique, militaire, financier, etc. Toutes ces organisations régionales sont donc généralistes et intergouvernementales, même si elles regroupent en leur sein de nombreuses agences d'exécution remplissant des fonctions techniques précises. Le pouvoir est aux États et à leurs représentants qui, non seulement contribuent à faire avancer les solutions communes, mais veillent aux intérêts de leurs gouvernements. Une caractéristique que l'on retrouve dans toutes les organisations régionales, qui comme les alliances « répondent à double souci de protection et de compétition »[80]. Guillaume Devin a bien constaté que les individus, les sociétés ou les forces du marché peuvent concourir souvent aux constructions régionales, mais « les processus demeurent inter-étatiques »[81]. Les liens de voisinages sont activés ou réactivés suivant des séquences tantôt dominées par des objectifs défensifs, tantôt par des objectifs compétitifs »[82].

---

[80] Devin G, 2016, Les *organisations internationales*, Armand Colin, Paris, 2e édition, p. 57.

[81] *Ibid.*

[82] *Ibid.*

Encadré 1

Les avancées de l'intégration en Afrique centrale au fil des années

Si la CEMAC et la CEEAC ont réalisé des progrès au fil des années depuis leur création, il faut reconnaître que la première est plus avancée que la seconde dont la plupart des résultats se présentent en termes de perspectives.

Au sein de la CEMAC, de nombreuses avancées sont connues, mais nous allons nous appesantir ici sur celles concernant particulièrement le marché commun. C'est l'une des grandes étapes d'une intégration économique qui se caractérise par plusieurs aspects que sont : l'intensification des mouvements d'échanges avec la suppression des obstacles internes (zone de libre-échange), l'institution d'un tarif extérieur commun (union douanière) et la présence d'une mobilité des facteurs (marché commun), une coordination des politiques économiques ou sociales (union économique), des projets de coopération mis en place par des acteurs (coopération régionale ou fonctionnelle), des interdépendances entre les économies conduisant à des convergences économiques (intégration des marchés et coopération institutionnelle), la mise en place de règles – ou de transfert de souveraineté – munies de structures institutionnelles (intégration institutionnelle)[83]. Le marché commun est l'union de plusieurs États dans lesquels les biens et services s'échangent librement, sans droit de douane entre États de la zone et selon des règles harmonisées. L'on parle également de marché intérieur. L'objectif est de permettre aux entreprises d'accéder à un marché plus large, dépassant les seuls marchés nationaux et composé des marchés de plusieurs États[84]. Les consommateurs en sont également bénéficiaires dans la mesure où ils disposent d'une plus grande variété de produits, de services et de technologies à leur disposition et provenant de plusieurs territoires de la zone composant le marché commun. Celui-ci peut ne pas seulement bénéficier aux Etats appartenant à une zone précise. Il peut s'étendre à d'autres États hors zone comme c'est le cas en Europe où le marché unique relie non seulement les États de l'Union européenne, mais également les 3 États membres de l'espace économique européen (Norvège, Islande et le Liechtenstein) et la Suisse qui bénéficient d'un accès partiel par le biais d'accords bilatéraux[85].

Quatre points permettent d'examiner les évolutions du marché commun au sein de la CEMAC : la libre circulation, l'union douanière, le commerce et la fiscalité.

---

[83] Hugon P, 2003, Les *économies en développement à l'heure de la régionalisation*, Paris, Karthala, pp. 33-79.

[84]https://www.eurofiscalis.com/lexiques/marche-commun/ consulté le 22 octobre 2023.

[85]https://www.touteleurope.eu/fonctionnement-de-l-ue/le-marche-unique/ consulté le 22 octobre 2023.

La libre circulation des personnes dans les régions et les sous-régions d'Afrique est globalement fondée sur les termes de l'article 43 du traité d'Abuja (1991). Celui-ci invite les États africains à prendre les mesures nécessaires à la réalisation progressive de la libre circulation des personnes, et à assurer la jouissance des droits de résidence et d'établissement à leurs ressortissants à l'intérieur de la communauté. L'UA réitère cette exigence dans son programme minimum d'intégration (PMI) en fixant pour la période 2009-2012, l'objectif d'une « libre-circulation totale des personnes dans les régions, et partielle entre elles »[86]. Pour l'Afrique centrale, les actions prioritaires du PMI portent sur « la mise en œuvre effective du protocole relatif à la libre circulation et au droit d'établissement des ressortissants des États membres de la CEEAC »[87]. Cette libre circulation est de plus en plus une réalité entre les six pays qui constituent la CEMAC[88]. Elle a été construite au fil des années, à travers de nombreux textes communautaires que sont : l'acte du 22 décembre 1972 relative à la convention commune sur la libre circulation des personnes et le droit d'établissement dans l'UDEAC, l'Acte additionnel du 29 juin 2005 relatif à la libre circulation des personnes en zone CEMAC, la décision du 20 juin 2008 portant liste des personnes admises à titre transitoire à circuler sans visa en zone CEMAC. Cette libre circulation s'entend comme le droit qu'ont les ressortissants de la CEMAC d'aller et venir au sein de la zone, sans contrainte ni restriction particulière, et de gérer en commun, selon les règles communes, les questions de déplacement des populations[89]. Elle désigne les droits conférés par les textes d'entrer sans visa dans un autre pays pour une durée de trois mois maximum, avec pour seul document un livret d'identité national ou un passeport de la Communauté en cours de validité. Elle est à

[86]ONU/CEA, op, cit., p. 208.

[87] *Ibid.*

[88]Au sein de la CEEAC des informations récentes ne sont pas disponibles. Toutefois l'agenda minimal adopté en 2009 au sein de la région prévoyait notamment la libre circulation : 1) des frontaliers (résidents dans une bande de 5km de part et d'autre d'une frontière) dans ladite zone sur présentation d'une carte nationale d'identité, d'un document en tenant lieu ou de la carte de libre circulation CEEAC ; 2) des hommes d'affaires, des sportifs et des artistes disposant d'attestation de leurs ordres nationaux respectifs, d'ordres de mission dûment établis par les autorités compétentes et d'une justification de moyens de subsistance. ONU/CEA, op, cit, p. 209.

[89] L'acte du 22 décembre 1972 relative à la convention commune sur la libre circulation des personnes et le droit d'établissement dans l'UDEAC, l'Acte additionnel du 29 juin 2005 relatif à la libre circulation des personnes en zone CEMAC, la décision du 20 juin 2008 portant liste des personnes admises à titre transitoire à circuler sans visa en zone CEMAC.

distinguer du droit d'établissement qui est régi par les textes internes à chaque État membre[90]. Après les textes autorisant une liste de personnes à circuler à titre provisoire sans visa en zone CEMAC, une étape supérieure a été atteinte en 2013 par les chefs d'État et de gouvernement. Ils ont signé l'Acte additionnel portant suppression du visa pour tous les ressortissants de la CEMAC, circulant dans l'espace communautaire. Depuis le 1er janvier 2014, la circulation des ressortissants des États membres de la CEMAC est alors libre sur l'ensemble des six États, sous réserve de la présentation d'une carte nationale d'identité ou d'un passeport délivré par un État membre et en cours de validité. Cette libre circulation comporte le droit de se déplacer sans visa et de séjourner dans tout autre État. Y sont aussi associés, tous les droits et libertés reconnus aux nationaux du pays hôte, en dehors des droits politiques, et sous réserve du respect des lois et règlements en vigueur dans ledit État. Cette décision n'a cependant pas encore fait l'objet d'harmonisation entre la CEMAC et la CEEAC. Ceci suppose que la libre circulation des hommes et des biens en Afrique centrale se limitent au sein de six États que sont le Cameroun, le Congo, le Gabon, la Guinée Equatoriale, la République centrafricaine, et le Tchad. Ne sont pas concernés l'Angola, le Burundi, la RDC, le Rwanda et Sao Tomé et Principe qui pourraient cependant avoir des accords particuliers entre eux pour la circulation des hommes et des biens de part et d'autre des frontières nationales.

Toutefois, au-delà des textes sur la libre circulation des personnes et des biens en Afrique centrale, se posent de nombreux problèmes qui freinent effectivement cette liberté que peuvent avoir les ressortissants communautaires de se mouvoir. La principale d'entre elles est le problème des infrastructures. Selon une étude de la CEA publiée en 2015, les infrastructures de transport en Afrique centrale sont insuffisantes, vétustes et mal entretenues, freinant ainsi le processus d'intégration régionale. Les coûts de ces transports sont très élevés, les services de mauvaise qualité avec pour conséquences des échanges intracommunautaires limités. L'insuffisance et l'inadéquation des infrastructures de transport routier par exemple entravent les échanges intracommunautaires, réduisent la compétitivité sur le marché mondial des produits primaires d'origine agricole (cacao, café, coton, thé), forestière et minière dont dépendent largement les économies des pays de la sous-région. À cause du faible niveau de concurrence entre les prestataires de services de transport, ainsi que des problèmes de facilitation dans les couloirs de transit, les prix du transport routier en Afrique restent parmi les plus élevés du monde. Ils peuvent représenter jusqu'à 70 % de la valeur des

[90]Le processus tendant à mettre en œuvre cette libre circulation, est depuis enclenché dans certaines CER comme la CEDEAO qui dispose depuis la fin des années 1970 de nombreux instruments juridiques sur la question et où cette libre circulation est effective dans les 15 Etats de cette région.

marchandises importées. Selon une étude de la Banque Mondiale, le prix du transport d'une tonne de marchandise sur un km le long du corridor Douala-N'Djaména est trois fois plus élevé qu'au Brésil et plus de cinq fois supérieur à celui pratiqué au Pakistan. Le transit routier en direction des pays enclavés de la sous-région reste complexe et coûteux en temps et en argent. Plusieurs postes de contrôle officiels et non officiels sont érigés le long des couloirs de transit par différentes administrations telles que : les services de douanes, l'armée, la police, la gendarmerie, les services des eaux et forêts, les services vétérinaires, etc. Ceci contribuant d'une part, à l'allongement du temps de transport et d'autre part, au renchérissement des coûts de transport tout en réduisant la compétitivité des produits d'exportation de la sous-région sur le marché mondial[91].

Pour faire face à cette situation, la CEEAC a adopté en 2004, le plan directeur consensuel des transports en Afrique centrale (PDCT-AC) comme expression des besoins collectifs, dans le domaine du développement des infrastructures de transport, formulés par les États membres. Le PDCT-AC porte sur les infrastructures de transport, la facilitation du transport et du transit, et sur le système d'information géographique (SIG) en Afrique centrale. Depuis lors, il est devenu le cadre de référence pour les interventions en faveur des projets/programmes à caractère fédérateur. Au vu du retard accusé dans sa mise en œuvre, et particulièrement des tronçons manquants sur les principaux axes routiers du réseau consensuel, faute de financement, la CEA a proposé de revoir l'approche initiale de la mise en œuvre de ce plan et d'explorer d'autres expériences, notamment celle des Initiatives de développement spatial en vue de s'en inspirer pour la mobilisation des ressources financières[92].

Sur l'Union douanière au sein de la CEMAC, le constat fait en 2011par la CEA est que : le TEC[93] de cette région qui consacre depuis 2000 l'existence de droit de cette union douanière était dans son application altérée par d'importants dysfonctionnements que sont notamment : la multiplicité des franchises exceptionnelles, les déclassements unilatéraux de plusieurs produits dans quatre États membres, les distorsions de classement tarifaire portant sur 376 positions SH à 6 chiffres, l'existence des droits de sortie à la discrétion des États, l'absence d'un régime de traitement des produits en libre-pratique ou de ré exploitation[94]. Désormais, les accords de libre-échange et de douane sont nettement en avance par rapport à ce qui se fait au

[91]ONU-CEA, 2015, « Développement des infrastructures en Afrique centrale : Au-delà des maillons manquants », pp. 5 et S.

[92] *Ibid.*

[93] Le TEC est la somme de trois taxes à l'importation différentes que sont les droits de douane, les droits d'entrée et la taxe sur le chiffre d'affaires à l'importation.

[94] ONU/CEA, 2011, *Les économies de l'Afrique centrale 2011. Enjeux et opportunités des politiques industrielles en Afrique centrale*, p. 206.

sein de la CEEAC. Des politiques, programmes et instruments intra-CEMAC rationalisés expliquent en partie pourquoi la zone a collectivement enregistré un excédent de la balance commerciale de 3,4 milliards de francs CFA en 2018, une nette amélioration par rapport aux années précédentes[95]. Les avancées de la CEMAC sont ainsi perceptibles à plusieurs niveaux. Le 28 décembre 2021, le conseil des ministres de la zone a signé le règlement portant TEC de la CEMAC selon la version 2022 du système harmonisé de la désignation et de la codification des marchandises. Le TEC est le tarif douanier appliqué par les pays membres d'une union douanière vis-à-vis des pays non membres. Son existence est la principale distinction entre une union douanière et une zone de libre-échange. Que l'on soit dans l'union douanière ou dans la zone de libre-échange, les pays décident de réduire à zéro les droits frappant leurs importations en provenance des autres pays de l'union ou de la zone. Mais dans le cas de la ZLE, chaque pays demeure libre de déterminer son propre tarif vis-à-vis du reste du monde, et dans l'union douanière il y a harmonisation des tarifs douaniers et donc tarif extérieur commun.

Parler de TEC de la CEMAC revient à regarder de près l'orientation géographique des échanges des marchandises, par exemple pour connaître les pays extérieurs à l'Union particulièrement concernés. Les chiffres de 2018 font état de ce que : l'Asie était le principal partenaire commercial de la CEMAC, avec 53,1 % du commerce global contre 43,1 % en 2017 devant l'Europe (28,3 % contre 35,9 % en 2017), l'Amérique (9,9 % contre 8,9 % en 2017) et l'Afrique (7,3 % contre 11,8 % en 2017). Toutefois, l'Europe reste le principal fournisseur des pays de la CEMAC en 2018 (41 % contre 43,1 % en 2017), suivie de l'Asie (31,8 % contre 31 % en 2017), de l'Afrique (15,9 % contre 14 % en 2017) et enfin de l'Amérique (10,5 % contre 11 % en 2017). Cette orientation géographique des échanges est, à quelques variantes près, similaire dans tous les pays de la sous-région. S'agissant des exportations, l'Asie est la première destination des produits de la CEMAC. Elle absorbe 63,6 % des exportations totales de la sous-région (contre 48,4 % en 2017). Ces exportations sont principalement destinées à la Chine, à l'Inde, à Singapour, à l'Indonésie et à la Corée du Sud. L'Europe suit avec 22,1 % contre 31 % en 2017, l'Amérique 9,5 % contre 7,4 % en 2017, et l'Afrique 3,1 % contre 10,1 % en 2017[96].

Les exportations de la CEMAC vers l'Asie sont concentrées sur les produits minéraux, les bois bruts et les produits transformés de bois, les matières textiles et ouvrages en textile, les métaux et ouvrages en métaux,

---

[95]https://archive.uneca.org/fr/stories/une-uniondouani%C3%A8re-unique-en-gestation-en-afrique-centrale

95https://www.alternativeseconomiques.fr/dictionnaire/definition/97984 consulté le 25 octobre 2023.

[96] CEMAC, 2018, *Note de conjoncture commerciale*, pp. 10-11.

les métaux précieux (or et diamant) et enfin les produits des industries alimentaires. Vers l'Europe, elles sont destinées principalement aux pays de l'UE dont l'Italie, les Pays-Bas, l'Espagne, la France. La conséquence est que la balance commerciale est largement excédentaire avec l'Asie, l'Europe et l'Amérique, mais déficitaire avec l'Afrique[97]. Autrement dit, la valeur des exportations en direction des trois premiers continents est supérieure à celles des importations, alors que celle des importations vers l'Afrique est inférieure aux exportations.

S'agissant du commerce au sein de la CEMAC, les efforts fournis au plan règlementaire ont des incidences sur les chiffres même du commerce, non seulement entre les États de la Communauté et ceux en dehors comme nous l'avons souligné plus haut d'une part, et sur le commerce intracommunautaire d'autre part. En 2018, les chiffres montrent non seulement que le commerce intra-communautaire est en baisse entre les pays de la communauté, mais aussi certains pays en sont plus bénéficiaires que d'autres. Ces échanges intracommunautaires de la CEMAC sont nettement favorables au Cameroun, au Gabon, au Tchad et au Congo : leur part dans ces échanges globaux communautaires est respectivement de 37 %, 16,6 %, 15,4 % et 14,2 %. La RCA et la Guinée Equatoriale ne représentent respectivement que 9,7 % et 6,5 %.

La situation commerciale en zone CEMAC peut expliquer, dans une certaine mesure les raisons de la réticence de certains États à l'intégration et à la rationalisation des CER d'une part, et la volonté qu'ont d'autres à faire avancer ces processus d'autre part. C'est une question de rationalité économique. Plus on gagne dans une affaire, plus on souhaite la développer encore plus ; moins on en tire profit, moins on veut s'y maintenir. De façon plus savante, la rationalité économique renvoie à un mode de raisonnement ayant pour finalité de maximiser, sous contrainte budgétaire, l'utilité (ou la satisfaction) pour le consommateur, le profit pour l'entrepreneur, ou tout autre objectif qui aurait été choisi. Les économistes pensent que c'est une hypothèse qui est indispensable à la théorie néoclassique, puisque celle-ci s'appuie sur les comportements des acteurs pour aboutir à un équilibre économique d'ensemble. Toutefois, la rationalité économique implique un

[97]La balance commerciale est le compte qui retrace la valeur des biens exportés et la valeur des biens importés. Pour la calculer la comptabilité nationale procède à l'évaluation des importations et des exportations de biens à partir des statistiques douanières de marchandises. Des correctifs sont apportés à celles-ci : d'une part, les échanges se rapportant à la récupération sont déduits des flux douaniers, d'autre part, on y ajoute ceux de matériel militaire ainsi que l'avitaillement des navires et des avions. L'avitaillement renvoie à la procédure qui consiste à fournir à un appareil de transport tous les moyens nécessaires à son fonctionnement. Il inclut le carburant, les huiles, les accessoires et le matériel de pilotage, l'eau et les vivres pour l'équipage et les passagers.

homme calculateur, qui examine chaque possibilité en fonction du résultat qu'il peut en attendre. Herbert Simon a avancé l'idée d'une rationalité limitée, ou « procédurale ». Elle consiste à ne retenir que quelques choix possibles et à sélectionner le moins mauvais parmi eux. L'économie expérimentale a montré que, placé en situation d'incertitude, ou d'interaction avec d'autres, l'individu est loin d'avoir le comportement rationnel que le calcul suppose. Pire, les décisions et réticences des hommes politiques au pouvoir ne dépendent pas toujours de cette rationalité, mais des objectifs retenus pour des raisons échappant à la rationalité économique. Les États ne sont pas seulement guidés par des motivations utilitaristes ou par la recherche de leur intérêt matériel, la maximisation du bien-être et la préservation de la sécurité nationale. Ni l'*homo politicus* (recherche de la sécurité) ni l'*homo economicus* (recherche du profit) ne sauraient à eux seuls constituer les principaux mobiles des comportements internationaux.

Au sein de la CEEAC, de nombreuses avancées peuvent également être relevées même si cette Communauté présente plus de problèmes en termes d'harmonisation des politiques, programmes et instruments, et donc de rationalisation, ceci à cause de l'appartenance de ses États à plusieurs autres organisations, notamment en Afrique de l'Est, présentant des systèmes différents les uns des autres. Il sera très difficile de réaliser un marché commun entre onze pays, et à plus forte raison l'union économique souhaitée dans le traité de 2019. Toutefois, de nombreuses informations officielles sont disponibles sur les réalisations au sein de cette Communauté et portent sur la paix et la sécurité, les transports, les infrastructures énergétiques, l'environnement, le commerce et l'industrie, l'agriculture et la sécurité alimentaire.

Dans le domaine de la paix et de la sécurité, le bilan de la CEEAC porte principalement sur la création en février 2000, d'un conseil de paix et de sécurité pour l'Afrique centrale (COPAX) dont les résultats sont satisfaisants pour les officiels de la communauté[98]. Le COPAX dispose d'un système d'alerte et de sécurité régionale dont le but est de permettre une réaction préventive, rapide et efficace face aux situations de crises et conflits en Afrique[99]. Celui-ci compte de nombreux instruments de mise en œuvre que sont : le comité des sages, la force multinationale de l'Afrique centrale (FOMAC), le mécanisme d'alerte rapide de l'Afrique centrale (MARAC), le mécanisme régional de coopération policière et judiciaire, la stratégie

[98] https://ceeac-eccas.org/2023/05/28/la-ceeac-en-bref/ consulté le 28 octobre 2023.
[99] Article 2 (2) du protocole relatif au conseil de paix et de sécurité en Afrique centrale.

régionale de sûreté et sécurité maritimes, les organismes de formation, et tout autre instrument créé par la conférence[100]. Si les officiels de la CEEAC sont satisfaits du bilan du COPAX, il est tout de même pertinent d'interroger son efficacité et son opérationnalité au regard de la multitude des zones d'instabilité, de crises et de conflits qui existent dans les onze États d'Afrique centrale.

Dans le domaine des transports, la stratégie de la CEEAC porte sur le plan de développement consensuel des transports en Afrique centrale (PDCT-AC). Il inclut 14 projets prioritaires à travers toutes les infrastructures de transport qui soutiennent le commerce international de la région (principaux ports, aéroports internationaux, chemins de fer, réseaux fluvial et lacustre). Des facilitations de transport routier ont été lancées et leurs réalisations envisagent combler les chaînons importants manquants des grands corridors transafricains Ouest-Est (Lagos-Mombasa) et Nord-Sud (Tripoli-Cape Town). Dans le domaine du transport aérien et maritime, il est envisagé une mise en œuvre efficiente du PDCT-AC pour améliorer la connectivité par voie aérienne et maritime de la région[101].

Au plan des infrastructures énergétiques, la CEEAC entend développer et consolider un marché énergétique régional, piloté par le Pool énergétique d'Afrique centrale (PEAC), reconnu comme cadre institutionnel approprié pour stimuler la coopération régionale et concrétiser l'engagement politique des pays membres à œuvrer ensemble pour exploiter les énormes potentialités énergétiques de la région. Les études en cours visent la réalisation des interconnexions électriques entre les pays de la région et avec le reste de l'Afrique, notamment, à partir du barrage d'Inga (RDC), facteur majeur d'intégration entre les grandes régions d'Afrique. En plus de cela, une politique régionale de l'eau a été adoptée en 2009 avec pour but de doter l'Afrique centrale d'un cadre prospectif de gestion de ses ressources en eau, en y intégrant les orientations pertinentes de la Conférence de la Haye[102].

S'agissant des questions environnementales, la CEEAC poursuit l'objectif global de valoriser les ressources naturelles pour augmenter leur contribution à l'économie des États, et améliorer la prise de décision par l'observation des écosystèmes et des changements climatiques. Elle s'appuie notamment sur la commission des forêts d'Afrique centrale (COMIFAC) qui est son principal organisme chargé de la conservation et de la gestion durable des écosystèmes forestiers et de savanes de ce bassin. Un processus à court terme pour l'intégration de la prévention des catastrophes et de

[100] Mvelle G, 2023, « La RSS en Afrique centrale à l'épreuve de la rationalisation CEEAC-CEMAC. Essai sur une unipolarisation sécuritaire autour du COPAX », *Revue africaine de sécurité internationale*, n°005, pp. 362-363.

[101] 101https://ceeac-eccas.org/2023/05/28/la-ceeac-en-bref/ consulté le 28 octobre 2023.

[102] https://ceeac-eccas.org/2023/05/28/la-ceeac-en-bref/ consulté le 28 octobre 2023.

l'adaptation aux changements climatiques dans les politiques, les programmes et les projets nationaux et régionaux, est engagé et mis en œuvre au niveau de la CEEAC[103].

Dans le domaine du commerce et de l'industrie, les activités de la CEEAC s'articulent autour de l'objectif majeur. Il s'agit de parvenir à la création d'un marché commun régional et, à terme, en coordination avec les autres régions, la création du grand marché commun africain. Selon le discours officiel, la zone de libre-échange (ZLE) de la CEEAC est effective depuis 2004 ; elle devrait aboutir à une union douanière (UD) avec notamment un TEC et une politique commerciale commune à l'égard des tiers. Il est également prévu que soit procédé à moyen terme, à l'harmonisation des politiques économiques des États membres, en vue de rendre le marché commun régional opérationnel. D'autres travaux d'uniformisation des franchises exceptionnelles accordées dans le cadre de certains régimes spéciaux (codes miniers, forestiers et pétroliers, etc.) seront engagés, en vue d'aboutir à un vaste marché commun régional[104].

Au plan de l'agriculture et de la sécurité alimentaire, des actions stratégiques ont été amorcées notamment par l'élaboration et l'adoption de la politique agricole commune de la CEEAC (PAC-CEEAC) et du programme régional d'investissement agricole, de sécurité alimentaire et nutritionnelle (PRIASAN) en mai 2015. L'organisation de la réunion des ministres des États membres de la CEEAC en charge de l'agriculture, de l'élevage et de la pêche et de la table ronde des bailleurs tenue en décembre 2017 ont été sanctionnées par une déclaration ministérielle en soutien à la transformation de l'agriculture en Afrique centrale conformément aux engagements de la déclaration de Malabo de juin 2014. Plusieurs partenaires techniques et financiers dont la BAD, la BADEA, la FAO, la CEA et l'UE ont manifesté leur intention d'accompagner la CEEAC à mettre en œuvre un certain nombre d'initiatives communautaires découlant du PRIASAN notamment l'appui financier pour (i) le projet régional d'appui à l'entrepreneuriat jeune agricole en Afrique centrale (PREJAC), (ii) la mise en place du fonds spécial régional de développement agricole (FSRDA) pour faciliter l'accès des petits exploitants agricoles aux intrants, aux matériels agricoles, aux petites unités de transformation et de stockage (iii) le projet d'appui au développement des filières porteuses notamment les chaînes de valeur coton-textile et habillement et les filières viandes (iv) l'appui au développement de l'élevage et de l'économie pastorale et (v) l'appui à la révision de la PAC et du PRIASAN. L'ensemble de ces appuis financiers est estimé à plus de 90 millions de USD.

L'existence d'un marché commun dans une zone a également d'autres effets. Il fait tomber les barrières physiques entre États-nations dont les

103 *Ibid.*
104 *Ibid.*

ressortissants circulent désormais sans entrave grâce à la libre circulation des personnes et des biens. Il fait perdre à la frontière, au moins en partie de ses fonctions traditionnelles de séparation d'États et de peuples, au bénéfice d'un brassage pouvant donner lieu à des coopérations au-delà du seul domaine économique. Nous sommes en principe dans un espace « sans frontière » au sein duquel les biens, les personnes, les services et les capitaux doivent pouvoir circuler librement. Le marché commun peut être à cet effet un catalyseur de paix, ou un facteur de réconciliation entre États ayant eu jadis des relations conflictuelles. Ce fut le cas en Europe où le marché commun a favorisé la réconciliation entre la France et l'Allemagne, et même plus globalement la construction européenne.

Au regard de ce qui précède, il est intéressant de s'interroger sur les effets d'entraînement que peuvent produire les atouts et les réalisations observées dans d'autres domaines *spill over*. Au-delà d'être autosuffisant et exportateur d'électricité, de produits pétroliers raffinés et de gaz, et se positionner en un acteur significatif du dynamique marché mondial du gaz naturel liquéfié, quelle intégration peuvent favoriser les matières premières dont dispose l'Afrique centrale ? Au-delà de l'exploitation des forêts, des terres arables, quel autre type d'intégration l'Afrique centrale peut-elle réaliser avec son potentiel agricole ? Cette interrogation est valable pour le potentiel métallurgique. Quels effets peuvent entraîner les avancées dans le domaine du marché commun ? La libre circulation, l'union douanière, le commerce et la fiscalité peuvent susciter l'intégration dans quel autre domaine ?

Chapitre 2
Les contrecoups internes et externes à l'intégration en Afrique centrale

Les défis de l'intégration en Afrique centrale sont particulièrement liés à un certain nombre de défis internes qui entraînent des conséquences au niveau de l'évolution du marché commun et des autres aspects de l'intégration (section 1). Les États ont lancé des réformes et retenu des projets prioritaires pour booster cette intégration et surtout répondre aux différents chocs exogènes frappant la Communauté (section 2).

<u>Section 1</u> : Les défis internes à l'Afrique centrale

À l'intérieur de la région, les obstacles à l'intégration sont assez nombreux. Deux principales contraintes vont être examinées ici. Elles concernent les questions politiques et sécuritaires (I) ainsi que les contraintes matérielles ou infrastructurelles (II).

I/Les contraintes politiques et sécuritaires

Les instances communautaires en Afrique centrale reconnaissent elles-mêmes l'existence de nombreux défis empêchant l'approfondissement de l'intégration dans cette région. Au sein de la CEEAC, de nombreux aspects sont relevés principalement au plan politique où l'entente et le rapprochement entre les pays, conformément à l'esprit de l'Union africaine, représentent le plus grand défi à l'intégration. Il n'existe pas un sentiment de confiance mutuelle absolu entre tous les onze pays qui composent l'Afrique centrale. Si entre l'Angola et le Burundi, le Cameroun, la RCA et le Congo des tensions sont inexistantes, ce n'est par contre pas le cas entre le Tchad et la RCA, entre le Cameroun et la Guinée Equatoriale, ou entre le Rwanda et la République démocratique du Congo.

Les relations entre Kinshasa et Kigali sont tendues depuis l'arrivée dans l'Est congolais de Hutus rwandais. Ils sont accusés d'avoir massacré des Tutsis lors du génocide rwandais de 1994, et toujours considérés comme une menace par le Rwanda. Elles connaissent un pic de tension régulièrement, avec la résurgence dans le Nord-Kivu de la rébellion du M23 (« Mouvement du 23 mars ») qui, soutenue par Kigali, s'est emparée de larges pans de la province. En 2022, des experts de l'ONU ont publié un rapport dans lequel ils assurent que le Rwanda a appuyé le déploiement des rebelles du M23 à l'est de la RDC. L'armée rwandaise aurait lancé des opérations militaires pour « renforcer le M23 » et « contre les FDLR (Forces démocratiques de libération du Rwanda) ». L'armée rwandaise aurait, selon ce rapport,

« fourni des renforts de troupes au M23 pour des opérations spécifiques, en particulier quand celles-ci visaient à s'emparer de villes et de zones stratégiques »[105].

Entre le Rwanda et le Burundi, de nombreuses tensions ont toujours existé notamment depuis que les autorités de Bujumbura ont accusé celles de Kigali d'avoir soutenu une tentative de coup d'État à leur encontre en 2015. La plupart des militaires et acteurs politiques burundais soupçonnés d'avoir fomenté ce coup de force ont obtenu le statut de réfugié politique au Rwanda, entraînant le mécontentement du Burundi. Les nombreux conflits violents qui ont marqué l'histoire des deux pays et de la région des grands lacs ont fait de nombreux réfugiés de part et d'autre des frontières qui à leur tour, se sont formées soit en groupes rebelles soit en opposants politiques prompts à renverser les gouvernements en place. Plusieurs de ces groupes bénéficient en fait du soutien plus ou moins explicite des gouvernements de la région ; ce qui peut à un moment ou à un autre réactiver les tensions entre autorités en place[106].

Entre le Tchad et la RCA, des incidents sont réguliers, à l'instar de ceux de 2021 qui ont conduit à la mort de plusieurs soldats ainsi que des paramilitaires Russes au nord-ouest de la RCA, zone de repli de la coalition des patriotes pour le changement (CPC) qui a tenté de prendre Bangui le 13 janvier 2021. C'est plus précisément le bastion de l'une des forces qui constituent la CPC, le groupe armé 3R. En 2023 encore, la tension à la frontière entre les deux pays était vive, malgré les efforts des autorités pour renforcer la sécurité entre les deux pays. Les incursions répétées des rebelles tchadiens venus de la RCA sur le sol tchadien suscitent l'inquiétude de la population et des autorités tchadiennes, qui ont lancé un ultimatum aux autorités centrafricaines.

Entre le Cameroun et la Guinée Equatoriale, si l'on a oublié dans les milieux institutionnels de Yaoundé ou les cercles d'affaires à Douala, le soutien que Malabo avait apporté au Nigeria lors du conflit de Bakassi qui opposait les deux gouvernements camerounais et nigérians, l'on reste tout de même vigilant sur ce qui se passe à la frontière des deux États. En 2019, la Guinée Equatoriale avait engagé la construction d'un mirador à sa frontière avec le Cameroun, empiétant sur le territoire camerounais. Ces travaux s'étendaient sur un linéaire de 189 kilomètres. La zone frontalière litigieuse est située sur la frontière entre la Guinée Equatoriale, le Cameroun et le Gabon. Appelée zone des trois frontières, elle est une plaque tournante des échanges commerciaux, mais aussi de trafics. À cela, il faut ajouter le fait

[105]https://information.tv5monde.com/afrique/rd-congo-un-rapport-de-lonu-pointe-la-responsabilite-du-rwanda-dans-les-massacres-du-m23 consulté le 25 décembre 2023 à 22 heures.

[106]https://issafrica.org/fr/iss-today/la-voie-de-la-reconciliation-entre-le-burundi-et-le-rwanda consulté le 28 décembre 2023.

que Malabo a toujours estimé que le Cameroun est la porte d'entrée de nombreux ressortissants d'Afrique de l'Ouest. Ils transitent par ce territoire pour se retrouver illégalement en Guinée Équatoriale. En juillet 2020, les deux pays ont signé un accord de coopération en matière de défense et de sécurité transfrontalière à ce sujet. Il prévoit la prohibition de l'usage de la force entre les deux pays et la non-ingérence dans les affaires intérieures de l'autre.

Entre le Tchad et le Cameroun, les relations sont globalement pacifiques, mais il ne manque pas des épisodes de tensions comme l'on a pu le constater en avril 2023, lorsque la présidence tchadienne a annoncé le rappel pour consultation de son ambassadeur à Yaoundé à la suite d'une mésentente autour du secteur pétrolier. Ndjamena s'est insurgé contre Yaoundé parce qu'une société camerounaise du nom de Savannah Energy aurait racheté « sans informer le gouvernement tchadien » contre 250 milliards de FCFA (381 millions d'euros) Esso Tchad, une filiale d'Exxon mobil qui gérait l'oléoduc tchadien dont le terminal se trouve à Kribi au Cameroun. Moins de deux mois plus tard, le gouvernement tchadien a annoncé qu'à la faveur des rencontres au sommet, des accords ont été trouvés pour sortir de la crise diplomatique et réchauffer dans la foulée les relations bilatérales avec le grand voisin. L'ambassadeur du Tchad a par la suite regagné son poste à Yaoundé. Ce patriotisme économique affiché par le Tchad est bien connu par toutes les nations du monde qui veulent protéger leurs intérêts vitaux en filtrant les investissements directs étrangers. Le phénomène remonte aux années 1970, dans certains pays comme l'Australie, le Canada, les USA ou le Royaume-Uni. Et l'idée repose sur l'établissement des mécanismes de contrôle des investissements étrangers sur la base de leur incidence sur la sécurité nationale, et plus largement sur les questions d'intérêt public. La CNUCED a recensé 29 juridictions dotées de lois sur le filtrage des investissements directs étrangers. L'UE occupe une bonne place dans ce palmarès. Son cadre (règlement entré en vigueur en avril 2019) pour le filtrage des investissements directs étrangers (IDE) permet à ses États membres et à la commission de coopérer et d'échanger des informations sur les investissements en provenance de pays tiers, susceptibles de porter atteinte à la sécurité ou à l'ordre public dans l'UE. Ce cadre fait partie de l'engagement de la Commission européenne en faveur d'une Europe qui protège ses entreprises, ses travailleurs et ses citoyens.

Entre le Gabon et la Guinée Equatoriale, il existe depuis le règne des présidents Macias Nguema et Omar Bongo, un différend portant sur la possession des îles Mbanie et des Cocotiers, situées entre les îles de Corisco et Elobey et le continent. La convention franco-espagnole du 27 juin 1900, qui fixe les frontières entre ce qui constitue actuellement le Rio-Muni, part continentale de la Guinée-Equatoriale et le Gabon, précise que les îles Corisco et Elobey relèvent de l'autorité de l'Espagne, mais ne mentionne ni Mbane, ni l'île des Cocotiers. Pour les Gabonais, ce silence des textes, et le fait que la France ait, à l'époque coloniale, considéré ces îles comme siennes, prouvent qu'elles sont aujourd'hui dans la mouvance gabonaise. C'est ce que l'on conteste à Bata.

De nombreuses situations restent préoccupantes au plan sécuritaire. Dans le bassin du lac Tchad, « Boko Haram » continue d'être une menace sérieuse avec la multiplication des attaques et des enlèvements. Les groupes terroristes ont continué d'intensifier leurs attaques au Cameroun et au Tchad, et de perfectionner leur modus operandi. Le Plan d'action régional de la stratégie régionale de stabilisation, de redressement et de résilience des zones du bassin du lac Tchad, affectées par Boko Haram, a été finalisé et les huit territoires les plus touchés sont maintenant en train d'élaborer leurs Plans d'action territoriaux.

Au Cameroun, la violence perpétrée par les sécessionnistes continue, malgré toutes les mesures politiques, stratégiques et économiques adoptées par le Gouvernement depuis le grand dialogue national tenu en septembre 2019.

Dans le Golfe de Guinée, la criminalité maritime organisée continue à sévir à travers notamment par la piraterie maritime, les actes de brigandage maritimes, l'exploitation illégale des ressources pétrolières, la pêche illégale, l'immigration clandestine, les trafics de cocaïne et d'armes diverses, les prises d'otages, etc. Ce dernier point constitue l'un des aspects qui retiennent le plus l'attention des gouvernements et d'autres acteurs sécuritaires en raison de son ampleur. Selon le Bureau maritime international (BMI), pour les six premiers mois de l'année 2019, 92 % des prises d'otages en mer dans le monde l'ont été dans le Golfe de Guinée[107]. Cette situation est un défi de grande taille pour l'intégration régionale, dans la mesure où la piraterie qui y sévit perturbe les routes maritimes internationales, porte atteinte à la libre circulation des marchandises et coûte énormément cher à l'économie et la sécurité des Etats d'Afrique centrale qui ne disposent pas déjà de capacités suffisantes pour faire face aux instabilités qui les accablent. Face à la situation dans le Golfe de Guinée, les États d'Afrique centrale se sont réunis au sommet de juin 2013 à Yaoundé et ont adopté d'une part, un code de bonne conduite concernant la prévention et la répression de la piraterie, des vols à main armée à l'encontre des navires et des activités illicites en Afrique centrale et de l'Ouest, et d'autre part un mémorandum d'entente entre la CEEAC, la CEDEAO et la CGG.

L'insécurité et les instabilités politiques dans les États, entre les États et autour des États constituent à n'en pas douter, l'un des principaux obstacles à la progression de l'intégration dans la région Afrique centrale. Les liens entre ces différents phénomènes sont évidents, dans la mesure où

---

[107]BMI cité par France Info : https://www.francetvinfo. fr/monde/afrique/nigeria/le-golfe-de-uinee-region-du-monde-la-plus-touchee-par-la-piraterie-maritime_3549399.html.

l'intégration étant basée fondamentalement sur la libre circulation des personnes et des biens, et la construction des infrastructures (intégration physique), les situations d'insécurité et d'instabilité internes ou entre les Etats entraînent les fermetures des frontières, l'arrêt des constructions d'infrastructures, la réorientation des budgets vers des priorités sécuritaires et politiques, etc. À chaque fois qu'il y a dégradation du climat sécuritaire dans un État ou autour d'un État, il y a durcissement des conditions de circulation des hommes et des biens à cause de la peur qu'éprouvent les États sur une quelconque exportation ou contamination de cette insécurité. C'est le même constat que fait la CEA en 2011, lorsqu'elle relève que la récurrence des crises politico-militaires reste un défi majeur pour le continent africain dans son ensemble et la région Afrique centrale en particulier. Les efforts de développement économique et d'intégration ont longtemps été handicapés par l'existence et/ou les séquelles de multiples foyers de troubles socio-politiques, crises post-électorales, mutineries, rebellions et autres guerres civiles qui ont généré des pertes importantes en vies humaines, un nombre élevé de personnes réfugiées ou déplacées, des violations massives des droits humains et une destruction à grande échelle des systèmes et moyens de production[108]. C'est le cas particulier au Cameroun depuis 2016 où les rebelles du Nord-ouest et du Sud-ouest ont en permanence endommagé de nombreuses infrastructures de production. En 2019, un incendie a embrasé quatre unités de l'unique raffinerie de pétrole du Cameroun, faisant peser une lourde menace sur le secteur bancaire local et le budget de l'État.

Mobilisant abondamment la notion de « vulnérabilité » Philippe Hugon pense dans le même sens que la violence armée et les catastrophes naturelles constituent des formes extrêmes de vulnérabilité au sein de l'intégration régionale en Afrique avec son lot de tués, de déplacés, de réfugiés, de mutilés, de viols, de pillages, d'exaction et d'insécurité notamment alimentaire. Ces vulnérabilités extrêmes d'ordre politique et sécuritaire doivent alors être associées aux vulnérabilités macro, méso et micro-économiques. Elles en sont une résultante, avec des interdépendances conduisant notamment à des trappes à vulnérabilité. La prévention et la gestion des conflits à l'échelle régionale se présentent ainsi comme une donnée centrale. L'intégration régionale et la mise en œuvre des politiques régionales de sécurité et de développement deviennent ainsi nécessaires pour réduire les fragilités des États et les vulnérabilités des populations[109].

Au plan sécuritaire et humanitaire, la présence de Boko Haram au sein et autour de nombreux Etats de l'Afrique centrale continue à avoir un impact sur la progression de l'intégration régionale. Lors de la 15e session ordinaire

---

108 ONU/CEA op, cit., p. 232.

109 Hugon P, 2015, « L'intégration régionale et les trappes à vulnérabilité », *Revue Tiers Monde*, n°222, p. 131.

du 17 mars 2023, les chefs de l'État de la CEMAC ont encore reconnu que : l'une des menaces qui pèsent sur le développement de cette région est bien entendu l'insécurité causée par des groupes armés internes et transfrontaliers. Ils infestent la zone et obligent les pays à consentir d'énormes sacrifices en termes de dépenses de sécurité. L'augmentation des dépenses de sécurité entraîne incontestablement la baisse des dépenses dans d'autres secteurs utiles au développement et à l'intégration. Citons l'exemple du secteur des infrastructures routières retenues parmi les onze projets intégrateurs prioritaires.

II/Les contraintes matérielles ou infrastructurelles

Les contraintes matérielles ou infrastructurelles qui freinent l'intégration régionale en Afrique centrale concernent de nombreux secteurs, à l'instar des transports, de l'énergie, des TIC, de l'agriculture, de l'environnement, de l'eau, etc. Depuis le début de la décennie 2010, les objectifs stratégiques de la CEEAC et de la CEMAC ont été de valoriser le potentiel de développement existant, d'intégrer l'espace physique et créer des biens publics régionaux pour accroitre la complémentarité des facteurs et les effets d'agglomération[110], c'est-à-dire la tendance au regroupement dans un même lieu, soit des entreprises, soit des consommateurs en raison des économies externes dont ils bénéficient[111].

Le transport est par exemple fondamental pour l'intégration physique de la région, l'optimisation de son marché et la bonne mobilité des personnes et des biens, conditions sine qua none pour leur reconnaissance, leur acceptation, leur tolérance et donc la réduction également des conflits. Pourtant, la région reste très faiblement équipée en infrastructures de transports de bonne qualité, avec en sus, l'enclavement ou l'insularité de plusieurs États et un environnement contraignant constitué de forêts denses et d'un réseau hydrographique très ramifié qui renchérit les coûts des investissements[112]. Depuis le début de la décennie 2010, la CEA a relevé en Afrique centrale, l'état d'un réseau routier très peu bitumé, une desserte aérienne limitée et très onéreuse, des réseaux ferroviaires non connectés et un système de navigation fluviale faiblement entretenu. Ces constats ont été réitérés en 2015 par la CEA. D'où le Plan directeur consensuel des transports en Afrique centrale (PDCT-AC) adopté par la CEMAC et la CEEAC en

---

[110]ONU/CEA, *op, cit,* p. 215.

[111]En commerce international l'on parle de la possibilité de réaliser de gains de productivité dans la production grâce à la proximité géographique des entreprises les unes avec les autres. Les entreprises supportent ainsi des coûts dans leurs transactions quotidiennes et ont intérêt à se regrouper de manière à économiser ces coûts et générer des externalités positives. Les restaurants ont tendance à se regrouper dans les mêmes endroits, voire les mêmes rues.

[112] ONU/CEA, *ibid.*

2004. Toutefois, les investissements ne sont pas à la hauteur des ambitions exprimées par les chefs d'État de l'Afrique centrale dans le PDCT-AC, et l'essentiel des ressources mobilisées dans plusieurs pays a été consacré à l'entretien et à la réhabilitation plutôt qu'à la construction en vue de préserver le patrimoine national. Selon une étude1 réalisée par le Bureau sous-régional de la commission économique pour l'Afrique (CEA) en Afrique centrale en 2010, année d'échéance de l'objectif à court terme du PDCT-AC de relier toutes les capitales de la sous-région par une route entièrement bitumée, le taux de réalisation de cet objectif n'était que de 51 %, soit 7 177 km sur un total de 14 240 km. En d'autres termes, seules deux liaisons inter-capitales, à savoir Yaoundé-Libreville et Yaoundé-Bata sur les 14, étaient entièrement bitumées. Depuis, la situation n'a pas évolué de manière significative[113].

La densification des infrastructures de base, l'amélioration des interconnexions des réseaux nationaux de transport entre les pays d'Afrique centrale, le relèvement des niveaux de consommation électrique par habitant (actuellement de 12,5 kWh contre 17,3 pour le continent), l'amélioration de l'accès aux TIC (pour 1000 habitants on dénombre 10,2 lignes d'accès à l'internet, 21,6 lignes téléphoniques mobiles et 3,6 lignes téléphoniques fixes contre 61,8, 37,6 et 32,4 respectivement pour le continent) sont également autant de difficultés relevées et qui pourraient empêcher l'émergence d'un secteur privé dynamique et compétitif[114].

À la fin de la décennie 2000, un certain nombre d'autres constats ont été faits par les instances de la CEMAC entraînant l'adoption de réformes importantes pour l'accélération de l'intégration dans cette région. La croissance a eu peu d'impact sur la pauvreté et reposait sur des bases fragiles. Malgré ses nombreuses richesses, la région est restée en queue de peloton de l'indice de développement humain des Nations-Unies. Et ses économies présentent des faiblesses structurelles qui freinent leur décollage économique parce qu'elles reposent sur un nombre limité de matières premières. La conséquence en est une faible avancée de l'intégration et une faible compétitivité de la zone. Quatre scénarii apparaissaient envisageables pour la CEMAC à l'horizon 2025 : la croissance fragile, l'instabilité, la CEMAC à deux vitesses et l'émergence[115].

Sur un plan purement économique, l'Union douanière en CEMAC présente au moins quatre défis qui freinent également l'intégration régionale : le faible niveau de diversification des exportations de biens, le niveau élevé des importations alimentaires, le faible niveau des échanges intracommunautaires (2 % en 2018), et la faiblesse structurelle du commerce

---

[113] *Ibid.*

[114]https://ceeac-eccas.org/2023/05/28/la-ceeac-en-bref/ consulté le 28 octobre 2023.

[115] CEMAC 2025, 2009, *Vers une économie régionale intégrée et émergente. Programme économie et régional 2010-2015*, Vol. 1, rapport final, p. 9.

des services[116]. Il est également à noter que le TEC de la CEMAC n'est pas mis en œuvre de façon uniforme à cause des libertés que s'accordent encore certains États, dans une zone qui ne compte aucun mécanisme de sanction en la matière en cas de violation de la norme communautaire. Autant de blocages qui ont entrainé l'adoption des réformes et de projets prioritaires susceptibles de booster l'intégration dans la région.

Au niveau de la CEEAC, malgré ce vaste potentiel, les échanges commerciaux déclarés au sein de la zone ne dépassent pas les 2 %, soit le niveau le plus faible de toutes les CER reconnues par l'Union africaine (CEEAC, 2020)/PSIMT. Une réalité qui est en dissonance avec la vaste démographie d'une région déclarée Zone de Libre — échange depuis 1983[117].

Section 2 : Les contrechocs exogènes

Hors des frontières de l'Afrique centrale, de nombreux évènements se sont déroulés, certes loin de la région, mais ont impacté sur l'intégration et produisant des contrecoups, c'est-à-dire des répercussions, conséquences indirectes ou chocs en retour sur les politiques et programmes arrêtés par les autorités de la Communauté. Il s'agit de façon non limitative de la crise économique des années 2010, la chute des cours du pétrole, de la pandémie de la Covid-19, des défis sécuritaires et humanitaires liés au terrorisme, et la guerre en Ukraine.

II/Les contrechocs économiques

Ces contrechocs concernent principalement la crise économique de la fin des années 2010 et la chute des cours du pétrole du milieu des années 2010.

La crise économique de la fin des années 2010 est déclenchée par les crédits hypothécaires (subprimes) ou prêts immobiliers à faible taux que les banques américaines ont accordés aux Américains à faibles revenus en 2007-2008 avec le soutien des pouvoirs publics. Par des mécanismes bancaires et financiers complexes qui n'ont pas pu être maîtrisés, les Américains se sont trouvés dans une situation de surendettement et les banques en difficulté, déclenchant dès le 15 septembre 2008, la faillite de l'une des plus grandes banques américaines Lehman Brothers, suivi d'une panique inédite jamais connue depuis la crise économique de 1929[118]. De par le poids des États-Unis dans l'économie mondiale et la très forte interdépendance

---

[116]https://archive.uneca.org/fr/stories/une-union douani%C3%A8re-unique-en-gestation-en-afrique-centrale consulté le 22 octobre 2023.

[117] Tayebi O, 2022, « Réforme de la CEEAC : entre modernisation des institutions et redynamisation du processus d'intégration régionale », *Policy Center for the New South*, p. 3.

[118]https://www.lafinancepourtous.com/juniors/lyceens/les-crises/la-crise-des-subprimes-2007-2008/ consulté le 04 novembre 2023.

commerciale, bancaire et financière des principaux pays avancés du globe, la crise bancaire américaine s'est propagée dans le reste du monde. Jusqu'à une certaine date, les économies à faible revenu, qui se trouvent pour la plupart en Afrique subsaharienne, étaient relativement protégées, car leurs banques et leurs bourses étaient éloignées de ce que la Banque mondiale a appelé la débâcle des subprimes et de l'effondrement des banques d'investissement »[119]. Mais par la suite, la plupart des régions dans le monde ont été confrontées à la récession, particulièrement dans les pays pauvres où elle a entraîné un effondrement des exportations. Les budgets des gouvernements ont été mis à mal, tandis que l'aide étrangère se retrouvait à court de promesses de dons, au moment même où les pays pauvres en avaient le plus besoin. S'agissant de la CEMAC précisément, la Banque Mondiale avait estimé que cette crise a eu peu d'effets directs sur la région, les banques ayant des connexions limitées avec le marché mondial. Toutefois, la récession mondiale qui en a résulté a eu de vives répercussions directes et indirectes, posant de sérieuses difficultés aux décideurs économiques de la région. Suite à une étude réalisée en 2009, le principal impact de cette crise sur les pays de la CEMAC tenait à la chute des cours internationaux du pétrole. Au printemps 2009, les cours du brut ayant chuté d'environ 100 dollars par rapport au niveau record atteint en 2008, les recettes budgétaires globales tirées du pétrole dans la région CEMAC en 2009 devaient se contracter de plus de 67 % par rapport au mois de juillet 2008. Conjuguée à la baisse, des volumes d'exportation et des prix du bois et des autres produits de base, la valeur totale des exportations devait atteindre moins de la moitié des projections antérieures, et le taux de croissance hors pétrole dans la région devait diminuer de moitié pour s'établir à 2,5 %[120]. La solution du FMI résidait dans une politique budgétaire à moyen terme, guidée par des impératifs de stabilité budgétaire et extérieure. Parce que la stabilité extérieure ne semblait pas compromise du fait de la disponibilité des réserves de change communes de la région, mais l'on craignait que tous les pays de la CEMAC risquassent des déficits budgétaires insoutenables. D'où la nécessité qu'il y avait d'assainir les finances publiques à moyen terme. En revanche, la politique budgétaire à moyen terme devait viser à amortir l'impact de la récession mondiale sur l'économie intérieure, et à protéger les groupes les plus vulnérables. Puisque les ressources financières disponibles semblaient suffisantes, les pouvoirs publics devaient prendre des mesures temporaires de relance budgétaire si elles étaient compatibles avec la nécessité d'un rééquilibrage budgétaire à moyen terme. Les solutions adoptées vis-à-vis des effets de la crise économique ont été presque les

[119]https://www.banquemondiale.org/fr/news/feature/2009/04/24/the-economic-crisis-and-the-millennium-development-goals consulté le 04 novembre 2023.

[120]FMI, 2009, « La crise financière internationale et la récession mondiale : impact sur la région de la CEMAC et considérations stratégiques », *Note d'orientation*, p. 3.

mêmes que celles concernant la chute des cours du pétrole qui au lieu de booster l'activité industrielle ont plutôt entraîné un impact négatif.

Concernant la pandémie de la Covid-19, l'impact en zone Afrique centrale a également été grand au point d'en susciter des vastes mesures de la part des États de la CEEAC et de la CEMAC. Selon l'ONU, malgré une augmentation lente, mais constante du nombre de cas de Covid-19 dans toute l'Afrique centrale, la pandémie y a perturbé la stabilité politique, économique et sociale et la stabilité des conditions de sécurité. Les tendances observées indiquaient que : les premières mesures prises par les gouvernements de la sous-région pour contenir et réduire la propagation de la maladie se sont avérées efficaces. Mais cette efficacité a eu un coût socioéconomique élevé. La CEEAC avait ainsi adopté une stratégie régionale de lutte contre la Covid-19 en Afrique centrale. Au sein de la CEMAC, les ministres en charge des finances des six États de la sous-région réunis à Brazzaville au Congo le 28 mars 2020 sur les « incidences économiques et financières du Covid-19 sur les économies de la CEMAC et esquisses de solutions », ont adopté des résolutions devant permettre aux agents économiques d'amortir le choc économique consécutif à la pandémie qui n'a épargné aucun pays de la région. La BEAC avait prévu de mettre une somme de 90 milliards FCFA à la disposition de la BDEAC pour le financement de la lutte contre la propagation de ce virus en zone CEMAC. Il était aussi question du renforcement des systèmes sanitaires des six pays membres de la sous-région[121].

II/Les défis sécuritaires internationaux

Au cœur de ces défis, se trouve particulièrement l'impact de la guerre entre l'Ukraine et la Russie sur les pays africains en général et ceux d'Afrique centrale en particulier. De nombreuses études des Nations unies et des observations empiriques ont établi un lien direct entre cette guerre qui sévit depuis le 24 février 2022 et la vie en Afrique. Selon le PNUD, les effets funestes de ce conflit sur les économies africaines sont à la fois complexes et multiples. Ils portent notamment sur le niveau de dépendance aux exportations ou importations de pétrole et de gaz, au tourisme, aux céréales et engrais importés. L'impact le plus visible a été la hausse des prix du carburant et des denrées alimentaires, l'inflation et l'instabilité financière. En l'espace de quelques semaines, les prix mondiaux du blé, du tournesol et du pétrole brut ont grimpé à des niveaux sans précédent. Il va sans dire que la Russie et l'Ukraine sont des acteurs majeurs de l'exportation de ces produits dans le monde en général, et en Afrique en particulier. La consommation du blé en Afrique devrait atteindre 76,5 millions de tonnes d'ici 2025. 63,4 % millions de tonnes devraient être importées en dehors du continent. Avec les

[121] https://minfi.gov.cm/coronavirus-le-plan-de-riposte-economique-et-financier-de-la-cemac/ consulté le 04 novembre 2023.

sanctions imposées à la Russie par les pays occidentaux, l'impact de la guerre sur l'Afrique sera exacerbé parce que l'on est en présence de l'un des plus grands exportateurs d'engrais au monde. Celui-ci ne pourra pas mener ses opérations portuaires, la mer noire lui ayant été fermée. La Russie est également le 3e plus grand producteur de pétrole au monde derrière les États-Unis et l'Arabie-Saoudite[122].

Suite à la persistance de la guerre, la perturbation des prix du pétrole va se poursuivre sur le marché mondial, entraînant une hausse des prix des carburants et des coûts élevés de la production alimentaire dans le monde en général et en Afrique en particulier. Les États sont ainsi obligés de réorienter leurs ressources vers l'atténuation des impacts de la crise, et de reporter leurs engagements communautaires. Ceci a pour conséquence le retard dans la réalisation des objectifs de l'intégration qui nécessitent tous des moyens financiers. Au Cameroun par exemple, le FMI estime le coût total de la subvention du gouvernement aux carburants en 2022 à plus de 900 milliards de FCFA (3,4 % du PIB). Or, la hausse des prix du pétrole à cause de la guerre en Ukraine augmente également le coût budgétaire de la subvention, hypothèque les engagements de l'Etat au niveau communautaire, et provoque le retard à la réalisation de nombreux objectifs de l'intégration régionale. Si le pays poursuit en 2024 et 2025 la suppression progressive des subventions tel que demandé par le FMI, celles-ci devraient bénéficier prioritairement à l'investissement public qui est le premier impacté par les dépenses allouées aux subventions des hydrocarbures. Concernant le blé, la recherche des solutions pour l'atténuation de l'impact de la situation en Ukraine a également entraîné des efforts budgétaires supplémentaires de la part du gouvernement camerounais qui en 2022, a octroyé une subvention de 10,3 milliards de FCFA à l'IRAD en vue du développement de la production et de la transformation du blé au Cameroun.

Deux ans après son déclenchement, la guerre en Ukraine se poursuit. Et si des mesures efficaces ne sont pas prises pour y mettre un terme, elle pourrait continuer pendant plusieurs années encore avec des conséquences plus imprévisibles et destructrices. L'accord sur les céréales signé en 2022 a fait croire que le dialogue entre les parties au conflit était possible dans la perspective d'une cessation des hostilités. L'escalade verbale et les accusations que se font les différentes parties laissent croire que l'issue du

[122] Il faut remarquer que la révolution qui fait des Etats-Unis le premier producteur mondial de pétrole et de gaz est entamée à partir des années 2000 grâce à l'exploitation des hydrocarbures dits de schiste. Il s'agit d'hydrocarbures non conventionnels piégés dans la roche-mère qui n'ont pas pu entamer leur migration vers la surface et donc s'accumuler dans les gisements classiques. Pour libérer ces hydrocarbures, il faut utiliser des techniques de forage horizontal et de fracturation hydraulique. Elles consistent à injecter de grandes quantités d'eau et des agents chimiques sous forte pression pour casser la roche.

conflit est encore lointaine, avec des conséquences toujours plus graves sur l'Afrique. En dehors de l'impact économique et social produit par la baisse des importations des céréales et du pétrole en provenance de ces deux pays se posent de nombreux autres problèmes comme la circulation des armes venant de la zone du conflit au profit des groupes terroristes opérant sur le continent. Ce fut l'inquiétude du Ghana, du Mozambique et du Gabon lors de la réunion du Conseil de sécurité des Nations-Unies convoquée le 11 décembre 2023 par la Russie sur « le transfert d'armes occidentales à l'Ukraine ». Cette guerre fait observer une tendance à la banalisation de l'usage de la force militaire, avec un renforcement du recours aux armes de destruction massive, au réarmement massif et au regain d'intérêt évident pour la dissuasion nucléaire par de nombreux États. Les Africains plaident pour un véritable sursaut face à cette tendance et pour reconnecter l'ONU et en particulier le Conseil de sécurité à sa vocation première de protéger les générations présentes et futures du fléau de la guerre.

La Russie continue d'accuser le gouvernement ukrainien de persécuter les locuteurs russes installés sur son territoire et qui seraient majoritaires dans le pays ; d'accuser le président Zelinsky d'avoir préparé la guerre contre elle avec l'aide des États-Unis et de l'Organisation du Traité de l'Atlantique Nord (OTAN), de traiter le gouvernement de Kiev de « junte » au pouvoir ayant trompé les Ukrainiens en rejetant les conditions de paix avec Moscou en avril 2022 pour choisir l'escalade militaire, et avertit que, quel que soit le nombre d'armes que les Ukrainiens recevront du gouvernement américain, elles seront broyées par l'armée russe sur le champ de bataille, sans affecter la réalisation des objectifs de son « opération spéciale ». Ce concept permet à Moscou de nier le fait qu'il mène une guerre à l'Ukraine, mais que ses forces mènent une mission spéciale telle que la libération d'otages ou le contreterrorisme, avec pour effet de produire un effet d'ordre stratégique ou au moins opératif et mise en œuvre par des effectifs restreints qui seraient autrement confinés à un rôle tactique. Ce sont souvent des actions menées soit dans l'urgence ou de longue durée pour des actions de ciblage et de capture au profit de la justice internationale ou de libération des individus à haute valeur. Dans un pays comme la France où elles sont précisées dans un arrêté de 2017, elles permettent ainsi de « faire autrement » et offrent une alternative aux opérations conventionnelles qu'elles appuient et complètent, le cas échéant sous le seuil du conflit ouvert. Interconnectées en permanence aux niveaux interarmées, interministériels et interalliés, elles mettent en œuvre des modes d'action, procédés et techniques spécifiques, dans tous les milieux physiques et jusqu'aux champs immatériels[123].

L'Ukraine quant à elle, reste déterminée à continuer à exercer son droit à l'auto-défense tant que les troupes russes resteront sur son territoire. Ce

---

[123] Bansept L, 2022, Les opérations spéciales françaises. Quelle place dans la compétition de puissance ? Briefings de l'IFRI.

principe que l'on associe à la théorie de la guerre juste voit dans une menace très sérieuse, une forme d'agression qui justifie le droit de se défendre avant même l'acte effectif de l'agresseur[124]. Il a amené les auteurs à se demander si la domination politiquement organisée d'un peuple constitue une raison valable pour se défendre ou demander à être défendu par les armes. Pour Christian Nadau, la théorie du *jus ad bellum* devrait tenir compte de la domination comme modalité de l'agression[125]. Ce principe suppose qu'un État a le droit de se défendre par des moyens militaires, s'il est agressé par un ou plusieurs États ou groupes politiques. Il implique également qu'il n'y a, sur le plan de l'obligation, aucune différence morale pertinente entre être agressé et constater une agression contre un autre agent. Si l'on est en droit de se défendre, ce droit est également valable pour autrui. Or, si un État reconnaît ce droit à autrui, il reconnaît également son obligation à lui prêter assistance dans la mesure du possible[126]. Un État agressé par un autre oblige les autres États à prendre sa défense. Dans chaque cas, le principe est fondé sur la riposte à une agression. Ce principe veut qu'une menace très sérieuse puisse être vue à juste titre comme une forme d'agression, ce qui justifie le droit de se défendre. La notion est proche, voire similaire à celle de légitime défense, elle aussi issue du droit interne et renvoie à la situation d'un individu qui fait l'objet d'une agression qui ne peut être empêchée par la force publique du fait de son instantanéité. La réaction de la personne agressée, encadrée par certaines conditions, est alors considérée comme justifiée et ne peut faire l'objet d'une incrimination. Ce n'est qu'à partir du moment où un certain nombre d'États se sont entendus pour encadrer, puis limiter l'emploi de la force et de la guerre que la notion de légitime défense a pu se développer en droit international. En marge du pacte Briand-Kellog, le secrétaire d'État américain Kellogg avait précisé dans son discours du 28 avril 1928 que : « le traité proposé ne restreignait ni ne gênait, en quoi que ce soit, le droit de légitime défense »[127]. La charte des Nations-Unies va ensuite la consacrer dans son article 51 qui énonce qu'aucune disposition de la charte ne porte atteinte au droit de légitime défense « jusqu'à ce que le Conseil de sécurité ait pris les mesures nécessaires pour maintenir la paix et la sécurité internationales ». Notion toujours contestée néanmoins. Thierry Ménissier la considère comme un « résidu réaliste » du droit international qui distingue au sein de la charte, la légitime défense individuelle et collective, la première concernant l'agression dont est victime un État

---

124 Nadau C, 2010, « La résistance à la domination dans la théorie de la guerre juste », in *Le Cosmopolitisme. Enjeux et débats contemporains*, pp. 177-193.

125 *Ibid.*

126 *Ibid.*

127 Sierpinski B, 2006, « La légitime défense en droit international : quelques observations sur un concept juridique ambigu », *Revue québécoise de droit international*, pp. 79-120.

souverain de la part d'un autre État souverain ; et la seconde évoquant la faculté pour un État non directement agressé d'intervenir au nom d'accords de défense le liant au pays agressé[128]. Elle demeure néanmoins d'actualité et constitue le socle de l'usage de la force armée, tant par les États qui sont agressés que ceux qui se considèrent comme agressés.

Le double appui sur des notions toujours d'actualité (opération spéciale et légitime défense) permet de croire que la guerre en Ukraine durera encore longtemps. L'Afrique centrale a donc intérêt à poursuivre ses réformes de fond et la réalisation de ses projets prioritaires pour une plus grande prise en main des secteurs impactés par la guerre, et tous les autres chocs tant endogènes qu'exogènes.

---

[128] Ménissier T, 2009, « La légitime défense, hier et aujourd'hui : le « résidu réaliste » du droit international », *Revue de métaphysique et de morale*, n°64, pp. 443- 458.

Chapitre 3
Les réformes économiques et financières de la CEMAC

Pour trouver des solutions aux défis qui entravent leur développement et l'intégration de la région, surtout sortir du peloton des pays pauvres pour aller vers l'émergence économique, les pays de l'Afrique centrale ont lancé au fil des années, un ensemble de réformes institutionnelles, économiques et sociales. Le 30 octobre 2007, pour donner suite aux recommandations faites par l'UA et la CEA relatives à la rationalisation des CER, la CEEAC et la CEMAC se sont engagées dans l'harmonisation et la coordination de leurs politiques, programmes et instruments d'intégration en vue d'aboutir à terme à une CER unique. Accord sens réciproque

La CEMAC lance dès 2009 un Programme économique régional (PER) qui, bien que conduit avec rigueur, n'a pas pu rétablir la stabilité économique fragilisée par les effets néfastes du choc pétrolier de la fin d'année 2014, ainsi que ceux induits par la pandémie de la Covid 19, la guerre déclenchée entre l'Ukraine et la Russie en fin février 2022, et les défis sécuritaires et humanitaires persistants dans de nombreux pays de la sous-région comme la RCA, le Cameroun, le Tchad, etc. Les résultats du PER et l'impact des défis sur la sous-région ont entraîné l'adoption du PREF. C'est actuellement le programme phare sur lequel s'appuient les États d'Afrique et la principale interface des partenaires techniques et financiers, au regard de ses résultats et de son management. Face au risque d'une deuxième dévaluation du FCFA, c'est-à-dire de la diminution de sa valeur de change par rapport à l'euro qui est sa monnaie de référence, et à ce risque de suicide qui rappelle les conséquences de la dévaluation de 1994, la seule voie salutaire qui se présentait aux pays de la sous-région était de « serrer une nouvelle fois la ceinture » en adoptant un autre programme dédié aux réformes économiques et financières avec, à chaque étape, des projets prioritaires à réaliser.

Avec leurs réformes, les institutions de l'Afrique centrale s'inscrivent dans une logique plus globale, traversée par les politiques et les services publics en Europe depuis le milieu des années 1990, découlant non seulement des prescriptions de l'Organisation pour la coopération et le développement économique (OCDE), mais également des pratiques plus anciennes, développées aux États-Unis et en Grande-Bretagne au travers du

New public management[129]. Vis-à-vis de l'État, il s'agit de le faire passer d'une culture administrative à une culture de gestion, et d'une culture d'application des règles à une culture de la performance[130]. Cette logique sacralise l'amélioration de la performance de gestion, avec pour principales composantes : l'introduction de mesures de la performance (les indicateurs de performance, le benchmarking ou étalonnage), l'intégration des principes de concurrence, l'exigence d'efficience dans l'utilisation des ressources, etc.[131]. Dans cette approche qui privilégie la mesure quantitative et la vertu du chiffre, Robert Salais souligne combien « la croyance à l'œuvre dans l'usage des indicateurs de performance-croyance irrationnelle bien qu'elle s'habille d'un appareillage technique fort savant — est qu'on peut réduire tout phénomène économique et social, y compris le plus complexe, à quelques données quantifiées sans que le sens (entendu comme direction) porté par ce phénomène ni la nature et les finalités de l'action à entreprendre en soient le moins du monde affectés, malgré le caractère drastique de l'opération »[132]. Dans les réformes qui seront analysées dans ce chapitre, il sera aussi question de voir si la seule approche quantitative des problèmes arrive à les biaiser. Salais se demande d'ailleurs comment être sûr que la perte d'information qui résulte de la sacralisation du chiffre ne biaise pas dangereusement la manière de poser les problèmes et la nature de la décision prise[133].

Section 1 : Le programme économique régional

Pour faire face à leurs défis endogènes et exogènes, les États de la CEMAC ont adopté une vision à l'horizon 2025. Elle est concrétisée dans le PER dont l'objectif est de valoriser les principales ressources de la sous-région et de bâtir une économie compétitive, diversifiée et à forte valeur ajoutée. La mise en œuvre du PER passe par un plan opérationnel pour chacune des trois phases quinquennales qui se terminent en 2025[134]. Pour faire avancer l'intégration, relever les défis de plus en plus contraignants et corriger les insatisfactions du PER, les États de la CEMAC sont passés au PREF qui a également en charge la réalisation des projets prioritaires de la sous-région.

---

[129] Salais R, 2011, « Indicateurs et conduite des politiques publiques : où sont les problèmes », *Informations sociales,* n°167, pp. 60-70.
[130] *Ibid.*
[131] *Ibid.*
[132] *Ibid.*
[133] *Ibid.*
[134] https://cemac.int/le-per/ consulté le 02 janvier 2024 à 12h38mn

I/Historique et objectifs du PER

L'objectif du PER est de faire de la CEMAC en 2025, « un espace économique intégré émergent où règnent la sécurité, la solidarité et la bonne gouvernance au service du développement humain »[135]. Avec une croissance moyenne de 4,8 % durant la double décennie 1990-2010, le PER comptait la doubler pour les quinze années précédant 2025 pour que le PIB de la CEMAC représente plus de 3 fois le niveau de 2009, et pour que le taux de pauvreté soit réduit de moitié. La solution pour cela était d'entamer une mutation profonde d'une économie non diversifiée, à faible valeur ajoutée vers une économie diversifiée à forte valeur ajoutée. La CEMAC s'était ainsi fixée des piliers et des axes prioritaires qui se sont avérés néanmoins insuffisants.

Allant au-delà de la seule exploitation des matières premières, la CEMAC entend s'appuyer sur trois piliers solides que sont : l'énergie, l'agriculture et l'économie forestière, et enfin les mines et la métallurgie. L'espoir est que : cette diversification pourrait réussir à changer la position compétitive de la CEMAC dans la mesure où ses entreprises pourraient rayonner sur un vaste marché régional de 260 millions d'habitants couvrant la CEEAC et le Nigeria en y exportant de l'électricité (vers le Nigeria et l'Afrique de l'ouest), des engrais de synthèse (pétrochimie), des produits pétroliers raffinés, du gaz GPL, divers produits métalliques, notamment pour le BTP, et des produits tropicaux transformés (jus de fruits, fruits et légumes frais, produits aquacoles, viande, mobilier de bois, produits forestiers non ligneux, etc.).

Au plan international, la zone CEMAC compte se positionner aux yeux des investisseurs internationaux, comme une plateforme compétitive d'exportation vers l'Europe et le Moyen-Orient, notamment pour le gaz naturel liquéfié (GNL), les produits métallurgiques (aluminium, fer réduit, acier et alliages notamment du ferromanganèse) et les produits agricoles tropicaux (hévéa, huile de palme, cacao, café, produits forestiers), etc.[136]

Le PER se décline ainsi en 5 axes, 12 objectifs stratégiques, 29 programmes et 86 projets dont l'ambition est de régir le développement économique de la zone CEMAC dans son ensemble, à travers un agenda d'émergence (2010-2025) en trois phases de cinq ans chacune.

Les cinq axes sont : i) la vision partagée, ii) la bonne gouvernance et l'environnement des affaires, iii) les infrastructures économiques et l'aménagement du territoire, iv) le capital humain et v) le marché commun et la diversification économique.

---

[135] CEMAC 2025 (2009), *Vers une économie régionale intégrée et émergente. Programme économie et régional 2010-2015*, 2009, Vol. 1, rapport final, p. 9.

[136] Ibid.

1) Axe 1 : Vision partagée. Elle vise à assurer la diffusion et le partage de la vision CEMAC 2025, et se décline en trois objectifs stratégiques : assurer un pilotage efficace et une appropriation du PER au niveau de chaque État membre, assurer une large diffusion de la vision CEMAC 2025 et du PER, et valoriser le patrimoine culturel et favoriser le rapprochement des citoyens de la CEMAC.

2) Axe 2 : Bonne gouvernance et environnement des affaires. Il vise à bâtir des institutions communautaires solides et un environnement des affaires attractif dans l'espace CEMAC. Il se décline en trois objectifs stratégiques : consolider la bonne gouvernance, améliorer l'environnement des affaires, promouvoir l'investissement et approfondir l'intégration économique.

3) Axe 3 : **Infrastructures économiques et aménagement du territoire**. Il vise à assurer la mise à niveau de la CEMAC en matière d'infrastructures économiques. Il se décline en deux objectifs stratégiques : développer l'infrastructure économique de soutien à la compétitivité et assurer un aménagement durable, équilibré et solidaire de l'espace CEMAC.

4) Axe 4 : Capital humain. Il vise à renforcer de manière substantielle, le capital humain de la Communauté. Il se décline en deux objectifs stratégiques : développer les ressources humaines et renforcer les systèmes de santé.

5) Axe 5 : Marché commun et diversification économique. Il vise à accélérer la mutation de la CEMAC en un acteur moteur d'un vaste marché régional de 260 millions d'habitants, et en une plateforme compétitive d'exportation vers les marchés internationaux. Il se décline en deux objectifs stratégiques : accélérer la mise en œuvre du Marché commun et promouvoir la diversification économique[137].

La première phase 2010-2015 consistait en la construction des fondements institutionnels de l'émergence ; celle de 2016-2020 visait l'ancrage des piliers de la diversification économique de la communauté ; et la phase 2021-2025 a pour but de consolider les phases précédentes. La CEMAC souhaite d'une part que le PER assure une bonne articulation entre l'agenda de la sous-région, de ses États membres, du secteur privé, et celui des partenaires au développement de la communauté, et d'autre part, fournisse des possibilités de complémentarité entre les interventions des différents bailleurs de fonds au niveau de la communauté[138].

Le PER CEMAC établit un lien étroit avec les programmes de réforme et de développement socio-économique de chacun des six États de la sous-région.

Au Cameroun, le PER CEMAC compte améliorer le niveau et la qualité des infrastructures du pays, à travers le financement de quatre tronçons

---

[137] *Ibid.*

[138]https://cemac.int/le-per/ consulté le 02 janvier 2024 à 12h 37mn.

routiers, de deux projets d'interconnexion électrique, de la fibre optique et de la mise en place d'Air CEMAC. Par ailleurs, le PER confortera la position du Cameroun comme centre d'excellence régional en matière d'agriculture tropicale, en installant à Dschang, la plateforme régionale qualité innovation en matière d'agriculture tropicale. De façon globale, le PER appuiera la politique nationale qualité et mise à niveau des filières économiques du Cameroun, par un appui financier direct et par la mise en place de fortes synergies régionales. De même, l'amélioration globale de l'environnement des affaires dans la zone CEMAC contribuera à l'attrait de l'économie camerounaise et au développement des investissements. Le cadre réglementaire PPP déjà mis en place par le Cameroun sera renforcé et harmonisé au niveau de l'ensemble CEMAC, les capacités de l'Institut national des statistiques seront renforcées, de même que celles de l'administration en matière de politiques commerciales et de concurrence et de négociations commerciales internationales. Enfin, le Cameroun pourrait consolider sa position de plateforme régionale dans le développement du capital humain, avec la position renforcée de l'OCEAC, l'appui à la réforme LMD des universités, le soutien à la formation professionnelle et l'émergence d'un à deux centres d'excellence dans la formation technique supérieure. Au total, l'économie camerounaise pourrait être plus compétitive au sein d'une CEMAC mieux intégrée et valorisant mieux, avec un maximum de synergies régionales, ses ressources[139].

En République centrafricaine, le PER CEMAC se veut un vecteur majeur de redynamisation de l'économie nationale. Il compte contribuer au renforcement de ses infrastructures, à travers le financement de trois tronçons routiers, de deux projets d'interconnexion électrique et d'aménagement hydroélectrique, et d'un réseau de fibre optique sur l'ensemble du territoire. Il compte faciliter également son désenclavement, d'une part, par le renforcement de l'axe Pointe Noire-Brazzaville-Bangui, en particulier l'amélioration de la navigabilité sur l'axe fluvial Congo-Oubangui et d'autre part, par la mise en place d'Air CEMAC. Ce désenclavement pourrait permettre de faire de Bangui, un grand pôle économique régional pour la valorisation des produits de pêche (notamment fluviale), qui devait faire l'objet durant la phase 1 du PER d'une zone économique spéciale pilote, dans le cadre de la solidarité avec les pays enclavés. Ces infrastructures modernes, renforcées par un cadre des affaires plus adapté (cadre PPP, fonds Infrastructures CEMAC) devraient faciliter un regain d'investissements pour valoriser le potentiel considérable de la RCA en ressources naturelles (bois, mines, terres agricoles, hydroélectricité). Par ailleurs, le PER compte conforter la position de la Centrafrique par la

[139]CEMAC/République du Cameroun, 2011, Programme *économique régional, volet Cameroun*, https://cemac.int/wp-content/uploads/2023/07/Per_Pays_Cameroun.pdf consulté le 02 janvier 2024 à 12h 37mn.

création d'une zone économique spéciale à Bangui, et compte contribuer de façon significative au renforcement des capacités institutionnelles et humaines de la RCA, à travers la politique régionale et nationale de qualité et mise à niveau, le renforcement du dispositif statistique national, l'appui à la réforme LMD des universités, le soutien à la formation professionnelle et le renforcement des capacités de l'administration en matière de politiques commerciales, de politiques de concurrence et de négociations commerciales internationales[140].

Au Congo, le PER, par son orientation en faveur de la diversification des économies de la sous-région, souhaite consolider les priorités définies par les autorités nationales, et constituer une passerelle qui permet d'assurer une bonne articulation entre le niveau régional et le niveau national. Ceci passe par la contribution de façon multiforme, au renforcement de la compétitivité de l'économie congolaise et à la consolidation de la dynamique en cours d'investissements structurants. Le développement des infrastructures est un axe majeur, avec à court terme le financement de trois tronçons routiers, de deux projets d'interconnexion électrique et d'aménagement hydroélectrique, de la fibre optique, la mise en place d'Air CEMAC. À partir de 2013, la mise en place d'un cadre réglementaire PPP et du Fonds Emergence CEMAC devait accélérer cette dynamique par le financement d'infrastructures électriques, de transport, voire d'une zone économique spéciale régionale. Par ailleurs, dans le cadre de la politique agricole commune, le PER compte contribuer à la revitalisation en cours de l'agriculture congolaise, notamment à travers la mise en place au Congo de la plateforme régionale qualité innovation des cultures vivrières. Au-delà, les filières majeures de l'économie congolaise bénéficieront de la politique régionale et nationale de qualité et de mise à niveau, pour une meilleure maîtrise au niveau national des chaînes de valeur et des normes de qualité exigées pour l'accès aux marchés d'exportation. Enfin, le Congo compte bénéficier d'un renforcement de ses capacités institutionnelles et humaines, à travers le renforcement du dispositif statistique national, l'appui à la réforme LMD des universités, le soutien à la formation professionnelle, la mise en place centre d'excellence, et le renforcement des capacités de l'administration en matière de politiques commerciales, de politiques de concurrence et de négociations commerciales internationales[141].

Au Gabon, le PER CEMAC s'est donné pour ambition d'être un vecteur accélérateur de l'émergence du pays par l'accès plus rapide aux grands marchés et le développement de projets structurants, notamment d'infrastructures exigeant une taille critique. À court terme, le PER CEMAC

---

[140]CEMAC/RCA, 2011, « Programme économique régional, volet RCA ».https://cemac.int/wpcontent/uploads/2023/07/per_Pays_Centrafrique.pdf

[141]CEMAC/Congo, 2011, *Programme économique régional, volet Congo,*https://cemac.int/wpcontent/uploads/2023/07/Per_Pays_Congo.pdf.

devait financer deux tronçons routiers, deux projets d'interconnexion électrique, la fibre optique régionale et faciliter la mise en place d'Air CEMAC. De façon plus structurante, le PER envisageait au Gabon de valoriser son potentiel hydroélectrique et de devenir exportateur à l'horizon 2020. Cela faciliterait le développement de débouchés pour son industrie du bois et renforcerait son positionnement régional et international dans l'économie forestière en y installant la plateforme régionale qualité innovation de l'économie forestière. Ceci devait passer par le développement, notamment à travers le PER, des réseaux de transport (transport, énergie et télécommunications) reliés aux grands marchés, permettant de renforcer la compétitivité logistique du pays. La mise en place d'un cadre PPP et du Fonds Emergence CEMAC faciliteront le développement au Gabon de ces infrastructures régionales. Le PER compte jouer également un rôle significatif dans le renforcement des capacités institutionnelles et humaines du Gabon, à travers le renforcement du dispositif statistique national, l'appui à la réforme LMD des universités, le soutien à la formation professionnelle, la mise en place d'un à deux centres d'excellence dans la formation technique supérieure, et le renforcement des capacités de l'administration en matière de politiques commerciales, de politiques de concurrence et de négociations commerciales internationales. Il compte faciliter enfin une intégration plus harmonieuse de l'ensemble de l'espace CEMAC, par une politique commune d'émigration et d'immigration, et une gestion harmonisée et concertée des flux migratoires[142].

En Guinée Équatoriale, le PER CEMAC compte apporter une contribution significative à la réussite de la stratégie Guinée Equatoriale 2020, par le renforcement de ses infrastructures, de ses capacités institutionnelles et humaines et une dynamisation de sa politique de diversification économique. Au niveau des infrastructures, le financement de deux tronçons routiers, la mise en place d'Air CEMAC et la construction d'un réseau de fibre optique régional renforceront le désenclavement aujourd'hui largement entamé du pays. Cette dynamique devrait être renforcée par la mise en place d'un cadre plus propice aux PPP et du fonds émergence CEMAC. Ceci permettra notamment une pleine valorisation du potentiel électrique et minier. Le PER compte jouer également un rôle important pour renforcer les capacités institutionnelles et humaines de la Guinée Equatoriale, au niveau de l'Institut National de statistique, des capacités des administrations (politiques commerciales et de concurrence, négociations commerciales internationales), de la formation supérieure (réforme LMD, Centre d'excellence), de l'insertion des jeunes dans le

---

[142]CEMAC/Gabon, 2011, *Programme économique régional, volet Gabon* ,https://cemac.int/wpcontent/uploads/2023/07/Per_Pays_Gabon.pdf consulté le 02 janvier 2024.

marché de l'emploi (plateforme de services) et de la santé (programme de lutte contre les grandes endémies). Enfin, il compte contribuer à la diversification de l'économie équato-guinéenne, en dynamisant la production et l'exportation d'électricité et la production agro-alimentaire, Bata devenant la plateforme technique d'excellence en matière de pêche continentale et d'aquaculture en accueillant la plateforme régionale qualité innovation de ce secteur et en contribuant à une politique migratoire régionale plus harmonisée[143].

Au Tchad, en accélérant son désenclavement et sa diversification économique, le PER CEMAC compte jouer un rôle majeur dans la stratégie de croissance et de lutte contre la pauvreté dans le pays, à travers la création à Ndjamena d'une grande zone économique spéciale dédiée à la valorisation de l'important cheptel de ruminants (bovins, ovins et 3 caprins) disséminée au niveau de la zone de transhumance (nord Cameroun, nord RCA, Tchad), contribuant ainsi de façon significative à la création d'emplois et au développement du secteur privé. Ce projet s'appuiera sur l'installation au Tchad de la plateforme régionale qualité innovation dédiée à la valorisation des filières bétails et ruminants, sous la supervision du CEBEVIRHA, agence opérationnelle désormais focalisée sur la gestion de cette plateforme qualité. D'autres filières économiques bénéficieront également de la politique régionale et nationale de qualité et de mise à niveau des filières. Par ailleurs, le PER CEMAC compte contribuer au développement en cours des infrastructures du Tchad, à court terme par le financement de deux tronçons routiers, un projet d'interconnexion électrique avec le Cameroun suivi par une valorisation de son potentiel solaire, la mise en place de la fibre optique et le lancement d'Air CEMAC. Il compte également jouer un rôle important dans le renforcement des capacités institutionnelles et humaines du Tchad, à travers le renforcement du dispositif statistique national, l'appui à la réforme LMD des universités, le soutien à la formation professionnelle, la mise en place d'un Centre d'Excellence dans la formation technique supérieure, et le renforcement des capacités de l'administration en matière de politiques commerciales, de politiques de concurrence et de négociations commerciales internationales[144].

II/De fortes disparités dans les réalisations

L'un des points d'achoppement du PER est alors l'amélioration du climat des affaires qui n'est pas des plus satisfaisants en zone CEMAC. Au moment

[143]CEMAC/Guinée Equatoriale, 2011, Programme *économique régional, volet Guinée Equatoriale*, https://cemac.int/wp-content/uploads/2023/07/Per_Pays_GE.pdf consulté le 02 janvier 2024.

[144]CEMAC/Tchad, (2011), *Programme économique régional, volet Tchad,*https://cemac.int/wpcontent/uploads/2023/07/Per_Pays_Tchad.pdf consulté le 02 janvier 2024.

où se mettait en place le PER, les classements du *Doing Business* étaient très défavorables aux six États de la région qui étaient classés parmi les 25 derniers pays sur les 185 classés. Toutefois, en dehors de la Guinée Equatoriale, la plupart de ces pays ont engagé des réformes réglementaires et institutionnelles pour améliorer leur environnement des affaires, en mettant en place un cadre institutionnel légal d'appui au secteur privé et au climat des investissements.

Le Cameroun a mis en place différentes institutions en appui à l'initiative privée nationale et étrangère qui comprend principalement : les centres de formalités de création des entreprises, l'Agence de promotion des investissements ; le conseil d'appui à la réalisation de contrats de partenariat ; et le guichet unique des opérations du commerce extérieur (GUCE, 1999). Conformément aux dispositions du document de stratégie pour la croissance et l'emploi (DSCE, 2010-2020), divers textes qui visent la réforme du fonctionnement des institutions publiques directement impliquées dans l'investissement (notamment la douane et les impôts) ont été promulgués. Ces institutions à caractère public sont complétées par des structures d'intermédiation classiques (la chambre de commerce, d'industrie, des mines et de l'artisanat, CCIMA) et plus modernes de renforcement des petites et moyennes entreprises (les Centres de gestion agréés, CGA et la Bourse de sous-traitance et de partenariat, BSTP). Il existe également une institutionnalisation du dialogue public-privé dans le pays avec la mise en place depuis janvier 2009 du *Cameroon Business Forum* (CBF) qui sert de plateforme de dialogue et de concertation entre le secteur privé et l'État. On notera également que le cadre institutionnel national devra s'enrichir d'une agence de promotion des PME, en phase d'implantation et d'un observatoire de compétitivité prévu dans le cadre d'un programme d'appui à la compétitivité. Un centre d'arbitrage existe pour la facilitation des règlements des différends commerciaux[145].

Au Congo, la situation est moins avancée qu'au Cameroun en matière de facilitation des affaires. Les lourdeurs continuent à caractériser le système national. Le cadre institutionnel dans lequel opèrent les entreprises n'est pas totalement constitué. Un centre de formalités administratives des entreprises a été mis en place en 1994 (CFE) avec pour objectifs de faciliter la création d'entreprises dans des délais très courts (objectif fixé : 1 jour), et d'apporter l'appui requis à tout investisseur. Mais, le guichet unique n'est pas encore opérationnel. Les administrations concernées ne sont pas représentées, faute de locaux adéquats et de formation spécifique pour le personnel en contact avec les créateurs d'entreprises. Il persiste toujours une lenteur du traitement des dossiers devant aboutir à la création de l'entreprise, à son renouvellement ou au changement d'activités. Jusqu'à une certaine époque,

[145]Transtec Project Management, 2013, *Rapport général sur l'étude de la mise en place d'un observatoire du climat des affaires en zone CEMAC*, p. 15.

le pays ne disposait pas de structure de promotion des investissements privés, capables de présenter les opportunités d'investissement ou les créneaux qu'il convient de privilégier à un opérateur économique, sans connaissance suffisante du marché national, local ou régional. Par ailleurs, l'absence de coordination entre les diverses structures impliquées et d'un système informatisé et intégré permettant la circulation des dossiers rendent hypothétique une amélioration significative à court terme de la situation[146]. Le cadre règlementaire des investissements dans le pays repose d'une part, sur une charte des investissements (Loi n° 6-2003 du 18/01/2003) qui reprend les dispositions générales de la charte des investissements de la CEMAC, et des codes spécifiques (mines, hydrocarbure et forêt), et d'autre part, sur le droit OHADA (le Congo est membre depuis 2007).

Toutes les disparités présentées ci-dessus sont autant de freins à l'intégration régionale en Afrique centrale, dans la mesure où le cadre des affaires n'étant pas le même dans les six pays, il est impossible pour une entreprise de prétendre mener des activités de la même manière dans l'un ou l'autre Etat, et de se sentir véritablement dans une union douanière. L'amélioration de l'environnement des affaires est pourtant l'un des premiers objectifs du PER. Il est contenu dans son axe 2 concernant la bonne gouvernance et l'environnement des affaires. Il se conjugue étroitement avec la promotion de l'investissement et l'approfondissement de l'intégration économique. La CEMAC est elle-même consciente du fait que la réforme et l'harmonisation des cadres institutionnel et réglementaire des services financiers et des secteurs publics marchands d'une part, et la mise en place d'un cadre institutionnel et réglementaire régional pour l'investissement et le partenariat public privé (PPP) d'autre part, devaient permettre à la CEMAC de rattraper le retard pris dans les infrastructures stratégiques (électricité, transports, télécommunications, distribution d'eau, immobilier...) par le lancement de grands projets d'infrastructures financés par des partenariats publics privés. Non seulement un cadre régional harmonisé est incontournable dans le cadre de l'intégration économique, mais le niveau pointu d'expertise requis rend indispensable une approche coordonnée et la mise en commun des moyens. Ainsi, un cadre régional favorable aux PPP devait être rapidement élaboré au niveau communautaire, et les réformes sectorielles devaient être accélérées. Le secteur de l'électricité constitue pour la région une priorité, et toutes les synergies requises pour accélérer son développement devraient être exploitées pour la mise en place d'un marché intégré d'échanges d'électricité. Le Cameroun est le seul pays disposant d'une société de patrimoine dans la sous-région. Il apparaît nécessaire d'envisager la création, et d'étudier la faisabilité d'une société de patrimoine régional couvrant plusieurs États, et disposant de la masse critique de compétences techniques et financières pour réellement prendre en charge le

[146] *Ibid.*, p. 16.

lancement des multiples projets requis dans le secteur de l'électricité. Une même dynamique est nécessaire au niveau des transports, où les besoins de rattrapage sont également considérables (routes, chemins de fer, ports, aéroports) ou dans les télécommunications, où l'interconnexion des Etats membres, par la fibre optique doit être menée à bout. Dans tous ces secteurs, l'accélération des investissements n'est pas simplement une question de moyens financiers, mais également, de cadre institutionnel et réglementaire sur lequel la CEMAC doit aider les États membres à aller plus rapidement dans la bonne direction. Une réflexion régionale sur le cadre institutionnel et réglementaire adéquat dans chacun des secteurs (électricité, transports, télécommunications), ainsi que la mise en place d'une Agence Régionale de Promotion des Investissements et des Infrastructures représentent deux leviers majeurs dans ce sens. Enfin, le système financier constituant également un support clé à la compétitivité de la CEMAC, la réforme des systèmes financiers doit se poursuivre et aboutir à terme à l'émergence d'un véritable marché commun des capitaux[147].

Par ailleurs, alors que la vision 2025 de la CEMAC est de mettre sur pied « un espace économique intégré et émergent où règnent la sécurité, la solidarité et la bonne gouvernance au service du développement humain », l'on observe bien que l'axe ou l'objectif stratégique le plus absent dans cette ambition est le volet sécuritaire sans lequel aucune stratégie véritable de développement n'est viable. De nombreuses études sur l'intégration régionale en Afrique montrent que la récurrence des crises politico-militaires « reste un défi majeur pour le continent africain dans son ensemble et la région Afrique centrale en particulier »[148]. L'existence et/ou les séquelles de multiples foyers de troubles socio-politiques, crises post-électorales, mutineries, rebellions et autres guerres civiles sapent ainsi les efforts de développement économique et d'intégration régionale[149]. Au tournant de la fin des années 1990 et début des années 2000, la communauté des bailleurs de fonds a manifesté un regain d'intérêt sur le lien entre sécurité, prévention des conflits et développement. Les crises politiques complexes ayant marqué les dernières décennies dont les victimes étaient en grande partie des civils les ont conduits non seulement à s'engager dans la prévention des conflits, mais également, à intervenir dans la mise en œuvre des accords de paix et à lancer des activités de reconstruction post-conflit[150]. Au sein des États membres de l'organisation pour la coopération et le développement économique (OCDE) par exemple, les forces de sécurité, qu'il s'agisse de

[147]https://cemac.int/wpcontent/uploads/2023/07/Per_Pays_Tchad.pdf consulté le 02 janvier 2024 à 17h15mn

[148] ONU/CEA, 2011, *Les économies de l'Afrique centrale 2011*, op, cit., p. 232.

[149] Ibid.

[150] OCDE, 2001, « La sécurité en tant que facteur de développement », *Revue de l'OCDE sur le développement*, 2001/3, pp. 137-152.

l'armée ou d'autres éléments, ont été appelées à participer à des actions de maintien de la paix et de secours humanitaire. Les mesures prises par la communauté des donneurs et d'autres acteurs ont tendu à faire converger les activités traditionnelles à l'appui du développement et de la lutte contre la pauvreté, d'une part, et les efforts de construction de la paix et de reconstruction, d'autre part. Une collaboration plus étroite s'est désormais instaurée entre les divers acteurs appelés à intervenir au sein de l'administration de chaque pays de l'OCDE[151]. Le concept même de sécurité humaine largement initié par le Programme des Nations-Unies pour le développement (PNUD) et largement discuté dans les milieux scientifiques ne dit pas autre chose que d'envisager le développement de façon à ne pas laisser de côté un aspect qui puisse fragiliser les autres. C'est une approche holistique du développement à nécessaire toutes les dimensions politiques, économiques et sociales permettant de mener une vie à l'abri du risque et de la peur. Il est donc difficile de comprendre pourquoi les axes et les objectifs stratégiques du PER n'ont pas intégré les volets sécuritaires dans une région où la plupart des États sont en situation de troubles socio-politiques même localisés.

Section 2 : Le Programme des réformes économiques et financières

L'intervention du PREF-CEMAC constitue une étape cruciale dans l'approfondissement de l'intégration régionale au sein de l'Afrique centrale des six, dans un contexte marqué par une sévère crise économique, et dans la perspective d'accélérer la réalisation des objectifs arrêtés dans le PER.

I/Historique, évolution et missions du PREF

Le processus remonte entre le milieu et la fin des années 2010 lorsque le monde est frappé par les effets néfastes du choc pétrolier, la pandémie de la Covid-19 et les multiples défis sécuritaires et humanitaires persistants dans la région. Entre 2014-2015, le monde vit une brutale chute des cours du pétrole, l'une des plus importantes de l'histoire récente, résultat d'une offre surabondante sur fond de faible demande mondiale. La dégringolade des cours qui est allée à plus de 70 % en deux ans met un terme à une période de prix historiquement élevés et débutés en 2003. Ce type de situation devrait avoir un impact positif pour l'économie mondiale, au regard des épisodes passés, car un pétrole bon marché a un effet dopant sur la croissance. Le transfert massif de revenus des pays exportateurs vers les importations est traditionnellement favorable à la demande, les premiers ayant une tendance moindre à consommer[152]. Pour autant, le bilan en termes d'impact pour l'économie mondiale a été négatif.

---

[151] *Ibid.*

[152] https://www.lemonde.fr/economie/article/2018/01/09/le-contre-choc-petrolier-de-2014-2016-n-a-pas-eu-d-effet-dopant-sur-la-croissance-mondiale_5239530_3234.html consulté le 08 décembre 2023.

Lors du sommet extraordinaire tenu à Yaoundé en 2016, les autorités de la CEMAC réaffirment l'idée que : la situation économique prévalant en Afrique centrale ne nécessitait pas un ajustement de la parité monétaire, mais plutôt, des efforts d'ajustement sur les plans intérieur et extérieur assortis de réformes structurelles adéquates. Pour faire face à toutes ces situations qui ont eu un impact négatif sur les économies des pays d'Afrique centrale, et éviter de passer par une deuxième dévaluation du FCFA, non sans la pression du FMI et de la France, un train d'engagements est adopté avec vingt-et-une mesures dont la première était le renforcement de la stabilité macro-économique contre un réajustement de la parité monétaire du FCFA, avec des efforts d'ajustement sur les plans intérieur et extérieur assortis de réformes structurelles adéquates. En d'autres termes, une deuxième dévaluation du FCFA a été évitée contre l'adoption d'un ensemble de réformes structurelles devant être mises en œuvre par les pays d'Afrique centrale. D'autres mesures ont porté entre autres sur l'adoption des mesures pertinentes, destinées à inverser durablement les tendances négatives de l'économie de la sous-région et combinant une politique budgétaire adéquate, une politique monétaire appropriée et une coopération internationale renforcée, la réalisation judicieuse des infrastructures nécessaires à la promotion d'un développement durable et inclusif au bénéfice de leurs populations, la solidarité communautaire face aux chocs économiques et sécuritaires actuels et futurs, le gel des plafonds des avances statutaires de la BEAC au niveau fixé sur la base des recettes budgétaires de l'exercice 2014, le renforcement de la stabilité financière de la zone CEMAC par une surveillance accrue du système bancaire et une utilisation optimale des instruments de politique monétaire, l'adoption par la BEAC des mesures visant à promouvoir la migration progressive vers le financement par les marchés de capitaux, en substitution des financements directs de la Banque centrale, etc.

L'objectif du PREF est de « concevoir et mettre en œuvre des actions rapides, vigoureuses et coordonnées, aussi bien au niveau national que sous régional, pour la stabilisation du cadre macroéconomique et une transformation structurelle et profonde des économies de la sous-région, afin d'en renforcer la résilience et de les placer sur le sentier de l'émergence »[153].

Le PREF est ainsi chargé de mettre en œuvre les engagements pris par les chefs d'État devant le FMI et la France. Et il devient le cadre de référence des actions à mettre en œuvre pour faire avancer l'intégration et corriger les insatisfactions du PER. Il se présente comme une sorte de bouée de sauvetage des États et des économies de la CEMAC face, non seulement aux difficultés de réalisation du PER, mais également, vis-à-vis de tous les chocs extérieurs que subit la sous-région à partir du milieu des années 2010 :

[153] Article 2 de la décision n°02/16-CEMAC-CCE-SE du 30 juillet 2016.

contre-choc pétrolier, pandémie de la covid-19, conflit en Ukraine, insécurité et instabilité socio-politiques internes aux États, etc.

Le PREF a connu deux phases. La première renvoie à un certain nombre d'actions définies dans la matrice élaborée pour la période 2017-2020. Elles sont déclinées en un certain nombre d'actions ayant eu un impact sur le redressement des économies de la CEMAC. Pour aller plus loin, plus en profondeur, et plus vite, et apporter une réponse adaptée aux nouveaux contrechocs produisant au plan économique des déséquilibres fondamentaux, une matrice révisée a été adoptée en 2021. Elle constitue le référentiel sur lequel travaillent actuellement les acteurs communautaires. Celle-ci ambitionne de mettre résolument en œuvre les actions et réformes prioritaires prescrites par les autorités de la sous-région.

II/Les cinq piliers du PREF

La matrice révisée du PREF comporte 25 objectifs généraux et 63 objectifs spécifiques, chacun décliné sous la forme d'actions ciblées, assorties de critères et délais de réalisation portant sur une période de cinq ans allant de 2021-2025. Ceci met le PREF en cohérence avec les délais fixés par les autorités régionales pour la réalisation de la Vision 2025 de la CEMAC. Les cinq piliers de la matrice sont les suivants : Les politiques budgétaires, les politiques monétaires et le système financier, les réformes structurelles, l'intégration régionale et la coopération internationale.

1) Les politiques budgétaires. Ce volet comporte quatre objectifs généraux que sont :

— *Le renforcement de la politique fiscale* avec pour objectifs le renforcement de la mobilisation des recettes non pétrolières et des capacités de l'administration fiscale. Les actions prévues dans ce cadre portent entre autres, sur la poursuite de la rationalisation des dépenses fiscales, le renforcement de la transparence dans le cadre de la parafiscalité, la mise en place d'un compte séquestre à la BEAC pour la sécurisation des remboursements des crédits de TVA, la généralisation de l'utilisation d'un numéro d'identifiant fiscal unique.

— *La rationalisation de la gestion financière des États*, notamment l'optimisation de la gestion de la trésorerie publique afin de réduire les coûts d'opportunité liés à la dispersion des dépôts publics. Il s'agit en particulier de la centralisation des comptes des trésors publics à la BEAC.

— La rationalisation et l'amélioration de la qualité et de l'efficacité de la dépense publique, en conduisant des politiques budgétaires ciblées en matière de dépenses publiques à travers leur ciblage, et la réduction des subventions aux entreprises. Il s'agit d'améliorer la qualité des dépenses publiques, notamment celle des investissements considérés comme prioritaires, en rationalisant les choix budgétaires en fonction de la rentabilité économique et sociale, tout en préservant les dépenses sociales (éducation, santé, affaires sociales, jeunesse, promotion de ma famille).

— L'harmonisation des règles budgétaires et l'amélioration de la coordination des politiques budgétaires à travers le suivi de l'application des nouveaux critères de surveillance multilatérale, et l'accélération de la transposition et la mise en œuvre des nouvelles directives de gestion des finances publiques.

À la fin 2022, le taux de réalisation obtenu dans le pilier 1 sur l'ensemble des réformes préconisées à cette période est passé de 58,0 % en 2021 à 62,2 %, soit 4,2 points de gains de performance. Les autorités communautaires expliquent cette performance satisfaisante par les actions menées dans le cadre de la rationalisation et de l'amélioration de la dépense publique, et du renforcement de la politique fiscale grâce aux efforts fournis par les États dans ces domaines, en lien avec leurs programmes avec le FMI[154]. Toutefois, cette satisfaction est nuancée sur certains points. En dehors des États membres qui interviennent en majorité dans ce pilier, seule la Commission de la CEMAC, en tant_qu'institution communautaire, s'est fortement impliquée dans la mise en œuvre des réformes de ce pilier. La BEAC par exemple a enregistré une contreperformance, en lien avec les retards observés dans la mise en œuvre des actions relatives à l'opérationnalisation des CUT dans la plupart des États membres de la Sous-région. Les autres Institutions communautaires interviennent seulement de façon indirecte et ponctuelle, d'où la performance stable (0 %) pour chacune d'elles en ce qui concerne ce pilier[155].

À la fin de l'année 2022, de nombreuses actions étaient encore non réalisées comme le montre le tableau ci-dessus.

OG 1 : Renforcement de la politique fiscale	
1.3 : Produire une directive communautaire identifiant les exonérations légales en matière d'impôts directs et indirects (exonérations nationales et celles relevant d'accords internationaux) et suivre son application par les États membres. Supprimer les exonérations exceptionnelles ou ad hoc (qui dépendent des ministres des finances, des directions générales des impôts et des douanes)	Tous les États membres de la CEMAC
2.4 : Améliorer l'intégration et la modernisation des administrations fiscales (impôts, douane et trésor) pour le partage d'informations	Tous les États membres, BEAC

[154] PREF/CEMAC, 2023, *Rapport annuel 2022 sur la mise en œuvre des réformes économiques et financières dans la zone CEMAC*, p. 32.

[155] Ibid., p. 33.

OG 2 : Rationalisation de la gestion financière des États	
3.1 : Élargir l'exhaustivité des comptes uniques du Trésor (CUT) et améliorer la rapidité, l'exactitude et la ventilation des rapports d'exécution budgétaire	Tous les États membres, BEAC
OG 3 : Rationalisation et amélioration de la qualité et de l'efficacité de la dépense publique	
6.1 Respecter les engagements pris dans le cadre de l'initiative ITIE	Tous les États membres
OG 4 : Harmonisation des règles budgétaires et amélioration de la coordination des politiques budgétaires.	
8.1 : Faire converger les États vers le solde budgétaire de référence	RCA, Congo, Gabon, Guinée-Équatoriale, Tchad
8.2 : Ne pas accroitre l'endettement public au-delà de la nouvelle règle de la surveillance multilatérale, éviter de recourir à un endettement non concessionnel et de mettre en gage les ressources pétrolières futures.	Tous les États membres
8.3 : Résorber les arriérés de paiement et éviter d'en accumuler de nouveaux.	Tous les États membres
8.4. Suivi de la mise en œuvre des grandes orientations de politiques économiques dans les budgets nationaux, et produire les programmes triennaux de convergence	RCA, Guinée-Équatoriale

Source : Actions résiduelles de la deuxième phase du PREF-CEMAC sur le pilier 1 à fin 2022 et pays/institutions encore concernés, PREF-CEMAC.

2) Les politiques monétaires et le système financier. Ce pilier comporte cinq objectifs généraux que sont :

— *Assurer la stabilité externe à long terme de la monnaie* : les actions prioritaires préconisées à fin 2021 portent sur l'uniformisation de l'application de la réglementation des changes, et le maintien de la rigueur en matière de suivi des flux de capitaux internationaux, en particulier en ce qui concerne la supervision des dépôts des résidents de la CEMAC à l'étranger, et la rétrocession à la Banque centrale des devises résultant des transactions internationales.

— *Le renforcement de l'efficacité de la politique monétaire*. Il s'agit (i) d'assurer une meilleure transmission de la politique monétaire, en résorbant notamment l'excédent de liquidité bancaire par la levée des contraintes pour baisser le coût du crédit bancaire, et (ii) de soutenir les économies de la CEMAC, eu égard à la persistance de la crise sanitaire et ses effets sur les économies de la sous-région.

— *Le renforcement de la stabilité et de l'inclusion financière dans la CEMAC et la lutte contre le blanchiment.* Pour cet objectif général, il est prévu (i) d'améliorer l'accès des populations aux services financiers, tout en sécurisant ceux — ci, et (ii) de développer l'inclusion financière dans la sous-région, en mettant en place une stratégie sous-régionale d'inclusion financière et faire le suivi approprié.

— *L'opérationnalisation et la dynamisation du marché financier sous-régional.* Il est question d'une part, de parachever la restructuration des structures du marché financier unifié et, d'autre part, de promouvoir l'offre de titres sur le marché financier par l'action volontariste des États, et d'élaborer et mettre en œuvre un plan stratégique pour assurer la liquidité du marché financier par l'existence d'un marché secondaire dynamique, et inciter la demande de titres sur le marché par le développement de l'épargne longue.

— *Le renforcement de l'implication de la BDEAC dans le financement des économies de la sous-région* afin qu'elle joue pleinement son rôle dans l'accompagnement du secteur privé, et le financement de l'économie dans la sous-région, à travers l'accroissement de la contribution au financement des économies de la CEMAC, mais aussi à l'accélération de sa notation par une agence internationale.

Le taux de réalisation de ce pilier à fin 2022 se situe à 52,6 %, avec des gains de performance de 16,3 points par rapport à son niveau atteint à fin 2021, grâce aux progrès réalisés par les institutions communautaires intervenant sur ce pilier. Cette performance résulte en grande partie des actions menées notamment par les États membres, la Banque centrale, la Banque de développement et la COSUMAF dans l'opérationnalisation et la dynamisation du marché financier sous-régional, et le renforcement de l'implication de la BDEAC dans le financement des économies de la Sous-région. Les contributions des autres institutions n'ont pas véritablement impacté le score obtenu par ce pilier, car celles-ci, soit ne sont pas directement impliquées dans les réformes et actions menées de ce pilier, soit n'ont pas réalisées d'autres réformes nouvelles[156].

3) Les réformes structurelles. Dans ce pilier, le PREF compte aider les économies de la CEMAC à améliorer leur compétitivité et renforcer leur intégration. Il comporte trois objectifs généraux.

— *Le renforcement de la diversification économique et le développement du secteur privé* à travers i) la conception et l'application d'une stratégie de

[156] *Ibid.*

diversification des économies visant à accélérer la diversification dans les domaines de l'agriculture, de l'industrie, du tourisme et d'autres services, tout en développant les chaînes de valeur, et ii) le développement des ressources humaines pour redéfinir en particulier les offres de formation et d'apprentissage afin de les adapter aux besoins de diversification identifiés.

— *L'amélioration du climat des affaires* par la diminution des coûts de transactions des entreprises et des droits d'enregistrement, la création des start-ups, la mise en place d'une charte régionale de la PME sur le modèle du « *Small Business Act* » et l'opérationnalisation de l'Observatoire du climat des affaires en zone CEMAC (OCA-CEMAC) ;

— *Le développement des formes alternatives de financement des économies.* Les mesures proposées dans ce cadre visent à favoriser l'accès des PME-PMI à d'autres modes de financement à travers i) la promotion et le développement des organismes de placements collectifs des valeurs mobilières (OPCVM), les fonds d'investissement, les fonds de pension, ii) les arrangements institutionnels avec le secteur privé tels que les partenariats Public/Privé (PPP), et iii) l'accès au financement islamique.

Sur le cas particulier de la lutte contre la corruption, le PREF-CEMAC y contribue particulièrement par des actions qui visent à : (i) créer et renforcer les institutions supérieures de contrôle des finances publiques dans chaque État membre ; (ii) dématérialiser les procédures administratives, douanières et fiscales ; (iii) élaborer un code de déontologie en conformité avec la Directive relative au code de transparence et de bonne gouvernance de la CEMAC et (iv) étendre les pouvoirs du GABAC à la supervision et à la coordination des organismes nationaux de lutte contre la corruption. Certains des résultats obtenus dans le cadre de la mise en œuvre de ces réformes, inscrites dans la Matrice du PREF-CEMAC, peuvent être mentionnés. S'agissant du renforcement des institutions supérieures de contrôle des finances publiques (ISC), sur la base de la 1re évaluation effectuée en 2020, il est ressorti que 3 pays (Centrafrique, Congo et Gabon) disposent des cours des comptes, deux pays (Cameroun et Tchad) disposent plutôt des chambres des comptes, mais avec les mêmes missions qu'une cour des comptes. La Guinée Équatoriale a créé une cour des comptes, mais celle-ci n'est pas encore opérationnelle. Toutes les cours et chambres des comptes élaborent leurs rapports sur l'exécution des lois de finances. Au Cameroun et au Gabon, elles formulent des avis sur les rapports annuels de performance. Par ailleurs, la plupart des cours et chambres des comptes (à l'exception de celle du Cameroun) produisent leurs rapports sur l'exécution des lois de finances. En termes d'amélioration de la gouvernance et de la transparence dans les secteurs extractifs, au Cameroun, il existe une collaboration étroite entre le ministère des Finances (MINFI) et le ministère en charge des mines (MINMIDT) en matière de gestion financière et technique des activités minières. À cet égard, une seule administration (MINFI) assure le recouvrement des taxes minières, le MINIMIDT se chargeant, en ce qui le concerne des aspects administratifs et techniques, des activités minières. Au Gabon, le gouvernement a fait son retour dans l'initiative pour la transparence dans les industries extractives (ITIE) depuis octobre 2021. Au Tchad, le gouvernement a procédé à la collecte des derniers états financiers audités et permis la publication des déclarations statistiques et financières (DSF) des entreprises publiques.

La mise en œuvre des actions du pilier 3 sur l'année 2022 s'est caractérisée par un taux de réalisation de 54,7 % sur l'ensemble des actions des trois objectifs généraux qui définissent ce pilier. Comparativement à 2021, année ayant enregistré un taux de réalisation de 39,5 %, l'on note des gains de performance de 15,2 points. Cette performance s'explique par des gains de performance élevés obtenus par des actions menées par les États membres et les institutions communautaires dans le renforcement de la diversification économique, le développement du secteur privé et le développement des formes alternatives de financement[157].

4) Intégration régionale. Ce pilier comporte 10 objectifs généraux.

— La mise en œuvre de la deuxième phase du PREF-CEMAC pour opérer une réelle transformation structurelle vers l'industrialisation des économies de la CEMAC, et créer les meilleures conditions d'une croissance soutenue, équitable, tirée par le privé ;

— La mise en œuvre du plan communautaire de relance économique post Covid-19 des pays de la CEMAC (2021-2025) comme une cause commune, par l'intégration de ce Plan dans les stratégies nationales de croissance, d'allouer les ressources pour le financement du volet national et d'organiser une table ronde pour la mobilisation des financements en vue de sa mise en œuvre.

— L'accélération de l'édification du marché commun par i) le renforcement de l'union douanière, à travers l'harmonisation des catégories d'exonérations douanières utilisées par les différentes administrations des douanes. Celle-ci permettrait d'apporter plus de transparence à cette pratique et faciliterait l'exercice d'évaluation des dépenses fiscales, ii) la levée d'ici à décembre 2022 de toutes les barrières et entraves au commerce intracommunautaire, iii) l'effectivité de la libre circulation des personnes et des biens.

— Le renforcement de la sécurité des biens et des personnes dans l'espace CEMAC, à travers la construction de cinq postes-frontière au plus tard en 2025 pour rendre effectifs les contrôles mixtes.

— Le renforcement de l'appareil statistique de la sous-région, encore peu fiable pour le suivi, la coordination et une surveillance plus stricte des

157 *Ibid.*

politiques d'intégration. La disponibilité, la fiabilité, l'harmonisation et la comparabilité des données statistiques en matière de comptabilité nationale, d'indice des prix, de finances publiques et du commerce extérieur, devraient être améliorées significativement.

— La réalisation du PER (tranche opérationnelle 2021-2025 et en particulier à travers i) la mise en œuvre de projets intégrateurs visant à réduire le déficit en infrastructures prévus dans le PER (infrastructures routières – hard et soft, télécommunications – fibre optique), ii) la promotion de l'économie numérique et l'amélioration de l'accès durable à l'énergie.

— L'accélération du processus de rationalisation des institutions spécialisées de formation communautaire et en particulier, à travers la définition des critères d'éligibilité des centres d'excellence, le choix d'une grande université d'Afrique centrale érigée en Pôle universitaire d'excellence communautaire.

— La création d'un fonds spécial pour la solidarité et l'autonomie sanitaire, visant la création et le financement d'outils communautaires spécialisés en matière sanitaire, notamment un hôpital de référence communautaire, la construction de cinq unités pharmaceutiques et de biochimie spécialisée.

— La promotion et la valorisation du patrimoine culturel de l'Afrique centrale, et en particulier à travers la sensibilisation des populations à l'impératif de la connaissance de la préservation et de la valorisation des patrimoines culturels.

— La poursuite de la conception et la mise en œuvre des politiques environnementales de lutte contre le changement climatique et la dégradation des écosystèmes, et mobilisation des financements y afférents à travers i) la conception et le renforcement de la mise en œuvre des capacités d'adaptation et d'atténuation aux effets néfastes des changements climatiques, ii) la mobilisation des financements verts et bleus pour lutter contre ces changements climatiques.

5) La coopération internationale. Ce pilier comporte 2 objectifs généraux que sont (i) la conclusion des négociations avec les partenaires techniques et financiers, et (ii) le renforcement des équipes nationales de suivi de la mise en œuvre des programmes nationaux.

À la fin de l'année 2022, les résultats suivants ont été atteints pour les cinq piliers des réformes du PREF.

— Pilier 1 : Le taux de réalisation obtenu dans ce pilier sur l'ensemble des réformes préconisées est de 62, 2 %. Une nette progression par rapport à l'année 2021 où il était de 57,7 %. Toutefois, au vu de la forte contrainte budgétaire générée par la guerre en Ukraine et par la lutte contre les effets négatifs persistants de la pandémie de la Covid-19, les actions portant sur le renforcement de la politique fiscale, l'harmonisation des règles budgétaires, l'amélioration de la coordination des politiques budgétaires et la rationalisation de la gestion financière des États n'ont pas connu de grands progrès.

— Pilier 2 : Le taux de réalisation de ce pilier en fin 2022 est de 52,6 %, soit une augmentation considérable comparativement au niveau de 36,3 % en 2021. Ceci s'explique par la réalisation des réformes et actions prioritaires attendues des institutions communautaires dans ce pilier, en particulier le maintien de la stabilité externe à long terme de la monnaie, l'opérationnalisation et la dynamisation du marché financier sous-régional et le renforcement de l'implication de la BDEAC dans le financement des économies de la CEMAC en 2022.

— Pilier 3 : À la fin de l'année 2022, le taux de réalisation global de la mise en œuvre des actions de ce pilier est de 54 %, une performance due aux gains de performances élevés, obtenus par des actions menées par les États membres et les institutions communautaires, dans le renforcement de la diversification économique, le développement du secteur privé et le développement des formes alternatives de financement.

— Pilier 4 : Les actions réalisées dans ce pilier à la fin de l'année 2022 sont situées à 45,8 %. Les retards enregistrés dans la mise en œuvre des actions relatives à l'exécution du plan communautaire de la relance économique post Covid-19 des pays de la CEMAC, à l'accélération de l'édification du marché commun et au renforcement de l'appareil statistique de la sous-région, expliquent en grande partie ce faible niveau de réalisation.

— Pilier 5 : Le pourcentage de réalisation des actions dans ce pilier est de 67, % à la fin de l'année 2022, notamment grâce à la conclusion des revues dans le cadre des programmes des pays avec le FMI. Toutefois, la faiblesse dans le renforcement des capacités des cellules nationales de suivi des programmes avec un taux de réalisation de 48,4 % a obéré la performance globale de ce pilier.

Globalement, les officiels en charge des réformes économiques et financières au sein de la CEMAC estiment que les réalisations en fin 2022 sont « assez concrètes et visibles » et que leur impact sur la situation économique des pays est « encourageant »[158].

Pour une compréhension complète de l'ensemble des réformes conduites par le PREF, le lecteur est invité à se référer aux annexes de cet ouvrage pour y retrouver : la matrice des actions à mener pour la période 2021-2025, et les indicateurs de performance de la mise en œuvre des réformes à conduire. Ces indicateurs révèlent une grande importance dans la mesure où, ils participent d'une démarche de gouvernance au sein des réformes où sont valorisés des critères d'évaluation qui se veulent objectifs, plutôt qu'à la simple légalité de la procédure ou le non dépassement du budget affecté. La grille du PREF mesure la performance à partir des objectifs, des indicateurs et leur description, et la cible atteindre (Baseline). À titre d'exemple, pour le

[158] *Ibid.*

renforcement de la politique fiscale, l'indicateur est le taux de pression fiscale (recettes fiscales hors pétrole/PIB). Et la cible à atteindre doit être supérieure ou égale à 17 % du PIB. Il s'agit là d'indicateurs dont la légitimité se fonde sur « l'objectivité » irréfutable du chiffre. Mais, de nombreuses études ont montré que : non seulement l'approche quantitative échoue souvent à capter le réel, mais, elle est souvent difficilement compatible avec les exigences de justice sociale. Par conséquent, elle peut créer des distorsions dans l'action publique qui l'écartent des impératifs de la démocratie[159]. Salais rappelle combien les méthodes quantitatives doivent leur fortune politique au fait qu'elles s'appuient sur les propriétés apparemment indiscutables d'objectivité du chiffre, alors même que leur rhétorique ne correspond guère à la réalité. Il suggère de réfléchir aux conditions de validité de l'argument statistique, et de s'intéresser aux problèmes que pose l'application de ces méthodes au regard des fondements mêmes des politiques et des services publics[160]. Dans d'autres circonstances, l'on peut retrouver des indicateurs comme le ratio coût-efficacité des mesures adoptées, la prise en considération de leurs effets collatéraux négatifs sur l'environnement économique, politique, écologique, l'impact des décisions déjà prises sur les capacités d'action ultérieures des organisations en cause, etc.[161].

Les réformes du PREF ci-dessus présentées, bien qu'étant majoritairement économiques et financières, couvrent tout de même de nombreux autres domaines sociaux, éducatifs et même environnementaux. Dans ce cas, elles ont un caractère transversal et intégré.

En termes de légitimité, le processus d'élaboration des réformes au sein du PREF se veut participatif. Il se fait au sein du secrétariat technique du PREF-CEMAC qui comprend : les représentants de la Commission de la CEMAC, de la BEAC, de la BDEAC et du PREF-CEMAC. Les réformes élaborées sont validées par la Cellule de Suivi du PREF-CEMAC. Elles sont soumises au COPIL du PREF-CEMAC pour adoption à la majorité des voix au cours de ses sessions ordinaires. Le COPIL du PREF-CEMAC est présidé par le ministre de l'Économie et des Finances de la République du Congo qui représente le président dédié du PREF-CEMAC, Denis Sassou N'guesso. Le COPIL comprend les ministres des Finances, de l'Économie et de l'intégration des six États membres de la CEMAC et les Chefs des institutions communautaires que sont : la Commission de la CEMAC, la BEAC, la BDEAC, la COBAC, le COSUMAF, la GABAC, l'UNIPACE. La cellule de Suivi comprend deux représentants par État membre, dont le

159 Salais R, 2011, « Indicateurs et conduite des politiques publiques : où sont les problèmes », *Informations sociales*, n°167, pp. 60-70.
160 Ibid.
161 Hermet G, Badie B, Birnbaum P et Braud P, 2015, *Dictionnaire de la science politique et des institutions politiques*, 7e édition, Armand Colin, Paris.

président de la cellule nationale de surveillance multilatérale, deux délégués de chacun des organes et institutions communautaires représentés au COPIL et le délégué du patronat au sein du COPIL.

Les États sont ainsi impliqués au niveau des experts, des ministres et des chefs d'État. Les décisions et recommandations du COPIL sont adoptées suivant les modalités prescrites dans son règlement intérieur. Elles sont transmises au président dédié qui les soumet, le cas échéant, à la sanction de la conférence des Chefs d'État. Les réformes du COPIL sont soumises à toutes les sessions des chefs d'État qui eux-mêmes donnent des orientations à suivre. Mais, comme on peut le constater, le caractère participatif évoqué ici se limite aux institutions publiques et à leurs représentants. Mis à part les délégués du patronat qui siègent au sein du COPIL, aucune entité non-étatique ou privée ne participe aux travaux, et donc au processus de prise de décision concernant la problématisation, l'élaboration ou la mise en œuvre de ces réformes. Ni les représentants des salariés des différents secteurs concernés, encore moins les défenseurs des questions environnementales ou éducatives n'y sont conviés. Cette vision institutionnaliste des réformes n'est pas de nature à permettre de saisir toute la complexité du développement et de l'intégration en Afrique centrale, car, elle exclut du champ de la délibération et de la décision, des acteurs pertinents pourtant très représentatifs de leur secteur d'activité. Une telle vision top-down des réformes, du développement et de l'intégration devrait être complétée par l'intégration des dynamiques du bas pour que la vision soit la plus complète possible. La gouvernance que tous les acteurs appellent de leur vœu et qui est pour certains, le « totem » qui permet d'atteindre avec efficacité tous les objectifs définis, suppose bien un processus de coordination d'acteurs de groupes sociaux et d'institutions, en vue d'atteindre ces objectifs définis et discutés collectivement[162]. Elle suppose certes des institutions, des directives, des règlementations, des normes, mais aussi des réseaux d'acteurs, des usages sociaux et politiques et une imbrication d'acteurs publics et privés. Sinon, l'on revient à la notion de gouvernement et à ses pratiques qui ont pourtant montré leur limite à répondre et à faire face à tous les problèmes de l'espace public, et à « s'ajuster à de nouvelles formes d'organisation sociale, économique et politique »[163].

---

[162]Boussaguet, Jacquot et Ravinet (dir), 2006, *Dictionnaire des politiques publiques*, 2e édition revue et corrigée, coll. Références, pp. 244-245.
[163]*Ibid.*

Chapitre 4
Les réformes institutionnelles de la CEEAC

La CEEAC a également engagé depuis 2015, un important programme de réformes institutionnelles décidé à Ndjamena au Tchad et confié au président gabonais d'alors, Ali Bongo Ondimba, en sa qualité de président en exercice de l'organisation entre 2015 et 2020. Il convient ici de voir quels sont les objectifs de ces réformes, quels sont les résultats auxquels les États sont arrivés, et comment ces réformes s'articulent avec celles effectuées dans les autres CER d'Afrique centrale dont la CEMAC et la CEPGL, et surtout quelle efficacité peut-on atteindre de ces nouvelles institutions entendues comme : un ensemble de cadres légaux organisant toutes les activités au sein d'un groupe d'hommes, chargés de les mettre en œuvre selon des objectifs plus ou moins clairement définis.

Section 1
Historique et objectifs des réformes institutionnelles au sein de la CEEAC

L'adoption par les chefs d'État et de gouvernement des réformes institutionnelles s'expliquait entre autres par la nécessité de recentrer et redéfinir les missions et le fonctionnement de l'organisation, pour les mettre en adéquation avec l'agenda continental d'intégration. La CEEAC, en tant qu'unique CER reconnue par l'UA au niveau de la sous-région d'Afrique centrale, est censée servir de « véhicule d'intégration » de ses États membres au niveau continental. Pourtant, l'organisation est très peu opérationnelle. Et elle accuse un retard considérable dans l'application de son schéma d'intégration régionale.

I/De l'hibernation à la redynamisation

La CEEAC a connu une période d'hibernation entre 1992 et 1998 pour ensuite adopter en juin 1999, son programme de relance et de redynamisation lui permettant d'avoir un souffle nouveau. Les réformes engagées au sein de cette institution correspondent alors avec la mise en place du COPIL — CER/AC, chargé de l'harmonisation des cadres juridiques entre la CEEAC et la Communauté économique et monétaire de l'Afrique centrale (CEMAC) pour, à terme, aboutir à une seule CER pour la sous-région[164].

---

[164] Tayebi O, *op, cit.*, pp. 3-4.

II/Les objectifs des réformes

L'objectif général des réformes était « l'amélioration de l'efficacité et de l'efficience de la CEEAC, dans le but de réaliser un saut qualitatif majeur dans la gouvernance organisationnelle et financière, pour en faire une Communauté économique régionale viable, forte, dotée d'un exécutif à l'architecture rénovée, afin de contribuer à accélérer le processus de rationalisation CEEAC/CEMAC, CEPGL » (CEEAC, 2020b).

Le processus des réformes a été effectivement déclenché en juin 2017, à travers la mise en place d'un comité de pilotage de la réforme institutionnelle chargé de veiller à la coordination et au suivi de la mise en œuvre des réformes institutionnelles. Des projets de textes fondamentaux de la réforme institutionnelle de la CEEAC ont été adoptés, ainsi que le plan d'action de mise en œuvre de cette réforme. Les chefs d'État et de gouvernement ont validé ensuite les instruments juridiques relatifs à la réforme, notamment le traité révisé et le cadre organique de la commission. L'adoption et la signature de ces textes, ainsi qu'une déclaration politique portant sur l'engagement des États membres à redynamiser la CEEAC, de l'avis de certains, marquent l'aboutissement de ce qui pourrait être considéré comme la première phase de la réforme.

Le but de la réforme institutionnelle engagée par la CEEAC est selon les propres termes de l'Institution, « de recentrer et redéfinir les missions et le fonctionnement de l'organisation pour les mettre en adéquation avec l'agenda continental d'intégration ». Il s'agit donc de satisfaire aux exigences de l'agenda continental d'intégration publié par la commission de l'UA en 2015, sous l'appellation « Agenda 2063 » pour offrir au continent une vision panafricaine durable pour « une Afrique intégrée, prospère et pacifique, dirigée par ses propres citoyens, et représentant une force dynamique sur la scène mondiale ». L'agenda 2063 assigne sept objectifs à atteindre par les institutions africaines : faire du continent : 1) une Afrique prospère fondée sur la croissance inclusive et le développement durable ; 2) un continent intégré, uni sur le plan politique et ancré dans les idéaux du panafricanisme et la vision de la renaissance africaine ; 3) une Afrique où bonne gouvernance, démocratie, respect des droits de l'homme, justice et État de droit sont à l'ordre du jour ; 4) une Afrique vivant dans la paix et la sécurité ; 5) une Afrique dotée d'une forte identité, d'un patrimoine commun, et de valeurs et d'éthique partagées ; 6) une Afrique dont le développement est axé sur les populations, qui s'appuie sur le potentiel de ses populations, notamment celles des femmes et des jeunes, qui se soucie du bien-être des enfants ; et 7) Une Afrique qui agit en tant qu'acteur et partenaire forts, unis et influents sur la scène mondiale.

Toutefois, au-delà des ambitions déclarées et des nouvelles formes et contenus que peuvent avoir les différentes institutions réformées, il est important de s'appesantir sur les effets qu'elles peuvent produire sur les individus afin qu'ils adhèrent et contribuent à la réalisation des objectifs arrêtés. Cela pose le problème de l'efficacité des institutions entendue dans le sens de leurs effets sur les individus qui doivent les animer. Dans ce cas, au-delà du seul toilettage des normes et cadres institutionnels, il est important de s'intéresser et éventuellement de gérer la question de la tension probable qui existe entre cultures nationales et les institutions communautaires. Les représentations que les différents peuples se font de la construction communautaire — comme processus de développement ou risque d'envahissement — peuvent avoir un impact sur les différents fonctionnaires communautaires et faire le cas échéant, échec aux objectifs de l'intégration, même si les institutions sont les mieux ficelées au monde.

Section 2 : Les résultats de la réforme au sein de la CEEAC

C'est en décembre 2019 que les chefs d'État et de gouvernement de la CEEAC adoptent et signent à Libreville au Gabon, les instruments juridiques de la réforme institutionnelle de la communauté des 11. Au nombre de cinq, il s'agit : i) du traité révisé instituant la CEEAC, ii) le protocole révisé, relatif au Conseil de paix et de sécurité de l'Afrique centrale, iii) le règlement financier révisé de la CEEAC, iv) le statut du personnel révisé de la CEEAC, et v) le cadre organique de la CEEAC. D'autres engagements ont également été pris à cette occasion dont l'application du mécanisme de la contribution communautaire d'intégration (CCI) afin de garantir la mise en œuvre efficace et soutenable de la réforme institutionnelle et l'atteinte des objectifs de la CEEAC.

I/Les principales transformations

Les principales réformes portées sur les institutions de la CEEAC concernent la transformation du secrétariat général en commission, le mode de désignation des commissaires, la création d'un parlement communautaire, la création d'une cour des comptes et d'une cour de justice, l'adhésion systématique aux protocoles et annexes en cas d'adhésion d'un État au traité instituant la CEEAC, l'insertion complète et définitive de l'architecture de paix et de sécurité de l'Afrique centrale, y compris du COPAX, au sein du cadre institutionnel de la CEEAC, et son arrimage à l'architecture de paix et de sécurité de l'Union africaine, l'institution d'un Comité de représentants permanents (COREP), et la modernisation des principes fondamentaux de la Communauté.

Le secrétariat général est désormais transformé en Commission de la communauté, avec des compétences renforcées et composées de sept commissaires, dont un président, un vice-président et cinq chefs de départements. Désormais, le président est nommé par la Conférence d'une part, et le vice-président et les commissaires sont désignés à l'issue d'un processus de présélection conduit par le conseil des ministres, conformément aux textes en vigueur d'autre part.

Sur le principe des adhésions systématiques au traité institutif et aux protocoles et annexes, il est prévu que tout État qui ratifie ou adhère au traité révisé devient automatiquement partie à tous ces documents qui y sont rattachés.

En ce qui concerne le COPAX, désormais, tout État qui signe et ratifie, ou adhère au traité révisé de la CEEAC devient automatiquement partie aux instruments concernant le système de défense et de sécurité de l'Afrique centrale. Le nouveau protocole du COPAX a été élaboré sur la base des principales préoccupations identifiées, à travers le retour d'expérience de certaines situations en cours dans la région notamment : i) le renforcement des concepts fondateurs de la doctrine COPAX afin de définir les engagements des États en ce qui concerne principalement la non-agression, la non-ingérence, l'assistance mutuelle, la non-indifférence, la défense et la sécurité commune ; ii) le réajustement de l'architecture du COPAX en l'intégrant à celle de la CEEAC, afin d'éviter que son fonctionnement parallèle ne devienne une surcharge insurmontable tant au plan financier qu'au niveau du calendrier des instances statutaires ; iii) l'harmonisation du COPAX à l'architecture de paix et de sécurité de l'UA (APSA) tout en ne perdant pas de vue qu'il s'agit avant tout d'un instrument de la communauté au service des États membres en Afrique centrale ; iv) le renforcement de la coopération entre les États membres dans le domaine de la police et de la justice, à travers la mise en place du Mécanisme régional de coopération policière et judiciaire de l'Afrique centrale (MRCP JAC) ; v) la mise en place d'une instance permanente du COPAX constituée des ambassadeurs ou représentants permanents des États membres auprès de l'Etat siège ; vi) l'instauration d'un bureau en système de Troïka (présidence précédente, en exercice et suivante)[165] tournant dans l'ordre alphabétique du nom des États membres en français. Ce bureau a l'initiative de la décision, sur le principe de la consultation à demeure des autres États membres ; vii) l'instauration de trois niveaux de réunion des instances du COPAX que sont la conférence (chefs d'État), le Comité technique spécialisé sur la défense, la sûreté et la sécurité (ministres) et le comité des représentants permanents (Ambassadeurs) ; viii) la création d'un fonds COPAX pour le financement des opérations de soutien à la paix ; ix) la prise en charge du budget de

[165] Ce mot d'origine russe signifiant au départ un attelage de trois chevaux, a progressivement pris une acception politique et est aujourd'hui principalement utilisé pour désigner l'alliance de trois personnalités ou entités alliées pour diriger ou régler un problème. Au niveau européen, la troïka désigne l'alliance de la Banque centrale européenne, de la commission européenne et du Fonds monétaire international pour superviser les plans de sauvetage et ses implications dans les Etats membres de l'Union européenne. Source : https://www.touteleurope.eu/economie-et-social/qu-est-ce-que-la-troika/ consulté le 13 décembre 2023.

fonctionnement du COPAX et ses instruments de mise en œuvre par la CEEAC.

Sur la révision du règlement financier de la CEEAC, de nombreuses innovations ont également été apportées, dont le renforcement des principes budgétaires nécessaires à la bonne gouvernance financière ; l'insertion des modalités de liquidation, de recouvrement et de gestion de la CCI ; le renforcement du dispositif de contrôle budgétaire et comptable des organes et institutions de la communauté par la cour des comptes, la cour de justice, le parlement communautaire, le contrôleur financier et l'auditeur interne, et l'instauration d'un code des marchés de la communauté pour encadrer le processus de passation des marchés au sein des organes et institutions de la communauté.

II/L'impact des réformes institutionnelles sur l'intégration au sein de la CEEAC

La question cruciale qui demeure, suite à la réforme institutionnelle menée par la CEEAC, est celle de savoir comment les nouvelles configurations institutionnelles vont affecter les comportements des États, des groupes et des individus pour que soient effectivement réalisés les objectifs de l'intégration en Afrique centrale ?

Comme relevé plus haut, ces belles réformes demandent en plus qu'une attention particulière soit portée sur le multiculturalisme qui caractérise généralement les instances communautaires. Au sein de l'Union européenne (UE), de nombreux auteurs ont examiné avec pertinence ce multiculturalisme, à travers notamment l'approche anthropologique qui a mis l'accent sur la dualité des « euro-praticiens » qui, dans un contexte de compromis, combinent étroitement « unité et diversité », « homogénéité et différences »[166]. Pour les uns, les fonctionnaires européens seraient alors dans une situation d'acculturation qui les condamne à un balancement sans fin entre leurs singularités et une culture propre aux institutions européennes. Pour les autres, il existe plutôt une culture propre aux institutions européennes, présentées comme « des machines à produire de l'harmonie »[167]. Cette deuxième approche tend à minorer les spécificités nationales des praticiens européens, et la manière dont elles peuvent agir sur les administrations communautaires. Il est alors bon d'éclairer le rapport que les fonctionnaires communautaires issus des différents Etats, mais recrutés par les instances communautaires entretiennent avec leurs fonctions et donc les objectifs communautaires. La nature de cette relation est plus fondamentale pour l'avancée de cette intégration que les seules institutions

---

[166] Joana J et Smith A, 2002, « Cultures nationales et institutions communautaires : Les cabinets des commissaires européens », *Revue internationale de politique comparée*, vol. 9, n°3, p. 371.

[167] *Ibid.*

rénovées. Les instances communautaires peuvent alors receler des contradictions affectant l'avancée des objectifs de l'intégration. Au sein de l'UE en général et dans les Commissions en particulier, les cabinets sont dominés par des fonctionnaires européens et nationaux, censés donner vie au principe de la collégialité de la Commission, tout en prenant en charge les intérêts de l'État membre dont est issu le commissaire. Et ils doivent faire le lien entre ce dernier et ses directions générales[168]. Jean Joana et Andy Smith montrent que les différentes traditions administratives nationales « sont de peu de poids sur la manière dont ces fonctionnaires appréhendent le travail en cabinet et les fonctions de leur commissaire plus largement. En revanche les clivages qui apparaissent découlent plus volontiers des significations attribuées à la construction européenne dans les États membres et des conflits, dans leurs pays respectifs, entre différents groupes de fonctionnaires nationaux »[169]. Cette hypothèse peut être généralisable à l'ensemble des instances communautaires, y compris en Afrique centrale sous réserve de vérification ultérieure.

Les visites faites au sein des instances communautaires durant le second semestre de l'année 2023 (Yaoundé, Malabo et Brazzaville) cumulées aux expériences accumulées sur plus d'une quinzaine d'années d'étude sur l'intégration régionale en Afrique font ressortir le constat selon lequel, il existe effectivement des significations différenciées de l'intégration au sein des différents États. Dans la région Afrique centrale, deux grandes conceptions peuvent se dégager, lesquelles peuvent avoir un impact sur le rapport que les fonctionnaires communautaires ont avec leur fonction et la construction communautaire.

La première conception de l'intégration en Afrique centrale peut être dite positive, car, elle considère l'intégration soit comme la possibilité d'établissement d'un grand marché complémentaire aux marchés nationaux, soit comme une opportunité de désenclavement pour les pays ne disposant pas d'ouverture sur la mer. Cette conception est partagée par les pays aux économies compétitives, à la démographie relativement élevée et par ceux qui sont enclavés. On y trouve principalement des pays comme l'Angola, la République démocratique du Congo, le Cameroun, le Rwanda, le Congo-Brazzaville, le Tchad, la RCA, etc.

La deuxième conception de l'intégration en Afrique centrale peut être dite réservée. Elle considère l'intégration soit comme une démarche envahissante, soit comme une opportunité à saisir au cas par cas et non dans son ensemble. On y trouve principalement certains pays pétroliers, à la démographie faible comme le Gabon et la Guinée Équatoriale.

Quoi qu'il en soit, toutes les deux conceptions s'intègrent dans une perspective calculatrice qui privilégie les aspects du comportement humain.

---

168 *Ibid.*

169 *Ibid.*

Ceux-ci sont instrumentaux et orientés dans le sens d'un calcul stratégique. L'intégration régionale est pour les uns et les autres, une question d'opportunité de croissance et de développement, même si d'aucuns y vont sans réserve, pendant que d'autres choisissent de progresser au cas par cas. Les individus comme les gouvernements des États ici cherchent à maximiser leur réussite par rapport à un ensemble d'objectifs définis. Et ils adoptent un comportement stratégique à cet effet, c'est qu'ils « examinent tous les choix possibles pour sélectionner ceux qui procurent un bénéfice maximal »[170].

Les deux conceptions ont un impact sur la manière dont les fonctionnaires communautaires d'Afrique centrale animent les institutions communautaires. Pour corriger les réticences qui peuvent découler de ces représentations, les institutions communautaires doivent mettre au cœur de leur réforme, la question de la sensibilisation et de l'éducation à l'esprit communautaire. Sans cet esprit communautaire, tout toilettage, toute réforme ou adaptation des institutions à des objectifs aussi nobles qu'ils soient, demeurera sans grand effet. Il est important que soit cultivé en Afrique centrale, un « spirit of community » par des stratégies discursives efficaces à mettre sur pied pour révéler le bien-fondé de l'intégration. Des efforts dans ce sens sont déjà faits en direction des administrations nationales, lors de la sensibilisation des États à la mise en œuvre de la contribution communautaire à l'intégration qui a fait l'objet d'une série de séminaires organisés en 2021 par la Commission de la CEEAC, avec pour enjeu majeur d'impliquer les États membres qui n'appliquent pas encore ce mécanisme, afin de les amener à l'intégrer dans leur corpus juridique et financier. Il s'agissait particulièrement des cinq États que sont : Sao Tomé et Principe, la RDC, le Burundi et le Rwanda. Cinq États dont la résistance à ce mécanisme est intéressante à examiner en profondeur. La CCI est considérée au sein de la CEEAC comme une nécessité absolue pour la survie de la Communauté. Les fonctionnaires de la Communauté considèrent que la construction d'un espace économique viable exige un coût qu'il importe non seulement d'évaluer, mais aussi, et surtout de financier. Au nombre des charges supportées par la CCI, l'on a le budget de la Commission, le budget du COPAX, les dotations du fonds de compensation, de coopération et de développement, les dotations spéciales, les budgets des organismes spécialisés et de toute autre action décidée par la conférence des chefs d'État et de gouvernement. Mais, comme on peut le constater avec cet exemple, la sensibilisation de la CEEAC concerne uniquement les agents et les administrations publiques. Elle ne touche pas les peuples qui sont pourtant au cœur de l'intégration. S'il est vrai que l'intégration et la coopération que veut mettre en œuvre et intensifier la CEEAC met les États et les gouvernements au cœur du processus, il est à noter qu'elle entend aussi

---

[170] Hall P A et Taylor R C, 1997, « La science politique et les trois néo-institutionnalisme », *Revue française de science politique,* 47-3-4, p, 472.

« élever le niveau de vie des populations » de la région. Cela suppose pourtant de mettre ces populations au cœur du processus et non de les exclure, ou de leur imposer des normes d'en haut. C'est dans ce sens que va la définition que Sébastien Santander donne du régionalisme : « une construction sociale », c'est-à-dire « un espace d'actions où interagissent de manière formelle ou informelle, des acteurs publics (États, entités fédérées, institutions internationales) et des acteurs privés (entreprises, ONG, universités, syndicats) — productrice de normes, et partant de sens politique »[171]. Se limiter aux interactions formelles entre entités publiques c'est avoir une vision partielle de l'intégration. Là où les institutions ont eu de la peine à fédérer, les peuples se sont souvent montrés plus inventifs, solidaires et coopératifs. Ils ont été soit impulseurs de l'intégration, soit développeurs de cette intégration. L'éducation et la sensibilisation doivent les mettre au cœur de l'action, si l'on veut changer les représentations que les différentes opinions publiques des Etats ont de l'intégration, et pour qu'à l'intérieur des institutions communautaires, les objectifs définis, débattus et arrêtés soient atteints avec efficacité. Il existe une infinité de dynamiques à l'œuvre dans l'intégration régionale qui interdisent de s'arrêter sur les considérations d'ordre strictement institutionnel. Une chose est de reformer les institutions, une autre est de les faire accepter et les appliquer. Or, des opinions publiques partagées sur le bien-fondé de l'intégration contribueront à faire échec à la mise en œuvre des institutions réformées, car, au bout du compte c'est à ces hommes et femmes qu'il est question d'apporter le bonheur. Mais, s'ils ne sont pas traversés par l'esprit communautaire, toutes les belles institutions demeureront sans effet.

Il ne faut par ailleurs pas oublier la perspective calculatrice qu'ont les États et les individus face à l'intégration régionale en Afrique centrale. Certes, les institutions peuvent leur fournir des informations relatives au comportement des autres acteurs, définir clairement les mécanismes d'application des accords et traités, les sanctions en cas de défection, etc., mais, pour affecter leurs comportements, elles doivent répondre aux attentes données des différents acteurs. Ce n'est qu'en se rendant compte qu'il perdra plus à s'écarter qu'à y adhérer qu'un acteur reste attaché à une institution. Plus celle-ci contribue à résoudre « des dilemmes portant sur une action collective, plus elle rend possibles les gains procurés par des échanges, plus elle sera robuste »[172].

Le lien entre les réformes en cours en Afrique centrale et celles lancées au niveau continental semble aussi très important à établir. De nombreuses initiatives lancées par l'UA depuis sa création ne devraient pas être ignorées,

---

[171] Santander S, 2017, « Un regard comparatif sur les régionalismes africain et latino-américain », *Revue interventions économiques*, hors-série.

[172] Hall P A et Taylor R C R, op, cit., p. 473.

tant elles peuvent s'articuler avec les réformes sous-régionales, les inspirer ou les renforcer.

Au plan économique, le développement du commerce intra-africain exigeant des investissements dans l'industrialisation, l'UA a élaboré un plan d'action pour le développement industriel accéléré de l'Afrique (AIDA) et un autre portant sur l'initiative de développement de l'agro-business en Afrique (3ADI). De l'avis de la Banque africaine de développement (BAD), le chemin de la prospérité du continent passe par le développement industriel qui peut bien bénéficier de sa main-d'œuvre jeune, ses abondantes ressources naturelles et ses marchés intérieurs en pleine croissance lui permettant de disposer du potentiel nécessaire pour devenir « la prochaine frontière mondiale du développement industriel »[173]. L'essor industriel est « la pierre angulaire de la croissance inclusive, de la création d'emplois décents et de la réalisation de nombreux autres objectifs de développement »[174]. La BAD fait également de l'industrialisation une priorité stratégique, aussi bien dans le cadre de sa stratégie décennale (2013–2022) que dans celui de ses 5 grandes priorités, les « High5 »[175]. Au titre de sa stratégie « Industrialiser l'Afrique », la Banque appuie les pays africains dans leur industrialisation et dans la valorisation de leur potentiel économique[176]. De nombreux efforts sont alors à réaliser dans ce domaine pour un continent dont la part dans la production manufacturière mondiale a baissé au cours des dernières décennies, tombant en deçà de 2 % du niveau mondial. La plupart des économies africaines restent tributaires de produits de base non transformés, ce qui les rend vulnérables aux fluctuations de la demande mondiale. Tous les contrechocs extérieurs survenus ces dernières années (Covid 19, guerre en Ukraine, changement climatique, etc.) ont provoqué une hausse soudaine des prix de l'énergie et des autres matières premières, perturbant à nouveau les chaînes d'approvisionnement mondiales. D'où le consensus selon lequel : « les gouvernements africains doivent promouvoir plus activement le développement industriel, non seulement en créant les conditions favorables à l'industrialisation – l'équipement en infrastructures, la qualification de la main-d'œuvre et l'amélioration du climat d'investissement, mais en identifiant et en soutenant les industries naissantes. Un certain nombre de pays africains se sont engagés dans cette voie dans les dernières années.

Concernant les infrastructures, elle a lancé en 2012, l'initiative pour la stimulation du commerce intra-africain (BIAT) et a reconnu le fait que : la libéralisation des échanges doit être soutenue par un programme pour le

---

[173]Indice 2022 de l'Industrialisation en Afrique | Banque africaine de développement (afdb.org) consulté le 02 février 2024.

[174] *Ibid.*

[175] *Ibid.*

[176]*Ibid.*

développement des infrastructures (PIDA), lequel avait été lancé en 2010 en vue de regrouper diverses infrastructures régionales et continentales sous la houlette de la BAD. Cette initiative continentale, qui repose sur des projets et des programmes régionaux, compte contribuer à remédier au déficit d'infrastructures qui handicape gravement la compétitivité de l'Afrique sur le marché mondial. C'est un cadre commun pour « édifier les infrastructures qui permettront de mieux intégrer les réseaux de transport, d'énergie, de TIC et de voies d'eau internationales afin de stimuler les échanges, entraîner la croissance et créer des emplois ». L'espoir est qu'il transforme la manière de travailler sur le continent, contribue à l'avènement d'une Afrique bien connectée et réalise l'édification de la communauté économique africaine, esquissée par le traité d'Abuja adopté en 1991. L'hypothèse est que les pays africains réaliseront un taux de croissance économique de 6 % par an en moyenne entre 2010 et 2040, alimenté par la croissance démographique, la progression des niveaux d'instruction et d'absorption des technologies. Cela veut dire que d'ici 2040, le PIB des pays africains sera multiplié par six et que le revenu moyen par habitant dépassera 10 000 $ dans tous les pays. Cette croissance et cette prospérité durables vont multiplier la demande d'infrastructures[177].

S'agissant des institutions et de la gouvernance, l'UA a lancé en 2003, le Mécanisme africain d'évaluation par les pairs (MAEP), en tant que dispositif d'auto-évaluation de la gouvernance sur le continent à côté duquel existent également plusieurs initiatives et institutions qui font partie de l'architecture africaine de gouvernance (AGA).

---

177 BAD, Fonds africain de développement, UA, *Programme pour le développement des infrastructures en Afrique (PIDA) : Interconnecter, intégrer et transformer un continent.*

Chapitre 5
Des projets prioritaires comme accélérateurs de l'intégration

Au sein de la CEMAC, le programme économique régional, phase 1 (PER 2010-2015) ayant fait l'objet d'une mise en œuvre insuffisante, il a entrainé les chefs d'État à décider dans le cadre de la phase 2 (PER 2017-2021) de se focaliser sur un portefeuille limité et réaliste de projets phares, susceptibles d'accélérer l'intégration physique et commerciale de la zone durant les cinq années à venir. Après examen des 13 programmes du PER 2017-2021 qui comportent 84 projets, et sur la base des conclusions de la concertation régionale tenue à Douala du 5 au 6 juillet 2019 sur les projets intégrateurs, laquelle a mis en exergue les priorités des États, 12 projets intégrateurs prioritaires ont été sélectionnés sur la base de leur état de maturité. L'espoir des États de la CEMAC est que ces projets aient un impact sur l'intensification des échanges, tout en préservant les acquis sociaux dans le contexte d'un développement durable.

La CEEAC quant à elle, met l'accent sur les grands projets d'infrastructures de production et de transport, en haute et très haute tensions englobant deux ou trois pays. En 2022, 12 nouveaux projets ont été intégrés aux premiers qui constituaient l'essentiel du portefeuille du Pool énergétique de l'Afrique centrale (PEAC), institution spécialisée de la CEEAC en charge de la mise en œuvre de la politique énergétique, du suivi des études et de la construction des infrastructures communautaires, de l'organisation des échanges de l'énergie électrique et des services connexes dans l'espace de l'Afrique centrale des onze[178].

Section 1 : Les projets prioritaires de la CEMAC

Comme c'est le cas de la CEEAC, la priorité est donnée aux infrastructures dont la mise en œuvre peut susciter au moins au plan théorique, un effet d'engrenage sur d'autres secteurs de l'intégration. La raison de ce choix au sein de la CEMAC tient au fait que les infrastructures soutiennent la croissance économique à travers deux grands canaux. D'une part, elles le font à travers l'investissement qui leur est associé et qui est à l'origine d'une stimulation instantanée de la demande. D'autre part, au-delà des effets immédiats, il y a des effets de moyen et long terme sur l'offre. Ces

---

[178] https://peac-ac.org/projets-integrateurs-prioritaires-pip/ consulté le 11 janvier 2024.

effets, qui sont naturellement les plus importants, transitent par une action sur les coûts, à travers la disponibilité des services infrastructurels qui conditionnent l'amélioration de la rentabilité des investissements directement productifs et la diversification manufacturière[179]. Pour impulser le développement du secteur privé et la diversification des économies, un appui aux infrastructures et aux secteurs moteurs de l'économie comme le secteur de télécommunication a été arrêté comme un levier d'action privilégiée pour les États membres. Il est prévu dans les phases 1 et 2 du PER de la CEMAC. Suite aux difficultés de mise en œuvre des projets programmés dans la première phase du PER, la deuxième phase du PREF recentre l'effort communautaire sur 13 projets phares, dont huit contribuent au renforcement de l'intégration physique dans la CEMAC, via le développement des infrastructures de transport (routières, ferroviaires et maritimes), numérique et énergétique. Il faut distinguer ici deux cycles de projets, le premier cycle et le second cycle, et examiner l'impact attendu de ces projets au sein de la CEMAC.

I/Deux cycles de projets prioritaires

Le premier cycle a porté sur onze projets intégrateurs prioritaires, présentés à la table ronde des bailleurs de fonds à Paris en novembre 2020 pour financement. En fin décembre 2022, sept de ces projets avaient déjà effectivement démarré. Il s'agit de 1) projet d'interconnexion des réseaux électriques Cameroun-Tchad, 2) Projet de construction de l'Université inter-Etat Cameroun-Congo, 3) Projet d'aménagement de la route Ndende-Dolisie, 4) Projet d'aménagement du corridor Brazzaville-Ouesso-Bangui-Ndjamena, 5) Projet d'aménagement de la route Kogo-Akurenam, 6) Projet d'interconnexion du Cameroun avec les pays de la CEMAC par la fibre optique, et 7) Projet de construction de la voie expresse Lolabé-Campo entre le Cameroun et la Guinée Equatoriale. Trois autres projets devraient être restructurés en partenariat public privé en vue de leur construction-exploitation en mode BOT au plus tard en 2024.

Le second cycle de projets porte sur douze sélectionnés par la CEMAC et portant sur les quatre domaines que sont : les infrastructures de transport, les infrastructures de télécommunications, les aménagements hydroélectriques et les infrastructures universitaires. La maturité des projets est appréciée au regard de la disponibilité des termes de référence (TDR), des études de faisabilité technique et économique, d'un avant-projet sommaire (APS), d'un avant-projet détaillé (APD), d'un appel à manifestation d'intérêt (AMI), d'un dossier d'appel d'offres (DAO), de l'existence d'un MOU entre États concernés et bailleurs, des rapports d'évaluation des projets. Il s'agit de i) construction d'un pont sur le fleuve Ntem et facilitation du transport, et sécurité routière sur la route transnationale Kribi-Campo-Bata reliant le

[179] PREF CEMAC, 2021, p. 113.

Cameroun et la Guinée Équatoriale ; (ii) construction de la voie express Lolabe-Campo (40 km) entre le Cameroun et la Guinée Equatoriale (iii) construction de la route Ndende-Doussala (144 km) entre le Gabon et le Congo (iv) construction de la route Kogo-Akurenam (Sud-Est Guinée Equatoriale-Gabon) (v) corridor Brazzaville-Ouesso-Bangui-Ndjamena (Congo/RCA/Tchad) ; (vi) construction de la route Mbaikoro-Bendja-Bekoninga frontière RCA (109 km) ; (Tchad/RCA) (vii) aménagement hydroélectrique de Chollet et des lignes électriques (Cameroun/Congo/Gabon/RCA) ; (viii) interconnexion des réseaux électriques (Cameroun — Tchad) ; (ix) interconnexion du Cameroun avec les pays de la CEMAC par la fibre optique ; (x) construction du port sec de Beloko (corridor Douala — Bangui) ; (xi) construction du port sec de Dolisie (corridor Gabon — Congo) ; (xii) Université inter-Etats (Cameroun — Congo).

Le coût estimatif global des projets s'élève à 2 819,2 milliards de FCFA dont 255,8 milliards de FCFA de ressources mobilisées par les États membres et par les partenaires techniques et financiers. Les financements à mobiliser auprès des bailleurs et des partenaires techniques et financiers s'élèvent à 2 563,4 milliards de FCFA.

La particularité du second cycle des projets intégrateurs est qu'il a mis en œuvre un mode de financement particulier qu'est le partenariat public privé (PPP). C'est l'un des modes de financement des projets de développement et d'investissement privilégiés actuellement par les autorités de la CEMAC, pour financer les projets intégrateurs prioritaires de la communauté. Ce mode est efficace en ce sens qu'il a l'avantage d'impliquer le secteur privé afin, d'une part, de pallier à la faiblesse des ressources publiques des Etats et, d'autre part, d'éviter d'éroder les budgets nationaux et, par conséquent, de garder l'encours de la dette publique dans les normes des critères de convergence. Par leur nature, les infrastructures et les secteurs productifs requièrent des financements importants que les budgets des États ne sont toujours pas en mesure de satisfaire. C'est pour cette raison fondamentale que les PPP ont été retenus par de nombreux gouvernements comme mode de réalisation et de gestion de ces projets. La réalisation des infrastructures et l'exploitation des potentiels de croissance à travers les modes PPP offrent le double avantage d'attirer aux pays des flux importants d'investissements privés, et d'occasionner le transfert d'un savoir-faire technique, commercial et managérial qui contribue positivement au capital de connaissances des pays. Enfin, les règles de fonctionnement du secteur privé, fondées sur la recherche de la compétitivité et de l'efficience, devraient permettre aux infrastructures réalisées en PPP de pouvoir proposer un meilleur rapport qualité/prix. Celui-ci se traduirait par la fourniture de services de qualité meilleure, à un coût économique moindre que celui qu'un opérateur public aurait occasionné pour la fourniture des mêmes services. Les PPP permettent une gestion saine et prévisible à long terme des dépenses publiques. Le coût du projet pour une durée donnée est connu dès l'origine. Il prend en compte la maintenance et l'entretien, ainsi que le développement de nouveaux services, l'adaptation des services existants pour prendre en compte les attentes et besoins en constante évolution des usagers. Les règles concernant les PPP sont très strictes et les contrats sont rédigés avec une grande précision. La puissance publique et son partenaire privé sont tenus de les respecter. Les PPP, compte tenu de l'encadrement précis de leur mode de financement, sont même une des formes les plus sûres et transparentes de contrat. Les pays de la zone CEMAC ont déjà mis en œuvre certains modes de PPP, qu'il s'agisse de l'ouverture au secteur privé du capital de sociétés d'économie mixte ou de sociétés anonymes, de joint-venture ou d'une concession.

Par ailleurs, pour maintenir la crédibilité auprès des partenaires extérieurs qui ont fait la promesse de venir investir en Afrique centrale, et organiser la redevabilité durant la réalisation des investissements dans le cadre de la mise en œuvre des projets intégrateurs prioritaires de la CEMAC, le COPIL du PREF-CEMAC a institué en 2020, le Comité technique de suivi de la mobilisation des financements et du suivi de la mise en œuvre des projets intégrateurs prioritaires de la CEMAC. Celui-ci a œuvré à l'exécution du premier programme de projets intégrateurs prioritaires de la CEMAC. Il est constitué des représentants des États membres, de la Commission de la CEMAC, de la BEAC, de la BDEAC, du PREF-CEMAC et des bailleurs et investisseurs impliqués dans le financement de ces projets. Les 13 projets du deuxième programme de projets intégrateurs, dont la mise en œuvre sera suivie par ce Comité, ont été sélectionnés par celui-ci sur la base des critères internationalement reconnus.

II/L'impact et le bilan provisoire des projets prioritaires de la CEMAC

La transformation rapide de l'intégration physique

Si l'intégration régionale est avant tout une question de proximité géographique, celle-ci ne favorise les échanges entre les différents peuples et États que si on y a des infrastructures physiques viables que : sont les routes, ponts, ports, aéroports, etc. Par un effet spill-over, ce sont des infrastructures physiques, en facilitant le mouvement des personnes et des biens qui vont entraîner l'intégration dans d'autres domaines comme l'éducation, la formation, le commerce, etc. Dans cette perspective, les projets prioritaires de la CEMAC ont pour vocation de booster l'intégration physique qui à son tour, entraînera les interdépendances dans d'autres domaines. Sont ainsi attendus :

1) L'accélération du bitumage des tronçons routiers situés sur les corridors de transport qui relient les États membres de la CEMAC, et notamment toutes les capitales entre elles. Ainsi, il est attendu que soient optimisées les conditions de déplacement en temps et en coût, et une

augmentation du volume du trafic passager et des marchandises entre les États membres. D'ici 2021, l'intégration physique de l'espace communautaire et la facilitation des transports permettra de doper de plus de 30 % les échanges commerciaux au sein de la CEMAC ;

2) La fluidification du transport des marchandises entre les ports maritimes existants qui sont congestionnés (Douala notamment) et les grands centres de consommation enclavés comme N'Djamena et Bangui ;

3) La fourniture d'une énergie stable, bon marché et accessible aux habitants de la zone CEMAC. Cinq millions de personnes supplémentaires auront accès à l'électricité grâce à une production électrique plus importante et mieux partagée ;

4) La mise en place des postes-frontière entre les différents pays voisins dans l'espace CEMAC pour promouvoir l'intégration, la libre circulation des biens et des personnes, et renforcer la sécurité de la région ;

5) La création d'un label « centre d'excellence » attribué à toutes les écoles de l'espace CEMAC, répondant à des critères prédéfinis par la Commission. D'ici 2021, le programme « Centre d'Excellence » permettra également de renforcer de manière significative, l'offre de formation au sein de la CEMAC.

La préservation des acquis sociaux et du développement durable

Outre l'impact attendu au plan strictement économique, le PREF déclare veiller à la préservation des acquis sociaux des travailleurs, dans le cadre des investissements étrangers qui financeront les projets prioritaires. Tant pour le premier cycle des projets que pour le deuxième, cette préservation des acquis sociaux des travailleurs au sein des pays membres concernés par les projets intégrateurs concerne entre autres : les cotisations sociales, le paiement des indemnités de licenciement, la construction des hôpitaux pour la prise en charge sanitaire des travailleurs, ainsi que la construction des écoles pour la scolarisation de leurs enfants et des populations riveraines[180].

De manière générale, les réformes mises en œuvre par le PREF-CEMAC entendent accorder une place de choix à la protection sociale, à la préservation et au renforcement des acquis sociaux. En 2021, les Chefs d'État de la CEMAC ont exprimé leur volonté de mettre l'accent sur le capital humain dans la zone en encourageant les États membres à accentuer les efforts pour le développement du capital humain, et en assurant un financement adéquat des secteurs de l'éducation, de la formation professionnelle et de la santé, et en renforçant les dispositifs de protection sociale pour faire face aux effets de la pandémie de la Covid-19 et de la guerre en Ukraine en cours, et se prémunir contre les éventuelles crises et

[180] Réponses au questionnaire de l'auteur adressé aux responsables du PREF CEMAC, Brazzaville, 04-08 décembre 2023.

vulnérabilités futures. Cette orientation a été matérialisée par l'incorporation dans la matrice révisée de la deuxième phase 2021-2025 du PREF : trois objectifs généraux, sept objectifs spécifiques et 14 actions spécifiquement dédiées au renforcement du capital humain dans la CEMAC.

Au titre du pilier 1 sur les politiques budgétaires, l'une des réformes porte sur la rationalisation et l'amélioration de la qualité et de l'efficacité de la dépense publique, à travers la conduite des politiques budgétaires ciblées en matière de dépenses publiques, notamment (i) la réalisation des investissements sociaux dans les domaines de l'éducation, de la santé, des affaires sociales, (ii) l'amélioration des conditions de vie des couches sociales les plus démunies à travers la mise en place de filets sociaux performants, bien ciblés et flexibles, et (iii) l'augmentation des crédits affectés aux dépenses sanitaires en vue de renforcer la résilience des systèmes de santé face aux épidémies et pandémies, ainsi que la qualité des services de santé.

Au titre du pilier 3 qui porte sur les réformes structurelles, on peut mentionner le partenariat qui existe entre la Banque mondiale et le PREF pour renforcer le capital humain dans la zone CEMAC, notamment la protection sociale, l'éducation et la santé. On peut mentionner à cet effet, l'atelier coorganisé en juin 2023 à Yaoundé par la Banque mondiale et le PREF-CEMAC sur « le renforcement du capital humain pour libérer le potentiel de croissance économique dans la CEMAC ». Au cours de cet atelier, l'état des lieux dans les pays membres, en évaluant les mesures prises (ou non) en matière de capital humain dans la région CEMAC, a montré que (i) les inégalités de genre sont marquées et visibles (ii) les années d'études attendues ne se traduisent pas en années d'apprentissage réelles, mettant ainsi en évidence le problème de la qualité de l'éducation et de la pauvreté éducative, et (iii) les composantes de santé des pays de la CEMAC sont moins performantes que celles des autres pays d'Afrique subsaharienne.

De manière concrète, en termes de mise en œuvre de réformes sur le capital humain, on peut relever qu'au Cameroun, dans le domaine de la protection sociale, la mise en œuvre du projet Filets Sociaux de première génération au cours de la période 2013-2022 a permis d'améliorer les conditions de vie de 385. 500 ménages issus des couches sociales les plus défavorisées. Par ailleurs, depuis 2023, grâce au concours financier de la Banque mondiale, le gouvernement met en œuvre un nouveau projet, le « Projet Filets Sociaux Adaptatifs et Inclusion Economique ». Il permettra d'apporter des appuis à plus de 200.000 ménages pauvres.

En République centrafricaine, la poursuite de la mise en œuvre du projet capital humain « Maïngo » se fait à travers un projet de 26 milliards 824 millions de FCFA, approuvé en juin 2021 par la Banque mondiale et mis en vigueur en mai 2022. Les actions déployées dans le cadre de ce projet permettent d'améliorer l'accès à l'éducation ou à la formation des jeunes et des femmes, aux services de santé et de promouvoir des opportunités d'emploi qui visent leur autonomisation.

Au Congo, le gouvernement a mis en œuvre depuis 2015, le projet des Filets sociaux, exécuté avec le projet LISUNGUI financé par la Banque mondiale et l'Agence française de développement (AFD), qui est une assistance monétaire aux populations pauvres. Ce projet pilote prendra fin en 2024. Il sera remplacé par un programme national. Un registre social unique (RSU) a été mis en place et une extension est prévue dans tous les secteurs intervenant dans le domaine social. Par ailleurs, en mars 2023, la Banque Mondiale a approuvé un financement de 70 millions de dollars en faveur du programme d'accélération des réformes de la gouvernance institutionnelle pour des services durables en République du Congo, en vue entre autres d'améliorer la fourniture de services dans des secteurs clés comme l'éducation et la santé.

Dans la même veine, pour préserver les acquis sociaux des travailleurs et améliorer l'environnement des affaires, le PREF pourrait élaborer et incorporer des réformes dans sa matrice des réformes et actions prioritaires pour garantir les bonnes méthodes de management, les bonnes politiques sociales et les codes de bonne conduite pour les grands investisseurs impliqués dans l'exécution des projets intégrateurs. La commission est en train de travailler sur une directive sur les partenariats publics privés (PPP) qui harmonisera la réglementation au niveau de la sous-région.

Face à ces différentes inquiétudes, il faut dire que les autorités du PREF-CEMAC apportent un certain nombre de réponses. En effet, depuis la mise en place de ce programme, de nombreuses avancées ont été enregistrées, dont l'amélioration de la qualité de la dépense publique dans les États membres, l'élargissement de l'assiette fiscale, la reconstitution du niveau des réserves de change, la poursuite du dialogue avec les principales sociétés exploitant les ressources naturelles dans la CEMAC en vue du rapatriement des recettes d'exportation, le démarrage en 2022 de huit (08) des onze (11) projets intégrateurs, trois années après la table ronde de novembre 2020 à Paris pour la mobilisation des financements en faveur des pays membres, la fusion des deux marchés financiers de la sous-région, la mise en œuvre effective de la libre circulation des personnes et des biens, l'application de la règlementation des changes, l'organisation réussie de la table ronde de Paris des 28 et 29 novembre 2023, qui a permis de mobiliser 9,95 milliards d'euros pour le financement du deuxième programme de projets intégrateurs, ainsi que l'application des programmes économiques et financiers conclus avec le FMI, par les pays de la sous-région[181]. Bien que confrontées à la montée des tensions inflationnistes et au durcissement des conditions de financement sur les marchés financiers internationaux, les économies de la

[181] CEMAC, Résumé du rapport annuel 2023 sur la mise en œuvre des réformes économiques et financières dans la Zone CEMAC.

CEMAC se sont montrées résilientes depuis 2020, en enregistrant une évolution du taux de croissance du PIB réel qui est jugée positive, estimé à 2,4 % en 2023, 2,9 % en 2022 et 1,6 % en 2021, alors qu'il se situait à -1,8 % en 2020[182].

En 2023, en raison de l'environnement économique international défavorable, l'activité économique en zone CEMAC a connu un léger repli, avec un taux de croissance de 2,4 % du PIB du fait d'un recul plus important de l'activité pétrolière (-3 % en 2023 contre -0,8 % du PIB en 2022), après l'embellie de 2022[183]. La BEAC prévoit un renforcement de la croissance de l'activité économique, avec une progression de 3,5 % en 2024 à 4,3 % en 2025, avant de ralentir à 3,5 % en 2026. Par ailleurs, l'environnement mondial actuel étant marqué par une inflation galopante, de nombreux pays dans le monde enregistrent des taux d'inflation à deux chiffres. Par contre, l'inflation semble relativement maîtrisée dans la zone CEMAC. En effet, bien qu'élevé par rapport à son niveau de 1,6 % de 2021, le taux d'inflation dans la zone CEMAC s'est établi à 5,6 % en moyenne annuelle en 2023 contre 5,5 % en 2022[184]. Il devrait connaitre un léger repli à 5,4 % en 2024[185].

Les principales réalisations faites dans le cadre du PREF-CEMAC à ce jour semblent « assez concrètes et visibles »[186], et leurs conséquences sur la situation économique des pays de la CEMAC « sont manifestes »[187]. Les résultats obtenus confirment la pertinence de ce programme en tant que cadre concerté et cohérent de mise en œuvre des réformes structurelles et de bonnes politiques dans la sous-région, contrastant avec des démarches individuelles qui ont occasionné dans le passé, de nombreux retards dans le renforcement des économies de la CEMAC[188]. L'incidence des politiques et réformes mises en œuvre en 2023 dans le cadre de la deuxième phase du PREF-CEMAC commence donc à produire des résultats encourageants sur les conditions de vie des populations[189]. Mais, la situation macroéconomique demeure tendue.

Au regard de l'accentuation des risques entourant les perspectives macroéconomiques mondiales et de la sous-région à court et à moyen termes, les actions à réaliser, conformément aux résolutions prises par les chefs d'État de la CEMAC lors de leurs sommets tenus respectivement le 30

---

[182] *Ibid.*
[183] Ibid.
[184] Ibid.
[185] Ibid.
[186] Ibid.
[187] Ibid.
[188] *Ibid.*
[189] *Ibid.*

juillet 2016 à Malabo (Guinée Équatoriale), puis à Yaoundé (Cameroun) le 23 décembre 2016 et le 18 août 2021, relèvent toujours de l'urgence[190].

Le rapport publié en 2024 par le PREF-CEMAC recommande aux États membres et aux Institutions communautaires : (i) l'identification des causes des retards enregistrés dans les réformes structurelles et la mise en œuvre accélérée des mesures correctives ; (ii) l'amélioration de l'orientation contracyclique des politiques budgétaires en les inscrivant systématiquement dans des plans triennaux de convergence ciblant le respect du solde budgétaire de référence, conformément aux règles de la surveillance multilatérale ; (iii) la rationalisation de la gestion financière des Etats en optimisant la gestion de la trésorerie publique à travers l'élargissement de l'exhaustivité des comptes uniques du trésor (CUT) ; (iv) l'adoption du projet du nouveau mécanisme de sanctions pour les infractions aux règles de surveillance multilatérale, gages d'un renforcement de la crédibilité et de l'applicabilité du cadre de surveillance multilatérale ; (v) le renforcement de l'efficacité de la politique monétaire, notamment la promotion de l'offre de crédit bancaire au secteur productif ; (vi) l'accélération de la diversification économique par le développement des chaines de valeur dans les secteurs à forte valeur ajoutée ; et, (vii) la mise en œuvre de la stratégie communautaire d'import-substitution des produits du cru de la CEMAC ainsi que de son plan d'opérationnalisation, afin de changer de paradigme dans le commerce intracommunautaire, de renforcer la diversification des économies de la CEMAC, de garantir l'autosuffisance alimentaire, tout en confortant la position extérieure, et de réduire la vulnérabilité de la sous-région face aux chocs. Il s'agit d'œuvrer à une croissance économique soutenable et inclusive, notamment par la diversification du tissu productif national et l'adaptation au changement climatique, et d'autre part, de maintenir la soutenabilité des finances publiques, par la poursuite de la mise en œuvre des réformes, avec le soutien de l'ensemble des partenaires au développement. Il souligne aussi la nécessité de reconstituer une épargne financière et de dégager des marges de manœuvre budgétaires et extérieures, notamment en réformant les subventions tout en continuant à soutenir les populations les plus vulnérables et la reprise économique naissante[191]. Enfin, le rapport propose des mesures visant à renforcer l'intégration régionale, facteur de résilience et de solidarité des États membres face aux chocs exogènes, à travers le suivi de la mise en œuvre des projets intégrateurs prioritaires, et la mise en œuvre urgente du plan d'opérationnalisation de la stratégie communautaire d'import-substitution, qui vise à développer le commerce intracommunautaire et à garantir l'autosuffisance alimentaire des populations[192].

---

[190] *Ibid.*

[191] *Ibid.*

[192] *Ibid.*

Section 2 : La CEEAC et le Pool énergétique de l'Afrique centrale

L'idée de concentrer les efforts sur l'énergie vient d'un certain nombre de constats faits par les instances de la CEEAC, et portant sur le fait que la région est dotée du plus grand potentiel hydroélectrique africain, alors qu'elle est confrontée à un déficit en électricité à deux égards : un décalage entre l'offre et la demande dans les régions connectées au réseau, et un manque d'accès dans les régions hors réseau. La réduction du déficit en électricité est un défi multidimensionnel qui a des implications importantes sur la façon de définir le problème énergétique de la région dans son ensemble.

En 2003, est alors créé le pool énergétique d'Afrique centrale (PEAC), à Brazzaville, comme réponse à la sous-électrification et aux déficits d'énergie électrique en Afrique centrale. Il résulte de la dynamique engagée par les pays de l'Afrique centrale et leurs sociétés d'électricité pour construire ensemble la stratégie de développement de leurs secteurs d'énergie, dans une optique d'intégration régionale et de développement socio-économique durable. Depuis lors, le PEAC constitue le principal vecteur de mutualisation des investissements, de rationalisation du déploiement des infrastructures nationales et régionales, d'optimisation de leur maintenance et de sécurisation de leur gestion à travers des standards communs. Le PEAC est par ailleurs, un dispositif d'implémentation du programme indicatif régional de l'UE, de l'initiative Énergie de la Banque Mondiale et de l'initiative POWER AFRICA du département d'État des USA, dont la majeure partie des programmes respectifs d'assistance technique est consacrée au renforcement des capacités des différentes entités du secteur de l'énergie au sein des États membres de la CEEAC.

Le PEAC poursuit quatre objectifs : 1) sécuriser l'approvisionnement en électricité dans les pays membres, 2) faciliter et coordonner la réalisation des projets d'infrastructures électriques régionales, 3) améliorer l'intégration des marchés nationaux des pays membres en vue de la création d'un marché régional de l'électricité par la mise en place des instruments juridiques et techniques du marché, 4) accroître le taux d'électrification régionale et satisfaire toutes les formes de demandes d'énergie électrique.

I/Une cinquantaine de projets à l'ordre du jour

D'une dizaine de projets lors de la création, le PEAC compte aujourd'hui une cinquantaine de projets qui sont subdivisés en projets intégrateurs prioritaires (PIP) et projets du programme d'électrification transfrontalière (PPET).

Les projets intégrateurs prioritaires (PIP)

1) Développement du site hydroélectrique d'Inga et des lignes associées : projet visant la valorisation de l'immense potentiel d'Inga en vue d'assurer l'alimentation des pays membres de la

CEEAC et d'autres régions de l'Afrique en une énergie fiable, propre et compétitive ;

2) Interconnexion électrique entre Inga (RDC) et Calabar (Nigeria) : établir l'interconnexion électrique entre le PEAC (CEEAC) et l'EEEOA ou WAPP (CEDEAO) ; projet visant la réalisation du marché de l'électricité entre les pays membres de la CEEAC et de la CEDEAO ;

3) Interconnexion Inga-Cabinda-Pointe noire : projet visant la sécurisation de la desserte des villes de la boucle Inga — Moanda — Boma — Cabinda-Pointe Noire — Brazzaville-Kinshasa — Inga. (Boucle énergétique de l'amitié) et la bretelle de la future dorsale du

4) Corridor Maquela Do Zombo — Inga — Cabinda-Pointe Noire — Gabon-Guinée Équatoriale — Cameroun-Tchad ;

5) Centrale hydro-électrique de Chollet, 600 MW et lignes associées vers le Congo, le Cameroun, la RCA et le Gabon : projet de production électrique ayant vocation à être interconnecté avec les réseaux THT du sud du Cameroun, de l'ouest de la RCA (Dimoli) et du nord du Congo.

6) Interconnexion des réseaux électriques Cameroun-Tchad : projet visant l'alimentation de l'Extrême-nord du Cameroun et du Sud — ouest du Tchad. Singulièrement, le projet permettra d'alimenter la ville de N'Djamena et toutes les localités tant au Cameroun qu'au Tchad le long de la ligne 225 kV ;

7) Interconnexion des réseaux électriques du Cameroun, Gabon et de la Guinée Equatoriale : projet visant à augmenter la capacité de production en énergie dans le système électrique interconnecté. Assurer l'échange en énergie entre le Cameroun, le Gabon et la Guinée Equatoriale au travers de l'interconnexion des centrales hydroélectriques de Djibloho (120 MW) en Guinée Equatoriale, Grand Poubara (150 MW) au Gabon et Memve'Ele (211 MW) au Cameroun ;

8) Interconnexion des systèmes électriques du Gabon et Congo (INTGACO (346 km) : alimenter et fiabiliser la fourniture d'énergie électrique au Sud-Est du Gabon et le Centre — Est du Congo ;

9) Étude sur l'interconnexion des réseaux électriques des pays membres de la CEEAC : interconnecter les réseaux électriques des pays de la CEEAC en vue de la création d'un marché régional en Afrique centrale ;

10) Projet d'interconnexion Kolwézi-Bendéra (RDC) pour être en complémentarité avec la ligne 220 kV double ternes Bendéra-Kalémie, Uvira-Kiliba — Bujumbura et Kiliba – Kamanyola : Interconnecter le Burundi, le Rwanda et l'Est de la RDC au reste du réseau ouest de la RDC via Inga et au réseau électrique interconnecté de la CEPGL, afin d'alimenter toute cette zone en une

énergie fiable, propre et bon marché ; assurer l'intégration économique régionale entre la CEEAC et l'EAC ;

11) Renforcement du système électrique Boali-Bangui et interconnexion électrique Bangui — Zongo-Libenge : projet visant à augmenter la capacité en énergie dans le système interconnecté permettant les échanges d'énergie entre Bangui (RCA) et Zongo-Libenge (RDC).

12) Aménagement hydroélectrique de Dimoli, 200 MW et lignes associées : Projet visant à augmenter la capacité de production en énergie électrique dans le système interconnecté du Cameroun, de la RCA et du Congo ;

13) Interconnexion du réseau Nord-Ouest de l'Angola à travers la centrale de Soyo (Angola) à la ligne Inga-Cabinda — Pointe Noire : permettre l'injection de la production de la Centrale thermique à cycle combiné de 700 MW de Soyo en Angola sur l'interconnexion Inga-Cabinda-Pointe Noire et partant sur la dorsale Sud-Nord. Longueur ligne 400 kv Soyo — Noqui-Matadi — Inga : 250 km avec électrification des localités le long de la ligne sur un rayon de 20 km.

Les projets du programme d'électrification transfrontalière (PPET)

Le PEAC compte 15 projets PPET qui ont été amendés par le sous-comité planification, réuni en atelier à Brazzaville en novembre 2022, au cours duquel d'autres projets PPET ont été intégrés à son portefeuille. Certains de ces projets sont en attente de leur réalisation physique.

1) Électrification de 9 villages (RCA) à partir de Mobaye (RDC) : études APD et DAO terminées pour 7 villages. Recrutement de cabinets d'étude pour la réactualisation des études de faisabilité, intégrant les deux villages supplémentaires. Attente de non-objection de la BAD relative à l'analyse des offres techniques jusqu'au mois de décembre 2022.

2) Électrification de Léré, Pala, Ribao, Momboré, Mamboroua et Binder (Tchad) à partir de Guider (Cameroun) : études APD et DAO terminés : recherche de financement pour la réalisation des ouvrages.

3) Électrification de Divénié (Congo) à partir de Malinga (Gabon) : études APD et DAO terminées, recherche de financement pour réalisation des ouvrages.

4) Électrification de Bambama (Congo) à partir de Boumango (Gabon) : études APD et DDAO en cours par le consultant CIMA int. sur financement de la BAD.

5) Électrification de Datcheka, Fianga et Gounougaya (Tchad) à partir de Doukoula (Cameroun) : recherche de financement pour études.

6) Électrification des provinces du Sud Cameroun, de Woleu Ntem (Gabon) Kye Ntem (Guinée Equatoriale) : recherche de financement pour études.

7) Electrification de Bolobo (RDC) à partir Makotipoko (Congo) : recherche de financement pour études.

8) Électrification de Kwamouth (RDC) à partir de Ngabé (Congo) : recherche de financement pour études.

9) Électrification de Béloko en RCA à partir de Garoua Boulaï : financement des études par la BAD.

10) Interconnexion des réseaux électriques du Gabon et de la Guinée Equatoriale (Réaménagement du PIP N° 14) : alimenter Bitam au Gabon à partir d'Ebibeyin en Guinée Équatoriale.

11) Interconnexion des réseaux électriques du Gabon et de la Guinée Equatoriale (réaménagement du PIP N° 14) : alimenter Medouneu au Gabon à partir d'Acurenam en Guinée Équatoriale.

12) Construction d'une boucle nationale de 225 kV dimensionnée à 400 kV, d'une longueur de 2405 Km et une capacité de 500 MW pour interconnecter les villes du Tchad aux autres pays voisins (Cameroun — RCA-Nigeria) : recherche de financement pour études.

13) Construction de 2 lignes 15 kV Rubavu-Poids lourd, Mururu 1 – Bukavu et la reprise des réseaux des distributions basse tension : recherche de financement pour études.

II/Un état d'avancement largement en deçà des attentes

L'examen fait de l'option des projets prioritaires retenus par les deux principaux regroupements de l'Afrique centrale fait ressortir un certain nombre d'observations. Premièrement, cette option est salutaire pour l'intégration et le développement en Afrique centrale parce qu'elle évite d'embrasser tous les objectifs généraux consignés dans les textes constitutifs de ces organisations à la fois. En partant des projets précis et limités, l'on est dans une démarche fonctionnaliste qui suggère que l'on assigne aux institutions d'intégration, des fonctions spécifiques. Autrement dit : qu'elles remplissent des missions clairement définies en lieu et place d'une démarche plus généraliste tendant à embrasser tous les problèmes à la fois. Pour Mitrany qui est le précurseur de cette approche, la multiplicité et la complexité des besoins des sociétés modernes rend incontournable, la mise sur pied de coordinations interétatiques à caractère fonctionnel, dans le cadre d'organisations internationales à caractère technique sans influence politique. La multiplicité et la complexité des besoins des sociétés modernes rendent incontournable la mise sur pied des coordinations interétatiques à caractère fonctionnel dans le cadre d'organisations internationales à caractère technique sans influence politique. Si l'influence politique demeure et reste même dominante, le premier mérite des projets prioritaires est de rendre effective l'intégration dans cette zone pragmatique et axée sur les problèmes concrets et sectoriels qui dans la vie moderne, ne peuvent être résolus par un seul pays parce que les solutions sont coûteuses et parce plusieurs pays sont touchés par les mêmes préoccupations.

Deuxièmement, l'option des projets prioritaires est pertinente au plan théorique. Elle peut être source de *spill over* ou effet d'entrainement. La CEMAC en commençant par les politiques budgétaires, les politiques monétaires, le système financier et les réformes structurelles a bien à l'esprit que les résultats engrangés dans ces domaines peuvent entraîner d'autres résultats dans d'autres domaines de l'intégration. Les réformes sur les politiques budgétaires, en essayant de renforcer la politique fiscale des Etats, la rationalisation de leur gestion financière, la rationalisation et l'amélioration de la qualité et de l'efficacité de la dépense publique, l'harmonisation des règles budgétaires et l'amélioration de la coordination des politiques budgétaires espèrent les rendre les plus solvables, tant vis-à-vis des bailleurs de fonds internationaux et surtout vis-à-vis des instances communautaires. Ces politiques et réformes permettent d'améliorer leur croissance économique, de stabiliser leurs économies, d'améliorer leur intégration financière et régionale et de renforcer leur accès au financement international. Des États solvables pourraient alors aisément honorer leurs contributions pour la réalisation des infrastructures diverses (routières, énergétiques). Ce qui entraînera ainsi une intégration dans ces domaines, et surtout favorisera l'objectif ultime qui est la libre circulation des personnes, des biens et des capitaux. Il s'agit de commencer par un secteur modeste, économique ou social qui déclenchera un engrenage dans d'autres secteurs qui à leur tour entraîneront une intégration, ainsi de suite. La plupart des théoriciens de l'intégration suggèrent que celle-ci devrait être d'abord économique ou sociale avant de prétendre progresser de façon incrémentale et automatique vers d'autres secteurs, et aboutir éventuellement à une fédération qui n'est bien sûr pas une option envisagée par les dirigeants d'Afrique centrale. Au sein de l'Union européenne qui est l'espace actuellement le plus intégré au monde, ce fut le cas durant les cinquante années d'existence de la CECA où tout a commencé par une mise en commun des efforts dans le domaine du charbon et de l'acier. Rien n'avait dès le début été dit sur les aspects politiques de l'intégration. Ce n'est qu'au fil des années que ces aspects politiques ont été mis sous agenda, aboutissant progressivement à l'union politique et économique que l'on a aujourd'hui, appuyée par un certain nombre de traités communautaires : l'acte unique européen, le Traité de Maastricht, le Traité d'Amsterdam, le Traité de Nice, etc.

Troisièmement, l'option des projets prioritaires est adéquate parce qu'elle inscrit l'intégration en Afrique centrale dans un processus d'apprentissage permanent. Chez les néo-fonctionnalistes (Philippe Schmitter), l'intégration régionale est un processus évoluant par boucles rétroactives où les dirigeants se fixent des objectifs à atteindre en commun, grâce à des institutions régionales et prennent des décisions qui peuvent aboutir à des effets inespérés, et les amener aussi à réviser les objectifs initiaux. L'apprentissage suppose un ajustement constant du domaine d'intervention des institutions régionales et le niveau de leur capacité décisionnelle. C'est ce que l'on peut observer tant du côté de la CEMAC que de celui de la CEEAC. Ayant constaté une mise en œuvre insatisfaisante du PER dans sa phase 1 (2010-2015), les chefs d'État de la CEMAC ont décidé dans le cadre de la phase 2 (2017-2021) de se focaliser sur un portefeuille limité et réaliste de projets phares susceptibles d'accélérer l'intégration physique et commerciale de la sous-région. De là, l'on est passé aux projets intégrateurs dont le PREF est en charge de la mise en œuvre. L'on avait déjà relevé plus haut que, suite aux difficultés de mise en œuvre des projets programmés dans la première phase du PER, la deuxième phase du PREF recentre l'effort communautaire sur 13 projets phares, dont huit contribuent au renforcement de l'intégration physique dans la CEMAC via le développement des infrastructures de transport (routières, ferroviaires et maritimes), numérique et énergétique. Autrement dit, un premier cycle de projets avait été élaboré comptant onze projets intégrateurs présentés à la table ronde des bailleurs de fonds, organisée à Paris en novembre 2020, et un deuxième cycle de projets au nombre de douze portant sur les quatre domaines que sont : les infrastructures de transport, les infrastructures de télécommunications, les aménagements hydroélectriques et les infrastructures universitaires. Les réformes conduites par le PREF ont également évolué dans une sorte de boucle de rétroaction, dans une perspective d'apprentissage permanent. Il y a eu une première phase renvoyant à un certain nombre d'actions définies dans la matrice élaborée pour la période 2017-2020, déclinées en un certain nombre d'actions ayant eu un impact plus ou moins satisfaisant sur le redressement des économies de la CEMAC, et une seconde matrice dite « matrice révisée » adoptée en 2021. Celle-ci ambitionne de mettre résolument en œuvre les actions et réformes prioritaires prescrites par les autorités de la sous-région.

Dans le domaine des politiques budgétaires, principal pilier d'ajustement dans les unions monétaires à régime de change fixe, d'importantes avancées ont été enregistrées depuis 2016 par les États dans le cadre de la mise en œuvre du PREF-CEMAC, favorisant ainsi une évolution progressive et globalement satisfaisante des positions budgétaires de la sous-région. Cependant, il a été relevé que la structuration de l'assainissement budgétaire a été principalement dominée par la réduction des investissements publics, posant ainsi avec acuité la problématique de la qualité de l'ajustement budgétaire. Les fragiles équilibres ainsi recouvrés ont été à nouveau mis à l'épreuve par le double choc de la pandémie de la COVID-19, et de la baisse des cours du pétrole brut de sorte que depuis le début de l'année 2020, les autorités de la sous-région ont observé que les difficultés budgétaires se sont exacerbées par l'augmentation et le niveau relativement incompressible de certaines catégories de dépenses rigides à la baisse, en raison des efforts conséquents de lutte contre cette crise sanitaire déployés par les États. Ces difficultés sont aussi amplifiées par la baisse drastique des recettes internes affectées par le faible niveau des cours du pétrole, les mesures exceptionnelles d'accompagnement des entreprises en difficulté prises par les pouvoirs publics et la morosité de la croissance économique mondiale et sous régionale. La persistance de la vulnérabilité aux chocs des États de la sous-région a montré que les mesures du PREF 1 (2017-2021) ont été limitées et ont nécessité leur poursuite et surtout leur renforcement dans le cadre de la phase II du PREF (2021-2025)[193].

[193]PREF CEMAC, 2021, *Document cadre révisé du programme des réformes économiques et financières (PREF) phase 2 : 2021-2025*, pp. 9 et s.

Chapitre 6
La rationalisation des CER en Afrique centrale

Face à la multi-appartenance contre-productive des États dans les différents regroupements régionaux en Afrique, la solution appropriée et durable retenue par les organes de l'UA a été d'examiner la configuration des CER considérées comme locomotive, voire piliers de l'intégration continentale. La CUA a ainsi enclenché en partenariat avec la commission économique pour l'Afrique (CEA-ONU), cette opération consistant à identifier tous les scénarios possibles ou envisageables de configuration. Une démarche qui a consisté à proposer aux organes de décision de l'UA, la configuration la plus optimale pour l'accomplissement des objectifs de l'intégration en Afrique.

La rationalisation est définie par la CEA comme le processus consistant « à s'attaquer à la fragmentation des espaces régionaux, aux institutions qui se recouvrent partiellement, à la duplication des efforts, à la dispersion des ressources, et aux querelles de légitimité découlant des multiples traités des CER et des communautés économiques sous-régionales »[194]. Il s'agit pour elle de « s'attaquer aux contraintes considérables affectant la capacité des CER à générer et à canaliser un effort collectif durable dans le sens de l'intégration de l'Afrique »[195]. Elle distingue plusieurs schémas de rationalisations (rationalisation par fusion et par absorption, rationalisation autour des communautés enracinées, rationalisation à travers la répartition des tâches et rationalisation par l'harmonisation et la coordination).

Pour comprendre les dynamiques en cours de la rationalisation en Afrique centrale, il faut ainsi remonter aux sources, et deux principales d'entre elles peuvent être identifiées : l'une est une impulsion continentale (Section 1), et l'autre est la mise en application de cette recommandation continentale au niveau de la région Afrique centrale (Section 2).

Section 1 : Les fondements de la rationalisation des CER en Afrique centrale

L'impulsion continentale en vue de la rationalisation des CER sur l'ensemble de l'Afrique est basée sur une décision de la conférence des chefs d'État et de gouvernement prise en 2006 à Banjul sous forme de moratoire (I), elle-même s'appuyant sur le diagnostic réalisé par la CEA quelque temps avant, lequel propose différentes approches de cette rationalisation (II).

---

[194] CEA, 2006, *Etat de l'intégration régionale Afrique II : Rationalisation des communautés économiques régionales.*

[195] *Ibid.*

I/Le moratoire de Banjul de 2006

C'est en début du mois de juillet 2006 à Banjul en Gambie que la Conférence des chefs d'État et de gouvernement de l'UA (CCEG/UA), lors de sa septième session ordinaire, prend note des recommandations de la première conférence des ministres africains de l'intégration tenue les 30 et 31 mars 2006 à Ouagadougou, au Burkina Faso, sur la rationalisation des CER, et décide de suspendre jusqu'à nouvel ordre la reconnaissance des nouvelles CER en dehors des huit déjà reconnues. Une décision qui signifie que l'Afrique avait déjà atteint un trop plein de CER qui, en plus ne produisaient pas les résultats escomptés dans le domaine de l'intégration. Il faut dire que l'objectif de toute intégration régionale est de mutualiser les efforts des différentes parties prenantes afin d'atteindre des résultats optimaux, et de réduire les pertes que peut engendrer une action individuelle. Pour Jean-Paul Martin et Henri Nonn, la notion d'intégration régionale signifie « l'ensemble des modalités par lesquelles des unités spatiales différenciées contribuent à l'unité du tout régional, s'adaptent à celui-ci en se soumettant à certaines des conditions de son fonctionnement, en s'ajustant entre elles pour affaiblir tensions et conflits »[196]. Il s'agit d'un « enchaînement de divers mécanismes d'adaptation qui permettent aux composants de la structure régionale de s'ajuster entre eux dans le sens d'un renforcement des solidarités internes et d'un plus grand degré d'unité du tout régional exprimé dans son fonctionnement ressenti comme réel par ses habitants »[197].

Loin d'abolir les tensions et les conflits, de renforcer les solidarités internes, et d'aboutir à un grand degré d'unité du tout régional comme le prévoient les théoriciens de l'intégration, les CER en Afrique, en se multipliant à l'infini devenaient une source de conflits ou n'arrivaient plus à résoudre les conflits entre États, ne disposaient plus suffisamment de moyens pour assurer leur solidarité interne, et par conséquent ne pouvaient évidement plus atteindre l'unité régionale désirée par les États et les peuples. Alors que chaque région de l'Afrique dispose de plusieurs CER, l'on peut aisément constater que toutes ces régions sont habitées par des conflits soit à l'intérieur des États, soit entre États sans que ceux-ci ne puissent être prévenus ou résolus. Nombreuses sont ces CER qui se sont justement donné des missions dans le domaine de la prévention, la gestion et la résolution des conflits à côté de leurs missions fondamentales basées sur l'intégration économique. Leur multiplication, en entraînant la dilution des moyens et la dispersion des efforts des États, cause par ce fait même l'incapacité à résoudre les problèmes cruciaux pour lesquelles elles sont créées.

---

[196] Martin J P et Nonn H, 1980, « La notion d'intégration », *Travaux de l'Institut de géographie de Reims*, p. 35.

[197] *Ibid.*

Que l'on soit au nord de l'Afrique, en Afrique de l'Ouest, en Afrique de l'Est, en Afrique centrale et en Afrique australe, la présence des conflits et leur aggravation attestent de l'incapacité des CER à apporter les solutions nécessaires à leur prévention et résolution. Par ce fait, la décision de suspension prise par l'UA en 2006 est en cohérence avec la réalité des faits, et peut avoir pour effet de recentrer les efforts des États africains tout en mutualisant les faibles moyens disponibles. Cette suspension de la reconnaissance des nouvelles CER en Afrique intervient d'ailleurs à une période justement où l'UA est considérée par de nombreux observateurs comme un « rêve brisé », en raison de son incapacité à trouver des solutions définitives aux crises et conflits en Somalie, au Darfour, au Tchad ou en République Démocratique du Congo. Pour la seule période allant de 2001 à 2002, le continent africain qui pour 10 % de l'humanité n'avait généré que 1 % du produit mondial brut. Il regroupait à lui seul près de la moitié des 34 conflits locaux recensés par les polémologues. La faiblesse de l'Etat, la privatisation de la guerre, l'ethnisme, les conflictualités religieuses et autres intérêts économiques divergents s'y combinaient pour en faire un théâtre durablement crisogène. La tendance de ces dernières années est à la baisse et l'UA ne cesse de fournir des efforts pour qu'émerge et subsiste en Afrique un espace politique durablement pacifié.

Conformément à la feuille de route principale de 2017 sur les mesures pratiques pour « Faire taire les armes en Afrique d'ici 2020 », la commission s'est efforcée à impliquer les États membres, le CPS, les CER/MR, les Nations unies, les OSC et le secteur privé, pour s'attaquer aux causes profondes des conflits et favoriser des conditions propices au développement socio-économique en Afrique. L'adoption en février 2019 de la Résolution 2457 du Conseil de sécurité des Nations unies sur « Faire taire les armes » a donné une impulsion à la mobilisation des institutions des Nations unies et d'autres partenaires, pour coordonner les efforts visant à soutenir la mise en œuvre de cette feuille de route. Les initiatives prises se sont concentrées sur l'ensemble du continuum de l'APSA, de l'anticipation et de la prévention, la gestion et le règlement des conflits, à la stabilisation, la reconstruction et le développement post-conflit. Des efforts concertés sont également déployés pour renforcer le rôle des femmes et des jeunes dans la consolidation de la paix. L'une des promesses de la rationalisation des CER est alors la réduction du nombre de conflits régionaux, car, des communautés économiques régionales rationalisées regroupant un grand nombre de pays socialement et économiquement intégrés rendraient les conflits encore plus coûteux et favoriseraient les solutions pacifiques. C'est du moins l'une des conclusions du diagnostic fait par la CEA.

II/Le diagnostic de la CEA

La décision de l'UA de suspendre la reconnaissance de nouvelles CER s'est appuyée sur le deuxième rapport sur l'état de l'intégration régionale en Afrique réalisée par la CEA en 2006, sous l'égide du premier président de la

CUA, le Malien Alpha Omar Konaré. Dans ce document de près de deux cents pages, l'instance onusienne examine un certain nombre de points saillants, à l'instar des accélérateurs de l'intégration régionale au service du développement de l'Afrique, les institutions et l'intégration régionale en Afrique, l'inefficience et l'inefficacité des CER justifiant deux bonnes raisons de les rationaliser, l'inertie et l'absence de consensus au niveau national, la coordination défaillante à l'échelle continentale, la définition du cadre de rationalisation, et le renforcement de la rationalisation.

Ces différents points constituent une sorte de diagnostic de changement fait par la CEA et suscitant la décision de la rationalisation. En matière de *change management*, cette phase de diagnostic est très importante. C'est un cadrage qui permet non seulement de dresser un état des lieux en matière de conduite du changement, mais également de choisir les leviers les plus appropriés ainsi que leur modalité de réalisation. C'est au travers du contenu du diagnostic que l'on est en mesure de déterminer quels sont les besoins d'un projet en conduite de changement. Il nous permet d'éviter de déployer des actions contraires aux finalités et de gaspiller du temps et de l'argent[198].

Le diagnostic fait par la CEA laisse notamment apparaître cette inefficience et l'inefficacité des CER justifiant deux bonnes raisons de les rationaliser. Alors que les CER qui couvrent les cinq régions que reconnait le traité d'Abuja devraient jouer le rôle de pôles fédérateurs du futur marché continental, leur inefficience et inefficacité sont révélées à partir d'un certain nombre de facteurs que sont : la difficulté d'intégrer plus de 50 pays à la fois, la diversité des situations économiques et politiques et des écosystèmes qui justifie l'approche régionale, et l'antériorité juridique et opérationnelle de plusieurs institutions régionales et sous-régionales en relation avec la Communauté économique africaine. Pour la CEA, la multiplication du nombre d'acteurs est devenue problématique. Au lieu de cinq CER, il en existe quatorze. Chaque région compte entre trois et quatre organisations en moyenne. En Afrique de l'Ouest, la CEDEAO coexiste avec l'Union économique et monétaire ouest-africaine (UEMOA), l'Union du fleuve Mano et la Communauté des États sahélo-sahariens (CEN-SAD). En Afrique centrale, la Communauté économique des États d'Afrique centrale (CEEAC) côtoie la communauté économique et monétaire d'Afrique centrale (CEMAC) et la Communauté économique des pays des Grands Lacs (CEPGL).

En Afrique australe, la communauté de développement d'Afrique australe (SADC), l'Union douanière d'Afrique australe et la commission de l'Océan indien (COI) partagent l'espace avec le marché commun de l'Afrique de l'Est et de l'Afrique australe (COMESA). Il couvre également l'Afrique de l'Est et certaines parties de l'Afrique du Nord et de l'Afrique centrale.

198 Auttissier D et Moutot J M, 2016, *Méthode de conduite du changement. Diagnostic, accompagnement, performance*, 4e édition, Dunod, Paris.

Chaque communauté a pour mission de réaliser l'intégration économique de ses pays membres. Elle rejoint donc les objectifs des autres communautés dans lesquelles sont également impliqués les mêmes États. Cette situation pose en plus les problèmes du morcellement des espaces régionaux, du dédoublement des institutions, de la déperdition des efforts et des ressources, et des conflits de légitimité nés de la multitude des traités.

La solution de la CEA est donc à la rationalisation. Elle la définit comme une progression avec les formes fortes et les formes faibles comme points terminaux. La forme forte de rationalisation concerne l'absorption et la fusion des CER existantes, pour les adapter aux cinq communautés régionales prévues par le traité d'Abuja. La forme faible consiste à laisser les CER en l'état, tout en harmonisant leurs programmes. Pour cela, chaque organisation en charge de la coopération et de l'intégration doit garder ses mandats et ses objectifs tout en normalisant les stratégies, les programmes, les projets sectoriels et les instruments de coopération.

Les effets positifs de la rationalisation des CER seraient selon la CEA nombreux. Au nombre de ceux-ci, elle identifie :

1) *Le renforcement des CER* à travers l'élimination des fonctions redondantes et l'orientation des ressources vers l'intégration du continent, en mettant fin aux adhésions multiples ;

2) *Le renforcement des échanges entre les pays membres et les pays en dehors de la région.* Des blocs commerciaux plus larges offrent davantage d'opportunités d'échanges, et des marchés élargis favorisent la concurrence ;

3) *Les économies d'échelle.* Certaines CER composées de petits pays africains sont trop petites pour réaliser les importantes économies d'échelle nécessaires pour améliorer l'efficacité. Des CER rationalisées seraient en mesure de dépasser cet inconvénient en mettant en commun leurs ressources et en intégrant les marchés ;

4) *Le renforcement du pouvoir de négociations.* Grâce à la rationalisation, l'Afrique sera en meilleure posture dans les négociations internationales ;

5) *Des gains de bien-être.* Les ressources économisées par la création de nouveaux courants d'échanges se traduiront par des gains en matière de bien-être. Des communautés économiques régionales rationalisées et débarrassées des barrières commerciales dotées d'accords de libre-échange enregistreront un maximum de gains en matière de bien-être ;

6) *L'amélioration de la productivité.* La rationalisation renforcera la concurrence entre les entreprises, ce qui permettra d'éliminer les déficiences internes. Une efficacité accrue aura pour effet d'augmenter la productivité des travailleurs et, partant, la productivité générale ;

7) *L'augmentation des salaires.* La rationalisation aura aussi pour effet de réduire le coût des transactions des biens exportables et non exportables, en orientant l'offre et la demande vers les produits exportables. Étant donné qu'en Afrique, les biens exportables nécessitent une main-d'œuvre

abondante, l'accroissement de la demande aurait pour effet d'augmenter les salaires en dépit de l'abondance de la main-d'œuvre ;

8) *La crédibilité des politiques.* Des CER rationalisées couvrant des marchés plus larges auront l'avantage d'avoir une politique fixe étant donné que les politiques « anti-investissement » ou le laxisme budgétaire deviennent coûteux, en raison de la concurrence pour les investissements. La rationalisation permettrait également de renforcer la crédibilité des promesses concernant les bonnes politiques ;

9) *Une meilleure disponibilité des biens collectifs.* Les pays membres des CER rationalisées bénéficieront d'une amélioration considérable de la qualité et de la quantité des biens collectifs disponibles au niveau régional, notamment l'éducation et l'infrastructure ;

10) *Une réduction du nombre des conflits régionaux.* Des communautés économiques régionales rationalisées regroupant un grand nombre de pays socialement et économiquement intégrés rendraient les conflits encore plus coûteux et favoriseraient les solutions pacifiques.

De ce qui précède, l'on observe que la plupart des effets identifiés par la CEA sont d'ordre économique. Ceci confirme l'option retenue par l'intégration africaine de mettre la priorité les échanges économiques et non l'unification politique. Toutefois, les aspects politiques et sécuritaires ont également été pris en compte dont le renforcement du pouvoir de négociation des États si important dans un contexte de mondialisation où seuls les grands rassemblements peuvent rivaliser les grandes puissances lors de la prise de décision sur les grands enjeux mondiaux.

Pour pouvoir réaliser ces différents effets, la CEA avait proposé une première et une deuxième phase de rationalisation dont les fortunes ont été diverses. La première proposition porte sur l'unification des cadres institutionnels. Elle s'est étalée entre 1983 et 1994. Elle a été marquée par plusieurs tentatives de regroupement des communautés économiques régionales et des organisations intergouvernementales qui y sont directement ou indirectement liées dans chaque région. L'Afrique de l'Ouest fut le premier site d'expérimentation de cette phase où trois communautés économiques et 30 autres organisations intergouvernementales coexistent. La proposition de la CEA était de retenir la CEDEAO comme seule CER pour la région, et de transformer toutes les autres organisations en institutions spécialisées. Il s'agissait d'une absorption/fusion des différentes organisations dans le cadre institutionnel de la CEDEAO. Cela supposait d'absorber des institutions technicistes comme l'Organisation commune de lutte antiacridienne et de lutte anti-aviaire (OCLALAV) qui mène des campagnes antiacridiennes et anti-aviaires, l'Union monétaire ouest-africaine qui gère le franc CFA, l'Association pour le développement de la riziculture en Afrique de l'Ouest (ARDA) qui développe la culture du riz, l'Organisation de coordination et de coopération pour la lutte contre les grandes endémies (OCCGE) en Afrique qui s'occupe des grandes endémies, et l'Agence pour la sécurité de la navigation aérienne en Afrique et à Madagascar (ASECNA) qui s'occupe de l'aviation civile. Selon la CEA, toutes ces organisations auraient bien pu coexister dans un même espace régional. Mais, cette proposition a été rejetée par les instances ouest-africaines qui ont maintenu toutes les structures et organisations existantes.

La proposition faite en Afrique de l'Ouest sur l'unification des cadres institutionnels a également été faite en Afrique centrale autour de la CEEAC qui devait absorber progressivement les autres organisations intergouvernementales de la région, à l'instar de la CEMAC et de la CEPGL et de toutes les autres organisations techniques existantes. À défaut de cela, il fallait procéder à un allègement de la structure de la CEEAC, en déléguant l'essentiel de ses programmes et projets à l'UDEAC/CEMAC et à la CEPGL. D'une part, il s'agissait d'une forme forte de rationalisation, et d'autre part, une forme faible. Ni l'une, ni l'autre n'a pu être atteinte à ce jour. Les stratégies, politiques et programmes des organisations intergouvernementales existantes des deux régions ont peut-être été révisés, mais la rationalisation autour d'une communauté régionale unique a échoué.

Au plan théorique, l'unification des cadres institutionnels avec absorption des institutions spécialisées répond au schéma néo-fonctionnaliste qui est une conception révisée du fonctionnalisme et l'intégration, née à partir de deux ouvrages parus à la fin des années 1950 et traitant de l'intégration européenne : « The Uniting of Europe » d'(Haas E, 1958), et « The Political Dynamics of European Economic Integration » de Leon Lindberg (1963). Tout en reconnaissant la pertinence des analyses fonctionnalistes de David Mitrany, ces deux auteurs viennent réhabiliter les autorités politiques là où le politologue britannique les avait disqualifiées, tout en intégrant les fonctions technicistes et les fonctions politiques dans une même organisation d'intégration. Pour eux, le mouvement d'intégration européenne procède d'une dynamique combinant des déterminants fonctionnels et sociopolitiques[199]. C'est dans cette logique qu'avait été créé au sein de la CECA, une haute autorité pour coordonner les productions de charbon et d'acier de la France, la RFA, l'Italie et des pays du BENELUX. La CECA elle-même était surveillée par des organes représentant les gouvernements nationaux, des députés et un pouvoir judiciaire indépendant. La haute autorité était l'organe exécutif, collégial et supranational de la CECA. Ses décisions avaient une valeur contraignante pour les pays membres. Composée de neuf membres, huit étaient des hommes politiques et des industriels nommés par consensus par les États membres. Le dernier était copté.

Le néo-fonctionnalisme proposé par la CEA comme première approche de la rationalisation n'a pu être enraciné, ni en Afrique de l'ouest, ni en Afrique centrale où les États ont choisi de maintenir les nombreuses

---

[199] De Senarclens et Arifin, 2006, *op, cit.*, p. 171.

institutions spécialisés/fonctionnalistes à l'écart des organisations généralistes à dominante politique. Cet échec rejoint l'avis émis par certains auteurs sur ce modèle d'intégration qui ne saurait s'appliquer à aucun autre exemple d'intégration en dehors de l'Europe. C'est le point de vue de Giendomenico Majone qui, analysant l'approche théorique des politiques européennes, soutient que : les grandes théories néo-fonctionnalistes ont non seulement échoué dans leurs tentatives de prédiction du cours de l'intégration européenne dans les années 1960 et 1970, mais aussi, dans leurs tentatives d'expliquer l'intégration dans d'autres parties du monde. Aucun autre exemple d'intégration (même l'ALENA) ne serait comparable, même approximativement, au modèle européen[200].

Face à l'échec de l'unification des cadres institutionnels autour d'une CER unique, la CEA a proposé entre 1995-2002, une deuxième approche portant sur l'unification des domaines de chevauchement. Cette approche était fondée sur un ordre de priorité, des principes directeurs en matière d'efficacité et des approches moins rigides de la rationalisation des organisations intergouvernementales. Il s'agissait de recentrer les débats sur des domaines où les chevauchements étaient évidents, notamment dans le cas des communautés économiques régionales où les systèmes de marché étaient devenus exclusifs, quand ils n'étaient pas identiques. En effet, quand un pays donné choisit un régime, les autres sont systématiquement exclus, car, chaque régime a ses propres instruments, notamment les règles d'origine, les taux des tarifs préférentiels, les modèles de déclaration en douane et la nomenclature tarifaire et statistique. L'harmonisation des règles du marché dans chaque région semblait donc la première priorité pour éliminer les principaux blocages découlant du chevauchement des mandats des institutions et rétablir, de fait, les principales communautés économiques régionales que sont : la CEEAC, la CEDEAO et le COMESA, avec leurs missions et leurs mandats originels.

Tout ce qui précède révèle une fois de plus le choix d'une intégration à dominante économique. Historiquement, l'intégration basée sur les effets économiques est l'approche jadis prônée par le « Groupe de Monrovia » durant la période des indépendances appelée également « approche par étapes successives ». Cette approche a pour origine les travaux et discours du groupe dit de « *Monrovia* » dont la première rencontre remonte à mai 1961, dans la capitale libérienne. Cette rencontre a fait émerger un certain nombre d'idées relatives à une forme d'intégration différente de celle prônée par le groupe de Casablanca, et reprises par de nombreux leaders de l'Afrique contemporaine. Les membres de ce groupe étaient appelés des « modérés libéraux capitalistes » par opposition à ceux de Casablanca, considérés comme « révolutionnaires marxistes ». Entre autres leaders du groupe de

200 Majone G, 1996, « Une approche théorique des politiques européennes », *Revue française de science politique*, Vol.46, n°1, p. 119.

Monrovia, on retrouvait le poète et ancien président sénégalais Léopold Sédar Senghor, ou le chef d'État ivoirien Félix Houphouët-Boigny. Les idées des leaders de Monrovia tournaient autour des aspects suivants : (a) la création d'une Banque africaine de développement ; (b) le développement du commerce entre les pays d'Afrique par des unions douanières régionales ; (c) l'établissement progressif de tarifs extérieurs communs ; (d) l'harmonisation des politiques de développement y compris les codes et conventions d'investissement ; (e) la création d'un fonds d'investissement et de garantie ; (f) l'échange d'information et la coordination des programmes de recherche[201]. Alors que pour le groupe de « Casablanca », l'unité politique était le préalable à l'intégration économique, le groupe de « Monrovia » mettait un accent sur l'intégration économique par étapes successives.

Section 2 : La mise en œuvre et le contenu de la rationalisation des CER en Afrique centrale

Dans leur volonté de mettre en œuvre les recommandations faites au niveau continental par l'UA relatives à la rationalisation des CER, les dirigeants de la région Afrique centrale ont tôt fait de réagir dès 2007, en faisant une déclaration conjointe de mise en place du COPIL CER/AF (I). Toutefois, huit années se sont écoulées pour qu'une décision conjointe soit prise pour la création effective, l'organisation et le fonctionnement de ce COPIL et sept ans ont été nécessaires pour que le traité de fusion soit validé par le Conseil des ministres des deux CER (II).

I/La mise en place conjointe du COPIL CER/AC

C'est le 30 octobre 2007 à Brazzaville que les dirigeants de l'Afrique centrale ont manifesté leur volonté à mettre en application, les recommandations de l'UA relatives à la rationalisation des CER. Ils se sont appuyés sur l'idée historique selon laquelle, l'intégration des économies africaines constitue l'un des moyens les plus efficaces pour accélérer le développement du continent, afin de mieux tirer profit de la mondialisation. Pour cela, la réussite du processus d'intégration au niveau des CER permettra, selon eux, la mise en place de la communauté économique africaine conformément au Traité d'Abuja (1991) et à l'Acte constitutif de l'UA (2000). L'existence dans l'espace Afrique centrale de plusieurs institutions d'intégration régionale, notamment la CEEAC et la CEMAC, lesquelles poursuivent les mêmes objectifs tout en entraînant le chevauchement des actions, la duplication des efforts, notamment financiers, oblige alors de passer à une nécessaire rationalisation en vue d'accélérer le processus d'intégration. Suivant les recommandations de l'UA qui privilégie la rationalisation par l'harmonisation et la coordination des politiques, programmes et instruments d'intégration, les chefs d'État et de

[201]K. Nkrumah, (1994), *L'Afrique doit s'unir*, Présence africaine, pp. 173-174.

gouvernement de la CEEAC avaient invité les présidents en exercice des deux CER à mettre en place conjointement, un comité de pilotage comprenant l'UA, la CEA et la BAD, en vue de l'élaboration d'une feuille de route définissant les actions d'harmonisation des politiques, des programmes et instruments d'intégration de deux communautés, pour aboutir à terme à une seule CER dans la région de l'Afrique centrale.

De la déclaration du 30 octobre 2007, l'on peut tirer plusieurs leçons. Premièrement, les dirigeants de la région Afrique centrale entendent suivre la ligne de rationalisation choisie par l'UA. Elle qui privilégie l'harmonisation et la coordination des politiques, programmes et instruments d'intégration. Ceci revient à la deuxième approche proposée par la CEA entre 1995-2002, portant sur l'unification des domaines de chevauchement et qui était fondée sur un ordre de priorité, des principes directeurs en matière d'efficacité et des approches moins rigides de rationalisation des organisations intergouvernementales. Cette approche a été adoptée après l'abandon de l'approche par unification des cadres institutionnels. Deuxièmement, les dirigeants de la région Afrique centrale ont alors donné mandat au comité de pilotage d'élaborer une feuille de route définissant ces actions d'harmonisation des politiques, des programmes et instruments d'intégration des deux communautés, toujours en suivant l'option retenue par l'UA et la CEA. Troisièmement, l'idée d'aboutir à une seule CER n'est alors envisageable qu'« à terme ». Autrement dit, l'unification des cadres institutionnels ne doit intervenir qu'au terme du processus de rationalisation. C'est la finalité et non le début de la rationalisation, car la locution adverbiale « à terme » signifie « dans un futur indéterminé, mais immanquablement ». Il s'agit d'une échéance assez éloignée dans le temps. La fusion pour une seule CER est alors considérée comme la fin du voyage de l'intégration en Afrique centrale.

Deux ans après, lors de la 14e session ordinaire de leur Conférence tenue en octobre 2009 à Kinshasa (RDC), les chefs d'État et de gouvernement se sont félicités de la tenue d'une rencontre à Bangui entre les présidents en exercice de la CEEAC et de la CEMAC, et de la mise en place prochaine du comité de pilotage dont elle confie la présidence à la République du Cameroun.

La confiance faite au Cameroun est une preuve de son leadership dans la région Afrique centrale, démarche savamment construite au sommet de l'État camerounais. Pour de nombreux observateurs, le président camerounais, son Excellence M. Paul Biya, tout en privilégiant le niveau systémique de la politique internationale, concentre ses efforts au niveau de l'intégration sous-régionale, soit dans le cadre de la CEMAC, soit au sein de la CEEAC. Sur cette perspective régionale, la proactivité de l'État camerounais est particulièrement saluée, notamment depuis l'avènement de la pandémie de la covid-19, et les efforts d'ajustement et de résilience qu'elle a exigés de la part des États de la région. Au nombre d'initiatives prises par le président Paul Biya, en qualité de président en exercice de la communauté, il y a l'organisation en août 2021 d'un sommet extraordinaire de la CEMAC qui a permis aux pays de la zone d'ajuster leurs stratégies pour la relance post-Covid à travers 24 engagements. Le thème de la rencontre portait sur l'évaluation de la situation macro-économique de la CEMAC en contexte de Covid-19, et analyse des mesures de redressement. À travers le diagnostic posé par le président camerounais à l'ouverture des travaux, l'on a ressenti l'urgence d'une remobilisation de la sous-région pour faire face aux conséquences économiques de la pandémie à coronavirus. L'occasion a été pour Paul Biya d'attirer l'attention de ses pairs sur « le retour brutal » de l'extrême pauvreté et les vulnérabilités dans la sous-région Afrique centrale, d'une part, et la difficulté d'atteindre les objectifs de développement durable en 2030, d'autre part.

La réussite du processus de rationalisation n'est cependant pas acquise, la rencontre de Yaoundé ayant révélé que beaucoup de ministres représentant les différents États de la région ne veulent pas de la rationalisation, tout au moins sous la forme de l'absorption d'une CER par une autre. Il reviendra alors aux chefs d'État de prendre leurs responsabilités. Mais globalement, au sein de la sous-région Afrique centrale en général, et au sein de la CEMAC en particulier, l'engagement du président camerounais est assez constant, et repose sur des préoccupations globalement économiques. Il est constamment préoccupé par les avancées dans le processus d'intégration dans cet espace, avec notamment l'édification progressive d'un marché commun à travers l'harmonisation en cours des textes sectoriels des États membres, la définition des politiques communes dans divers secteurs de l'économie, la promotion du commerce, de l'industrie, de l'agriculture, de l'élevage et de la pêche, et la libre circulation des personnes et des biens. Enfin, le fait pour le Cameroun d'être la plus grande économie de la région et l'État le plus stable, donne un cachet de rationalité à la décision qui avait été prise de confier à son président la mission de rationalisation des CER en Afrique centrale, laquelle est passée par une création effective et la signature d'un accord de siège.

Lors de leur conférence conjointe CEEAC/CEMAC du 31 mars 2015, les Chefs d'État et de gouvernement des deux organisations ont procédé à la création effective du COPIL/CER-AC pour « donner une impulsion au plus haut niveau au processus de rationalisation des politiques, programmes et instruments d'intégration dans la région Afrique centrale »[202]. Une fois de plus, l'accent des dirigeants de la région est porté, non pas sur la fusion des cadres institutionnels, mais plutôt sur les domaines qui se chevauchent. Ce qui correspond à la deuxième approche de rationalisation proposée par la CEA.

---

[202]Préambule de la décision conjointe n°1 CEEAC/CEMAC du 31 mars 2015 portant création, organisation et fonctionnement des CER dans la région Afrique centrale.

Deux principales missions sont assignées au COPIL/CER-AC : faire des propositions et conduire le processus de rationalisation des CER en Afrique centrale d'une part, instituer un cadre régulier de concertation et de coordination entre la CEEAC et la CEMAC et les autres organisations intergouvernementales de la région.

La composition du COPIL/CER-AC comprend deux ministres par État membre (ministre en charge de l'intégration et le ministre en charge des finances), le secrétaire général de la CEEAC, le président de la Commission de la CEMAC, un représentant désigné pour chacune des institutions que sont la CEA, la Commission de l'UA, la BAD, la BEAC, la Banque centrale/nationale des États non membres de la CEMAC, la Banque de développement des États d'Afrique centrale. Une possibilité est laissée au président du COPIL/CER-AC d'inviter à titre consultatif, les institutions spécialisées d'intégration de la région ou tout autre organisme à prendre part aux travaux du comité, en raison de ses compétences, sur les questions inscrites à l'ordre du jour. D'autres instances du COPIL sont prévues, dont la cellule d'experts qui prépare les travaux du comité, l'assistant technique qui l'accompagnera dans l'accomplissement de son mandat, et le secrétariat technique qui aide le président du comité dans l'accomplissement de ses missions.

Pour compléter le processus de création effective du COPIL/CER-AC et permettre à celui-ci de mener à bien ses missions, le gouvernement du Cameroun a signé avec lui le 26 février 2018, un accord prévoyant des facilités et privilèges liés notamment au siège, aux locaux, aux documents et archives, aux biens et avoirs, au service public et d'utilité publique, aux facilités de communication, ainsi qu'aux facilités fiscales et douanières, etc.

II/La validation du projet de fusion des CER par le Conseil des ministres

Cette validation est intervenue lors de la 5e réunion du Conseil des ministres du COPIL/CER-AC tenue à Yaoundé les 11 et 12 août 2022 au cours de laquelle, le rapport de l'étude sur le rapprochement des cadres institutionnels des CER en Afrique centrale a été validé, deux propositions de dénomination de la nouvelle communauté ont été proposées, et un plan de transition a été demandé au COPIL/CER-AC. Au terme des travaux, les ministres réunis à Yaoundé ont demandé au président du COPIL/CER-AC de transmettre au président Paul Biya, avec avis favorable, le projet de traité et validé de fusion des CER en Afrique centrale.

Au nombre des études validées par le conseil des ministres du COPIL/CER-AC, se trouve celle du Cabinet CARLETAS portant sur l'harmonisation des cadres institutionnels des trois CER d'Afrique centrale. Dans le volume 2 de l'une de ces études intitulé : « Dimension diagnostique », l'on retrouve un certain nombre de conclusions parfois discutables, mais qui permettent de savoir quels sont les conseils qui ont été donnés aux dirigeants de la région pour la rationalisation de leurs CER.

Sur le dispositif institutionnel, l'étude relève qu'il est à repenser parce que plusieurs maux le gangrènent. Il s'agit de : la multiplicité des « organes de haut niveau » que sont : les conférences de chefs d'État et de gouvernement, les conseils de ministres et les comités ministériels. À titre d'exemple, les conférences des chefs d'État et de gouvernement que l'on retrouve dans chaque CER, se retrouvent également dans certaines institutions spécialisées à l'intérieur de la CER. C'est le cas de la COMIFAC au sein de la CEEAC. Au regard du poids que représente la tenue d'une telle instance, l'on comprend pourquoi la COMIFAC n'a pas tenu depuis plusieurs années (plus de 10 ans) son conseil. Les conseils des ministres sont également multipliés. La CEMAC à elle seule compte un conseil des ministres de l'UEAC et un Comité ministériel de l'UMAC. La CEEAC dispose d'un conseil de ministres, un conseil des ministres de l'Énergie, un conseil des ministres en charge des questions des forêts et un Conseil des ministres des États membres du COREP (ministres des pêches). Là également, l'on a une augmentation des dépenses pour la tenue de ces instances, et un surplus de travail pour les organes opérationnels chargés de préparer ces instances. La prise en considération de cette charge de travail va à son tour impacter sur les instances opérationnelles qui devraient donc être plus dynamiques et plus étoffées en compétences. Les personnels travaillant dans les différents secrétariats généraux de ces CER sont tous surchargés par du travail. Ils ne sont donc pas capables d'assurer la coordination technique qui leur est demandée.

Comme il apparait ci-dessus, la rationalisation des CER en Afrique centrale est un processus qui fait ressortir une multitude de modèles théoriques. Ils vont du fonctionnalisme à l'intergouvernementalisme, en passant par le néo-fonctionnalisme. La démarche est fonctionnaliste parce qu'elle repose majoritairement sur les variables d'ordre économique que sont : le renforcement des échanges, les économies d'échelle, l'amélioration de la productivité, etc. Ceci rejoint les positions de David Mitrany qui était conscient du fait que : « la voie politique vers l'intégration est trop ambitieuse ; il faut nécessairement passer par l'économique, et l'intégration économique construira les fondements d'une union politique garante de paix »[203]. Mais, la rationalisation est également néo-fonctionnaliste parce que l'on voit une dynamique qui combine le travail fait à la fois par les acteurs fonctionnels de la CEA, de la commission de l'Union africaine, de la CEMAC et des différents comités de pilotage, et celui des autorités politiques de ces différentes instances. Mais, à chaque fois, ce sont les autorités politiques qui décident en dernière instance du lancement et de la

[203] Alfredo Suarez, *op, cit*, p. 66.

mise en œuvre ou non de l'expertise et des avis qui sont donnés par les autorités techniques.

Chapitre 7
L'harmonisation et la coordination des instruments de l'intégration en Afrique centrale

Réunis à Brazzaville le 30 octobre 2007 dans le cadre de leur conférence, les chefs d'État et de gouvernement de la CEEAC avaient visiblement été clairs dans leurs instructions. Ils ont explicitement reconnu le fait que plusieurs institutions d'intégration en Afrique centrale poursuivaient les mêmes objectifs, et que cela entrainait le chevauchement des actions, la duplication des efforts, notamment au plan financier. Ce constat faisait écho aux conclusions de l'UA un an avant sur la multi-appartenance des États africains dans les CER, elles-mêmes basées sur le rapport établi par la CEA. Tous ont alors convenu de la nécessité de procéder à la rationalisation des CER en Afrique centrale, en vue d'accélérer le processus d'intégration qui est souvent qualifié à tort ou à raison comme un processus lent, en comparaison avec ce qui se fait déjà en Afrique de l'Ouest. De nombreuses recherches soulignent par exemple que cette région n'a jamais été intégrée, et que l'histoire de l'UDEAC devenue CEMAC en 1994 est celle de plusieurs années d'échecs dans plusieurs domaines : échec de l'harmonisation des investissements et de la répartition des coproductions ; échecs de la mise en œuvre d'un véritable tarif extérieur commun et d'une politique commerciale et fiscale commune ; échec de l'harmonisation des politiques économiques ; échec de l'accroissement des échanges communautaires... Consécutivement à ces faiblesses, l'observation qui est faite sur certains pays leaders fait mention de leur faible engagement, ou leur faible capacité à impulser l'intégration. Il en serait ainsi du Cameroun dont d'aucuns pensent que ses effets d'entraînement sur les autres pays de la région ont toujours été faibles, et ce, malgré le fait qu'il ait été pendant longtemps et demeure encore l'économie dominante en Afrique centrale[204]. Ces travaux soulignent que : tant que « les capacités administratives ne seront pas restaurées, tant que le gouvernement n'aura pas retrouvé son aptitude à définir des politiques économiques cohérentes et suivies [...], les bénéfices éventuels de la dévaluation ne pourront être mis à profit et relancer en profondeur la machine »[205]. Le salut de l'intégration en Afrique centrale passerait par le Cameroun, mais à condition que ce pays règle la question de la faiblesse de l'État, et surtout qu'il soit imaginatif, avec une gouvernance

---

[204] Hibou H, 1995, « Contradictions de l'intégration régionale en Afrique centrale », *Politique africaine*, p. 72.
[205]*Ibid.*

transparente basée notamment sur la reddition des comptes gérés par les agents publics.

Globalement, les dirigeants de la région Afrique centrale visiblement pour l'harmonisation et la coordination des politiques, programmes et instruments d'intégration, une vieille exigence du Traité d'Abuja reprise par toutes les études qui l'ont suivi (Section 1) et permettent aux instances régionales d'aboutir à certains résultats concrets (Section 2).

Section 1 : Une exigence pour l'ensemble du processus de rationalisation

À Brazzaville, la prescription des chefs d'État et de gouvernement était on ne peut plus claire. Ceux-ci sont partis de l'idée que les orientations de l'UA privilégient, au stade actuel, la rationalisation des CER « par l'harmonisation et la coordination de leurs politiques, programmes et instruments d'intégration ». Pour cela, ils ont invité les présidents en exercice de la CEEAC et de la CEMAC à mettre sur place conjointement, un comité de pilotage en vue de l'élaboration d'une feuille de route définissant les actions d'harmonisation des politiques, des programmes et instruments d'intégration des deux communautés pour aboutir à terme à une seule CER dans la région de l'Afrique centrale.

I/Un préalable du traité d'Abuja

L'harmonisation et la coordination constituent deux exigences du Traité d'Abuja (1991). Il les envisage comme la démarche essentielle pour mettre sur pied d'ici 2025, la communauté économique africaine. Ce traité intervient suite aux difficultés du plan d'action de Lagos (1980) d'instaurer un marché commun africain. Les dirigeants africains se sont alors engagés, dès juin 1991, dans un nouveau traité pour fixer une nouvelle échéance pour la mise sur pied de cette communauté. Au nombre des préalables de ce traité, l'on retrouve la coordination et l'harmonisation des politiques entre les communautés économiques existantes et futures en vue de la mise en place progressive de la communauté. L'article 6, paragraphe 2 b (ii-iii) invite les États au « renforcement de l'intégration sectorielle aux niveaux régional et continental, de tous les secteurs d'activité et en particulier dans les domaines du commerce, de l'agriculture, de la monnaie et des finances, des transports et des communications, de l'industrie et de l'énergie ; et la coordination et l'harmonisation des activités entre les communautés économiques existantes et futures ».

Pour réaliser les différents objectifs prévus par le Traité d'Abuja, les États africains ont énoncé environ quinze réformes devant être réalisées pour arriver à la création d'une Communauté économique africaine. Les plus importantes d'entre elles sont : l'harmonisation des politiques nationales en vue de la promotion d'activités communautaires, la conclusion d'accords en vue d'harmoniser et de coordonner les politiques entre les communautés économiques sous régionales et régionales existantes et futures. L'une des étapes du Traité d'Abuja est consacrée à la stabilisation des barrières tarifaires et non tarifaires, des droits de douane et des taxes intérieures... Cette étape touche également au renforcement de l'intégration sectorielle aux niveaux régional et continental, la coordination et l'harmonisation des activités entre les CER existantes et futures. Une autre étape est consacrée à la coordination et l'harmonisation des systèmes tarifaires et non tarifaires entre les différentes CER en vue de la mise en place d'une Union douanière au niveau continental.

L'avis de la CEA est que l'harmonisation des politiques produit un effet de levier commun, rendant les règles du jeu des parties prenantes évidentes et prévisibles. Les politiques communes et la coopération élargie permettraient aux économies de tirer pleinement profit de l'intégration régionale, et de parvenir à un développement économique durable[206]. Dans cette perspective, les États membres auraient dû avoir atteint le seuil minimal d'intégration des politiques sectorielles dans les communautés économiques régionales en 2007, pour parvenir aux objectifs fixés par le Traité d'Abuja. Pourtant, l'évaluation factuelle de l'harmonisation des politiques, règlements et procédures reste faible en raison de l'absence de mécanismes d'évaluation. La responsabilité à la fois individuelle et collective, de veiller à l'harmonisation des politiques sectorielles, qu'elles soient nouvelles ou existantes revient alors aux États et aux CER. Par ailleurs, la CEA souligne que devant le renouvellement constant des politiques sectorielles en matière d'industrialisation, d'infrastructures, de climats, de transports et de communication, d'énergie, de ressources naturelles, de problématiques hommes-femmes, d'agriculture, et d'autres secteurs, « l'intégration doit faire partie intégrante des politiques, règlements et procédures en vue d'optimiser les avantages de l'intégration régionale »[207].

Dans cet ordre d'idées, de nombreux acquis de la CEMAC en matière économique sont bien issus des efforts réalisés par les États au sein de l'UDEAC. C'est le cas sur l'harmonisation des législations sur la taxe sur la valeur ajoutée (TVA) et du droit d'accise (DA) en vigueur depuis décembre 1998. C'est également le cas de l'adoption d'une charte communautaire des investissements complétant les dispositifs existants de la réforme fiscalo-douanière, ou encore l'adoption d'une réglementation communautaire sur la concurrence des pratiques commerciales anticoncurrentielles et des aides d'État...

II/Une variété d'harmonisation aux incidences différenciées

Les deux concepts d'harmonisation et de coordination vont de pair. Ils sont intimement liés au processus d'intégration et de rationalisation. Il

[206]https://archive.uneca.org/fr/oria/pages/harmonisation-des-politiques-sectorielles consulté le 30 mai 2024 à 12h.

[207] Politiques-sectorielles.

s'agit soit de créer une nouvelle politique, un nouveau programme ou une législation nouvelle venant remplacer les cadres préexistants, soit de rapprocher simplement les dispositifs existants pour favoriser les transactions communautaires. L'une et l'autre démarche reviennent aux organes communautaires, qui à partir des cadres légaux et réglementaires existants ajoutés aux politiques et programmes, dialoguent pour établir certaines conformités et supprimer les incompatibilités entre communautés, entre États. Ces incompatibilités peuvent être légales, règlementaires, administratives ou techniques. Elles nécessitent d'être rapprochées pour aboutir à un système communautaire cohérent. Il faut donc procéder à la suppression ou à l'atténuation des disparités qui empêchent que le système communautaire soit parfait, et que ses objectifs soient pleinement atteints. Toute harmonisation suppose une modification ou un enrichissement des dispositions existantes. Dans ce cas, il s'agit d'une harmonisation douce ou progressiste. Elle peut également supposer une suppression radicale des cadres existants déjà caducs (politiques, programmes, normes) au bénéfice de mécanismes plus favorables à l'intensification des échanges communautaires. Il s'agit là, d'une harmonisation forte ou radicale. Dans le cas d'une harmonisation douce, il s'agit d'un rapprochement simple des politiques, programmes et instruments juridiques existants ; et dans le cas d'une harmonisation forte, il s'agit d'une harmonisation ou unification de ces instruments d'intégration.

L'harmonisation forte devrait aboutir nécessairement au plan juridique, à l'adoption d'un règlement communautaire qui est un acte juridique de portée générale et obligatoire dans toutes ses dispositions. Les États membres sont tenus d'appliquer ces dispositions telles qu'elles sont définies par le règlement, lesquelles sont directement applicables dans l'ordre juridique des États membres et s'imposent de droit à tous les sujets : particuliers, personnes morales, États, institutions.

L'harmonisation douce quant à elle, aboutit généralement sur des recommandations, des directives ou des décisions. Les recommandations sont de simples invitations à faire ou à ne pas faire. Elles ne lient pas les États membres d'une communauté, et l'on ne saurait vraiment pas parler d'une harmonisation ou d'un rapprochement réel dans la mesure où les États accepteront ou n'accepteront pas de se conformer aux dispositions de la recommandation.

La directive quant à elle, lie tout État membre destinataire aux résultats à atteindre, tout en laissant aux instances nationales la compétence pour ce qui est de la forme et des moyens. Il ne s'agit pas d'un acte juridique direct. Elle ne crée d'effet juridique que par le truchement de la souveraineté nationale, en laissant aux États membres le soin d'adopter des dispositions normatives en conformité avec les principales qu'elle énonce. L'État membre qui est lié au résultat à atteindre conserve toute liberté quant à la « forme à adopter et aux moyens à mettre en œuvre »[208]. Anne Limpens pense que la directive est un instrument propre à réaliser le rapprochement des dispositions législatives, règlementaires et administratives des États membres. Il s'agit « d'un acte sui generis, qui va permettre aux organes communautaires — en raison de son caractère obligatoire pour les États auxquels elle est destinée — de fixer un objectif commun, tout en laissant aux autorités nationales le pouvoir de se prononcer sur la forme et les moyens »[209]. L'on est ainsi en présence d'un instrument souple, du point de vue de son contenu, lequel correspond bien à la notion d'harmonisation douce évoquée plus haut. Au même titre que la recommandation, la directive est une source indirecte d'harmonisation, parce qu'elle laisse aux États membres le loisir de prendre les mesures normatives (lois, décrets, arrêtés, décisions, etc.). Mais contrairement à la recommandation, elle constitue une source certaine d'harmonisation puisque les États membres sont tenus de s'y conformer[210].

La décision enfin, est le mode d'adoption de tous les actes d'harmonisation qui ont été opérés jusqu'à présent entre la CEEAC et la CEMAC, dans le cadre de la rationalisation des CER en Afrique centrale. C'est un acte juridique obligatoire dans toutes ses dispositions et directement applicable par les États membres. À la différence du règlement, elle n'est obligatoire que pour les destinataires qu'elle désigne. En d'autres termes, elle n'est pas un texte de portée générale.

Section 2 : Les grandes avancées de l'harmonisation en Afrique centrale

De nombreux rapports concordants font état de ce que de nombreuses avancées ont été réalisées entre la CEMAC et la CEEAC dans l'harmonisation des politiques, programmes et instruments. Reste à savoir ce qu'il en sera de l'harmonisation entre les instruments de ces deux regroupements avec ceux de la CEPGL (II).

I/Des politiques, programmes et instruments déjà harmonisés

Dans le domaine des TEC par exemple, les actions réalisées comprennent : un registre de la structure tarifaire avec la classification des produits et leurs droits de douane associés, un document sur l'impact du projet de TEC harmonisé (à mettre à jour), un code des douanes harmonisé, l'opérationnalisation de la libre circulation des articles échangeables et les régimes d'exportation, la codification des procédures douanières, une politique commerciale commune pour l'Afrique centrale et les mesures de défense commerciale (y compris les mesures antidumping, de compensation et de sauvegarde). Il ne reste qu'à finaliser les négociations sur les droits uniques de douane et les règles associées applicables à la CEEAC et à la

---

208 Limpens A, 1967, « Harmonisation des législations dans le cadre du Marché commun », *Revue internationale de droit comparé*. Vol. 19 N°3, p. 638.

209 Ibid.

210 Ibid., p. 639.

CEMAC[211]. À cela, il faut ajouter certains éléments tels que : la taxe sur la valeur ajoutée et les régimes nationaux avec des incitations disparates que l'on retrouve dans les codes des investissements, les codes miniers, les codes des hydrocarbures et les statuts des ONG. Même les instruments de financement des activités d'intégration sous-régionale en Afrique centrale devraient être rationalisés, car la CEEAC perçoit une contribution communautaire à l'intégration (CCI), tandis que la CEMAC perçoit une taxe communautaire d'intégration *(TCI).* A cette allure, il sera très difficile de réaliser une union douanière à onze États, ce d'autant plus que de nombreux États de la CEEAC appartiennent à d'autres unions douanières. Dans ce cas, un État de la CEEAC appartenant à une autre union douanière ne pourra pas appliquer le tarif extérieur commun aux États de cette union douanière avec lesquels cet État a également un tarif extérieur commun. Par ailleurs, ces États de cette autre union douanière pourraient faire entrer leurs marchandises par l'État de la CEEAC avec lequel ils sont dans cette union, sans droit de douane, et ses marchandises pourront circuler dans l'espace des onze, alors qu'ils sont considérés comme États tiers par d'autres États de la CEEAC, notamment tous les six États de la CEMAC. Toutefois, un effort d'harmonisation est en cours entre les deux CER pour aboutir à une union douanière unique. C'est dans ce cadre qu'est proposé un projet de décision conjointe CEEAC/CEMAC portant code de douanes de la CEEAC et de la CEMAC.

L'idée à la base d'un code unique de douanes harmonisé en Afrique centrale est de mettre sur pied une seule union douanière dans la région. Ce code devrait prendre en compte tous les développements introduits par les standards internationaux en matière des douanes, notamment la convention de Kyoto révisée, l'accord sur la facilitation des échanges et les accords de l'organisation mondiale des douanes et du commerce. Le projet de code unique a pour but de fixer les règles et les procédures générales applicables aux marchandises entrant dans le territoire douanier de la Communauté ou en sortant. Il concerne les échanges entre les États membres de la Communauté et les échanges entre la Communauté et les pays tiers. Il a pour vocation à s'appliquer de façon uniforme dans l'ensemble du territoire de la Communauté d'Afrique centrale composée des onze États des deux CER, et inclut la mer territoriale, les eaux intérieures maritimes et l'espace aérien des États membres. Toutefois, des zones franches soustraites à tout ou partie de la législation et de la règlementation douanière peuvent être constituées dans les territoires des États membres de la Communauté. En cas d'entrée en vigueur, c'est au conseil des ministres de la CEEAC que reviendra le pouvoir de légiférer en matière de droits et taxes d'importation, et ses actes entreront en vigueur dans les États membres auxquels ils s'appliquent,

[211] https://archive.uneca.org/fr/stories/une-uniondouani%C3%A8re-unique-en-gestation-en-afrique-centrale consulté le 22 octobre 2023.

conformément aux dispositions prévues dans le traité instituant la nouvelle communauté. Composé de 480 articles, le projet de code uniforme traite des questions aussi essentielles que variées, à l'instar des droits et taxes à l'importation, la concession d'avantages tarifaires, les clauses douanières, les mesures particulières, les pouvoirs des États membres, les restrictions d'entrée, de sortie, de tonnage et de conditionnement, l'octroi de la clause transitoire, les règlements généraux de douanes, la communication d'information, la publication et la disponibilité des renseignements, la possibilité de présenter des observations, information du public avant l'entrée en vigueur de nouvelles dispositions et consultations, la représentation en douane, les décisions relatives à l'application de la législation en douane, l'opérateur économique agrée, le recours, les frais et couts, le tarif douanier commun, etc.

Concernant le tarif douanier commun spécifiquement, il est à retenir substantiellement que les produits importés des pays tiers, et qui entrent dans le territoire douanier communautaire sont passibles des droits et taxes de douane inscrits au tarif des douanes de la communauté. En dehors de ces droits et taxes, il est prévu des droits et taxes à caractère fiscal appliqués aux marchandises, quelles que soient leur origine et leur provenance. Les marchandises exportées par les États membres à destination des pays tiers sont assujetties aux droits de sortie prévus par la législation nationale de chaque État membre. Les dispositions du projet de code unique concernant les marchandises fortement taxées ne s'appliquent qu'aux marchandises supportant une taxation globale égale ou supérieure à 25 % de la valeur imposable. Ce code reste en l'état de projet. Toutefois, il existe de nombreuses politiques et programmes qui ont déjà fait l'objet d'harmonisation. Ils sont présentés dans le tableau ci-dessous.

Tableau des principaux textes ayant fait l'objet d'harmonisation entre LA CEEAC et la CEMAC

Marché commun					
°	Nature juridique du texte	Intitulé et domaine	Date et lieu de signature	Principaux objets du texte	Obser vation
	Décision conjointe	Harmonisation et uniformisation de certains instruments de libre-échange de la CEEAC/CEMAC	04 juin et 03 octobre 2019	Harmonisation et uniformisation des règles d'origine, le certificat d'origine, dossier d'agrément au tarif préférentiel, formulaire uniformisé pour la vérification de l'origine des produits, schéma-type uniformisé relatif à la procédure d'agrément.	
	Décision conjointe	Création, organisation et fonctionnement du Comité régional de facilitation des échanges en Afrique centrale	04 juin et 03 octobre 2019	Le CRFE a pour mission d'assurer le suivi et la coordination de la mise en œuvre, au niveau régional, des dispositions de l'Accord de l'OMC sur la facilitation des échanges, ainsi que tout autre instrument juridique régional ou international relatif à la facilitation des échanges.	
	Décision conjointe	Procédure d'obtention d'agrément sur les produits industriels au tarif préférentiel de l'Afrique centrale	04 juin et 03 octobre 2019	Les agréments des produits industriels originaires de la région' CEEAC/CEMAC au tarif préférentiel des échanges intra-	

				communautaires sont accordés par décision conjointe du secrétaire général de la CEEAC et du président de la Commission de la CEMAC. Le bénéfice au régime tarifaire préférentiel est réservé aux produits originaires fabriqués par les entreprises industrielles implantées en Afrique centrale.	
	Décision conjointe	Institution d'un comité régional sur l'origine en Afrique centrale	04 juin et 03 octobre 2019	Ce comité constitue le cadre unique d'examen des dossiers d'agrément au tarif préférentiel harmonisé. Il a notamment pour attributions d'examiner et émettre un avis sur les dossiers de demande d'agrément au tarif préférentiel harmonisé constitués par les entreprises industrielles et transmis par les comités nationaux ; de soumettre à la signature conjointe du secrétaire général de la CEEAC et du président de la Commission de la CEMAC, les dossiers d'agrément ayant obtenu un avis favorable ; d'émettre des avis techniques sur les	

				litiges portant sur les produits originaires ; et d'examiner et approuver les rapports de contrôle et de suivi des agréments produits par le Secrétariat Technique.	
	Décision conjointe				

II/Quid de l'harmonisation des instruments de la CEPGL ?

Lors de la 5e réunion du Conseil des ministres du Comité de pilotage de la rationalisation des CER en Afrique centrale tenue les 11 et 12 août 2022 à Yaoundé, la CEPGL était présente à ces assises en qualité d'observateur ; une preuve qu'elle était intéressée par le processus en cours entre la CEEAC et le CEMAC. D'ailleurs, tous les États membres de la CEPGL sont également membres de la CEEAC. Lors de cette rencontre, le Conseil des ministres avait recommandé que les institutions de la CEPGL soient intégrées dans la nouvelle architecture de la future CER, en attendant que ses instances décisionnelles se prononcent. Deux ans après, lors de la 6e réunion du Conseil des ministres du Comité de pilotage de la rationalisation des CER en Afrique centrale tenue le 07 juin 2024, la CEPGL était bien présente aux assises. Le Conseil a d'ailleurs délibéré sur les conclusions de la mission du secrétariat technique du COPIL/CER-AC auprès des États membres, organes et organismes spécialisés de la CEPGL en vue de son intégration dans la nouvelle CER. Toutefois, aucune déclaration officielle n'a été faite sur cette question lors du communiqué finale dont les principaux points portaient sur les écoles de formation communautaires, le projet de convention régissant le parlement communautaire, le projet de convention régissant la Cour de justice et des droits de l'homme, le projet de plan de transition et projet de décision y afférant, le projet de protocole régissant la Haute Autorité monétaire de l'Afrique centrale, et le projet de protocole régissant la Haute Autorité des Marchés Financiers de l'Afrique centrale.

La CEPGL boude-t-elle la rationalisation fusion envisagée en Afrique centrale au point de limiter leur participation aux réunions du COPIL/CER-AC à la qualité d'observateur, ou alors les membres peinent à s'accorder d'une seule et même voix pour mener les discussions avec leurs homologues de la CEEAC et de la CEMAC ?

Ce qui est connu de tous c'est qu'il existe de vives tensions entre les trois Etats qui composent la CEPGL que sont la RDC, le Rwanda et le Burundi, le Rwanda étant au cœur des polémiques de déstabilisation de cette région. La Communauté a été créée le 20 septembre 1976 pour assurer l'intégration économique et faciliter les mouvements des biens et des personnes entre ses États membres. Dès 1994, la crise burundaise qui est suivie en 1996 par le génocide rwandais, et par l'occupation du Zaïre, entraîne la suspension de tous les accords de la CEPGL, occasionnant également sa crise. D'année en année, de vives accusations de déstabilisation sont attribuées au Rwanda tant par la RDC que par le Burundi, mais au même moment se manifeste également un besoin de relance des activités de cette Communauté dans laquelle de nombreux problèmes sont relevés dont « l'absence des cadres congolais au secrétariat exécutif permanent, quatre postes au total, le retard de versement des contributions financières des États membres, des hésitations de certains bailleurs de fonds à financer les projets intégrateurs de la communauté »[212], etc. L'on pourrait ainsi justifier les atermoiements de la CEPGL dans le processus de rationalisation par le fait que la Communauté ayant elle-même de sérieux problèmes structurels et de confiance interne, hésite à passer à des projets plus englobants avant de résoudre les problèmes immédiats de leur environnement. À quoi leur servirait l'intégration dans des ensembles plus grands s'ils n'arrivent pas à maîtriser leurs rapports au sein de leur regroupement plus restreint. C'est la question que pose le concept de *regional security complex* (RSC) qui est globalement défini par Barry Buzan et ses collègues de l'École de Copenhague comme des interactions distinctes et stables entre les acteurs en matière de sécurité. Ils se distinguent les uns des autres par leur degré d'interaction. Le niveau d'interaction entre les membres d'un même RSC est élevé, tandis qu'entre les membres de RSC différents, il est comparativement faible. De nombreuses conditions doivent être remplies pour que se mettent en place, un RSC parmi lesquelles la confiance entre les membres qui doivent la composer ; condition qu'avait déjà émise en son temps Karl Deutsch dans son concept de communauté de sécurité (pluraliste ou unifiée). Or, entre les membres de la CEPGL, il n'existe pas cette confiance même si les trois États éprouvent les mêmes problèmes de sécurité, et devraient se sentir obligés d'engager des dynamiques du genre RSC.

---

212 CEPGL : relance des activités, la RDC toujours absente - Burundi | ReliefWeb consulté le 27 juin 2024 à 18h44mn.

Chapitre 8 : Les limites des réformes et de la rationalisation en Afrique centrale

Dans une région réputée à tort ou à raison d'être à la traine de l'intégration et du développement de ses peuples, et face à la régularité des chocs extérieurs et leur impact sur les efforts des gouvernements des États, il n'existe pas d'autres voies que de changer de direction ou d'accélérer la mise en œuvre des objectifs communément arrêtés. Les transformations proposées peuvent être plus ou moins radicales et en appeler à une remise en question des bases anciennes. Elles peuvent également ne toucher que certains secteurs névralgiques et laisser d'autres. Dans l'un ou l'autre, l'action est nécessaire lorsque l'on ne parvient pas aux résultats escomptés ou lorsque des facteurs nouveaux surviennent et obligent à changer les conditions de réalisation des objectifs de base. Vu dans ce sens, toutes les réformes engagées au sein de la CEMAC et de la CEEAC sont salutaires, si l'on veut passer à des économies émergentes comme le souhaitent les gouvernements, et si l'on veut améliorer les conditions de vie des populations à travers l'intensification des transactions sources d'enrichissement mutuel.

La lecture et l'analyse des réformes menées tant dans le cadre de la CEMAC (PER et PREF) que dans celui de la CEEAC (réformes institutionnelles), ou dans les deux CER à la fois, laissent apparaître une absence d'articulation entre les différentes réformes alors qu'il y a des domaines qui peuvent se recouper de part et d'autre, ce d'autant plus que tous les pays qui appartiennent à la CEMAC appartiennent également à la CEEAC, et donc peuvent porter les problèmes rencontrés dans l'espace le plus restreint au sein de l'espace le plus grand. L'on peut également observer une non-prise en compte des spécificités de certains pays spécialement fragilisés, du fait des guerres récurrentes ou de l'insécurité qui sévissent dans leur territoire.

<u>Section : 1</u> : Non-articulation entre les réformes et la rationalisation

La rationalisation des CER en Afrique centrale fait ressortir des réformes séparées, même si les actions du PREF tendent vers l'anticipation de ce que devrait faire la future CER unique ou alors ce que l'on devrait faire pour réaliser la mise en place de cette future CER.

I/Des réformes séparées

La non-articulation entre les deux programmes phares actuellement en cours au sein de la CEMAC que sont le PREF-CEMAC et la rationalisation des CER est visible. Le Cameroun a reçu mandat des chefs d'État et de gouvernement de la CEEAC en octobre 2009 à Kinshasa de piloter le processus de rationalisation en cours des CER en Afrique centrale, et la présidence dédiée est assurée par le chef d'État camerounais, Paul Biya. Un COPIL/CER-AC a été institué à cet effet et présidé par le ministre camerounais de l'Économie, du Plan et de l'Aménagement du Territoire. Suivant les recommandations de l'UA qui privilégie la rationalisation par l'harmonisation et la coordination des politiques, programmes et instruments d'intégration, les chefs d'État et de gouvernement de la CEEAC avaient confié au Comité de pilotage, l'élaboration d'une feuille de route définissant les actions d'harmonisation des politiques, programmes et instruments d'intégration des deux communautés, pour aboutir à terme à une seule CER dans la région de l'Afrique centrale. Seuls devaient être impliqués dans ces travaux l'UA, la CEA et la BAD. Toutefois, la BDEAC et la BEAC y assistent également. C'est dans cette perspective que le COPIL/CER a validé et transmis aux conseils des ministres, plusieurs projets d'harmonisation dont celui des instruments de libre-échange pour l'unification des zones de libres-échanges de la CEEAC et de la CEMAC. En 2017, les membres du COPIL/CER ont ainsi adopté le projet de décision conjoint portant harmonisation des quatre instruments de la ZLE CEEAC-CEMAC que sont : i) le certificat d'origine CEEAC-CEMAC, ii) le dossier d'agrément du tarif préférentiel de la CEMAC et CEEAC, iii) le formulaire de vérification de l'origine des produits, et iv) le schéma type d'agrément aux tarifs préférentiels CEEAC-CEMAC[213]. De nombreux autres textes ont déjà été préparés par le COPIL/CER-AC et sont en attente de validation et d'adoption, soit par le Conseil des ministres conjoints des deux institutions, soit par la Conférence des Chefs d'État et de gouvernement. Il s'agit, notamment, du projet de traité constitutif de la future CER unique, le protocole régissant à la Haute Autorité des marchés financiers, protocole régissant la Haute Autorité monétaire de la Communauté, etc. Tous ces textes de grande importance vont incontestablement améliorer la gouvernance de l'intégration et du développement dans la sous-région si leur mise en œuvre est optimale.

Le PREF-CEMAC quant à lui, est un programme institué par les Chefs d'État de la CEMAC le 30 juillet 2016, avec pour mission principale « de concevoir et de mettre en œuvre des actions rapides, vigoureuses et coordonnées, aussi bien au niveau national que sous-régional, pour la stabilisation profonde des économies de la sous-région, afin d'en renforcer la résilience et de les placer sur le chemin de l'émergence ». C'est dans le cadre de ces missions que le PREF, dans ses phases 1 et 2 a adopté des matrices comprenant un ensemble de 5 piliers, 25 objectifs généraux, 63 objectifs spécifiques, chacun décliné sous la forme d'actions ciblées, assorties de

[213] COPIL/CER-AC, 2017, *Rapport de la 4e réunion du COPIL/CER-AC*, Yaoundé.

critères et délais de réalisation portant sur une période de cinq ans allant de 2021-2025, et surtout des projets prioritaires à mettre en œuvre pour accélérer l'intégration au sein des six États membres et assurer une prospérité de leurs économies.

Alors que tous les six États membres de la CEMAC sont également membres de la CEEAC, ceux-ci n'ont pas jugé nécessaire d'articuler le travail de la rationalisation qui concerne les onze avec celui des réformes économiques et financières retenues par les six. Le PREF-CEMAC n'est pas directement impliqué dans le processus de rationalisation des CER de l'Afrique centrale, alors que les missions et activités qu'il mène auront nécessairement un impact sur le travail d'harmonisation des politiques, programmes et instruments juridiques que les autorités de la CEEAC et de la CEMAC ont confié au COPIL/CER. Tous les politiques, programmes et instruments juridiques devant faire l'objet d'harmonisation peuvent-ils être adoptés s'ils ne tiennent pas compte des réformes envisagées dans le cadre du PREF à défaut d'attendre que celles-ci soient faites ?

En effet, le PREF-CEMAC n'est pas directement impliqué dans le processus de rationalisation des CER de l'Afrique centrale. Toutefois, il a effectivement mené en 2021, une réflexion en interne pour définir les conditions optimales de la réussite de la fusion de la CEEAC et de la CEMAC aboutissant parfois à des conclusions en opposition avec l'idée de fusion des deux institutions comme nous le verrons dans la suite de ce chapitre.

Concernant les questions mêmes de rationalisation, autant on les retrouve au sein des missions du PREF, autant elles sont au cœur des activités du COPIL/CER-AC. Parmi les activités du PREF CEMAC, l'on retrouve la rationalisation des institutions spécialisées de formation — CEMAC (ISF-CEMAC) comme urgence politique définie par les Chefs d'État. Elle a été décidée lors de la session ordinaire de la Conférence des chefs d'État des 16 et 17 janvier 2010 à Bangui en RCA, réaffirmée par la session extraordinaire de la Conférence des chefs d'État du 30 juillet 2016 à Malabo, en Guinée Équatoriale et rappelée par le sommet des Chefs d'État du 24 mars 2019 à N'Djamena, au Tchad. Il s'agit de revitaliser ces établissements afin qu'ils assurent davantage leur rôle de levier du développement de la zone CEMAC dans les domaines de l'enseignement supérieur, de la recherche scientifique et la formation professionnelle. Les autorités ayant donné mandat au PREF estiment que cette rationalisation des ISF-CEMAC s'impose aussi comme la solution pour arriver à une organisation et une gestion plus efficiente de ces institutions, dont plusieurs apparaissent en doublon au sens des offres de formation et des diplômes qu'elles délivrent. Il s'agit aussi, et surtout, de revitaliser ces établissements afin qu'ils puissent mieux assurer leur rôle de levier du développement de la zone CEMAC dans les domaines de l'enseignement supérieur, la recherche scientifique et la formation professionnelle. Ce chantier a consisté, dans un premier temps, à diligenter des études qui ont produit quatre rapports qui ont été, par la suite, soumis à l'examen approfondi des experts du Comité LMD CEMAC, des ISF-CEMAC elles-mêmes, des experts et de la Commission de la CEMAC au cours d'un atelier tenu à Douala en février 2020[214]. La question est de savoir pourquoi la rationalisation de ces ISF ne se fait pas conjointement avec le COPIL/CER-AC pour que les résultats obtenus de part et d'autre soient capitalisés.

La situation décrite ci-dessus concerne également la relation entre les réformes institutionnelles effectuées au sein de la CEEAC et certains mécanismes institutionnels de la CEMAC. C'est le cas en matière de coopération policière dans le domaine de la lutte contre la criminalité transfrontalière.

Globalement, la sécurité régionale en Afrique centrale relève de la CEEAC, la CEMAC ayant un mandat et des interventions sécuritaires bien limités. Toutefois, en décembre 2000, la CEMAC a adopté l'acte additionnel qui fait du Comité des chefs de police de l'Afrique centrale (CCPAC) un organe spécialisé de la communauté. Avec le COPAX et le CCPAC, l'Afrique centrale (CEMAC/CEEAC) dispose d'une configuration sécuritaire bipolaire. Une réforme institutionnelle efficace au sein de la CEEAC devrait aussi tenir compte de l'existence au sein de la CEMAC, d'un mécanisme de coopération policière dont les missions sont certes étroites, mais qui devrait interagir avec les mécanismes sécuritaires des onze dans la perspective d'une CER unique en Afrique centrale.

Sur la légitimité des réformes en cours, l'on observe qu'au nombre des personnalités participant aux travaux de la cellule de suivi du COPIL du PREF, se trouvent majoritairement des représentants des États et des institutions communautaires, et un seul délégué du patronat. Pareille composition majoritairement institutionnelle, est-elle susceptible de refléter l'ensemble des opinions des principaux acteurs impliqués dans l'implémentation des réformes économiques et financières ? Le rôle des opérateurs économiques n'est-il pas plus important à toutes les étapes des réformes ?

L'harmonisation des politiques, programmes et instruments juridiques en cours est faite sur la base des acquis de la CEEAC d'une part, et ceux de la CEMAC d'autre part. Il aurait ainsi été logique que : pour chaque instrument économique et financier inscrit dans le processus d'harmonisation, que le COPIL/CER se rassure auprès du PREF-CEMAC qu'il est dans un processus de réforme ou non. Sinon, l'on aboutira forcément à une harmonisation des instruments d'intégration n'ayant pas tenu compte de nouvelles réformes pilotées par le PREF-CEMAC. Il va falloir un jour tenir compte de ces

---

[214]PREF CEMAC, avril 2021, p : 115.

réformes pilotées par le PREF pour qu'elles soient intégrées dans le nouveau corpus de la CER rationalisée, sinon l'on aura par exemple un marché commun à 11 Etats où jamais tous n'appliqueront les mêmes règles en termes de politiques budgétaires, de politiques économiques et financières et où rien ne sera harmonisé au niveau des institutions garantissant un meilleur climat des affaires.

II/Une anticipation du PREF sur la réussite de la future CER

Malgré la non-articulation formelle entre les travaux du COPIL/CER et ceux du PREF, une réflexion a effectivement été menée en interne au PREF pour définir les conditions optimales de la réussite d'une fusion CEEAC/CEMAC en une nouvelle CER de l'Afrique centrale. Appelée étude sur la fusion des deux CER d'Afrique centrale, cette réflexion qui s'est déroulée en 2021 en trois temps a abouti à trois notes, validées et soumises au président Denis Sassou Nguesso. Il s'agit de : (i) défis et conditions de réussite des réformes économiques et financières dans le contexte de la fusion des CER de l'Afrique centrale ; (ii) éléments fondamentaux d'un programme des réformes économiques et financières dans le contexte de la nouvelle communauté et (iii) le PREF-CEMAC dans le cadre de la nouvelle structure CEEAC/CEMAC.

S'agissant de la première note, elle montre que, sur la base de la théorie traditionnelle des zones monétaires optimale (ZMO), la faible complémentarité entre les économies des deux CER de l'Afrique centrale et la divergence de chocs sont si importantes que les coûts d'une union monétaire risqueraient d'être plus élevés que les bénéfices attendus, ce qui compromettrait la viabilité de l'union monétaire. De la sorte, une politique monétaire commune à des pays en opposition de phase dans le cycle économique, a priori, ne peut être optimale. La nouvelle CER est alors susceptible d'induire, tôt ou tard, des retards dans la mise en place de la monnaie unique ainsi que la tentation pour certains pays, une fois l'union monétaire créée, de récupérer leur souveraineté monétaire afin de faire face à leurs défis spécifiques[215].

Selon les économistes du PREF, les arguments fondés néanmoins sur la théorie contemporaine des ZMO plaident en faveur de la mise en place d'une union monétaire et d'une monnaie unique. Les pays de l'Afrique centrale peuvent légitimement créer une union monétaire, dont l'optimisation se construira de manière endogène grâce à la mise en œuvre des politiques et des réformes structurelles adéquates qui permettraient de renforcer l'homogénéité économique de la région et de favoriser un meilleur partage des risques. La coordination de politiques économiques permettrait de soutenir une croissance durable et inclusive, sous l'effet conjugué des

[215] Réponses au questionnaire que l'auteur a adressé aux responsables du PREF-CEMAC à Brazzaville du 04 au 06 décembre 2023.

économies d'échelles et des externalités positives, et de poser les jalons d'une union monétaire solide et durable et parvenir à un système financier régional intégré et compétitif.

Concernant la deuxième note, elle montre qu'au regard des défis à surmonter et des conditions de réussite de l'intégration en Afrique centrale, la mise en place d'un programme régional serait un atout pour la réussite de la gouvernance des réformes économiques et financières dans la nouvelle communauté. Ce cadre de coordination devrait, à cet effet, être adapté à la nouvelle configuration institutionnelle, de sorte à relever les nombreux défis auxquels la communauté mise en place serait confrontée.

S'inspirant des acquis d'un tel dispositif qui a fortement contribué à stabiliser le cadre macroéconomique de la CEMAC pendant la période 2017-2019, et de contenir les effets néfastes de la pandémie de COVID-19, les réformes proposées par le PREF pourraient s'articuler autour des éléments fondamentaux suivants : l'harmonisation du cadre de gestion des finances publiques (pilier 1), coordination des politiques macroéconomiques, monétaires et financières (pilier 2), renforcement de la compétitivité et de la diversification économique (pilier 3), création du marché commun et harmonisation des politiques commerciales (pilier 4), développement des infrastructures régionales et l'intégration régionale (pilier 5), harmonisation des politiques environnementales (pilier 6) et renforcement de la coopération internationale (pilier 7).

La lecture attentive de certaines propositions faites ici par le PREF-CEMAC portant notamment sur la création d'une monnaie unique pour les onze États de la CEEAC montre, au regard des pesanteurs extérieures qui entourent la question de la monnaie des pays d'Afrique centrale, que l'échéance de l'union monétaire est encore très éloignée, voire impossible dans la région. En effet, la région est segmentée par l'usage de six monnaies différentes. Elles sont non convertibles entre elles dont le CFA qui est utilisé par les six pays de la CEMAC et dont la convertibilité et la souveraineté sont liées à la France et à l'Euro. Ce qui n'est pas le cas des sept autres pays. Depuis une quinzaine d'années, les États d'Afrique centrale se réunissent alors pour trouver presque en vain les voies pour aboutir à cette monnaie communautaire et ont créé l'Association des banques centrales africaines.

Concernant l'Afrique centrale particulièrement, les experts financiers africains pensent qu'à court terme, la fusion en cours de la CEMAC avec la CEEAC exige la refondation ou la restructuration de la Banque des Etats de l'Afrique centrale, en l'ouvrant aux autres États de la CEEAC dans le cadre de la Communauté économique et monétaire à onze (11) États membres. Cela implique une nouvelle coopération monétaire pour accélérer l'intégration monétaire en zone CEEAC, « à l'exclusion de toute forme d'immixtion française ou étrangère ». La perspective d'une monnaie commune stable et forte telle que voulue par les chefs d'État et de gouvernement de l'Afrique centrale en novembre 2019 requiert alors selon les experts, « trois (3) principaux axes complémentaires de réformes stratégiques à conduire avec une forte volonté politique et une coordination régionale renforcée » que sont : la restauration de la souveraineté monétaire des États de la CEMAC, le refonte de la convention de l'UMAC, des statuts de la BEAC et de la COBAC (avec changement de nom de la monnaie, choix du régime de change, remplacement de la garantie de la France, renforcement de l'indépendance et de la gouvernance de la BEAC, création d'un hôtel des monnaies de l'Afrique centrale), l'organisation de l'adhésion des autres États de la CEEAC à l'union monétaire de l'Afrique centrale...

Section 2 : La non-prise en compte des spécificités des régions fragiles

Les réformes examinées, soit dans le cadre de la rationalisation des CER, soit au sein du PREF présentent une autre limite portant sur le fait qu'elles ne tiennent pas compte des spécificités particulières que présentent certains États de l'Afrique centrale en proie à des problèmes sécuritaires chroniques, et donc souvent incapables d'assurer la continuité normale de l'État, un bon climat des affaires, et des activités productrices sereines. Les différentes réformes analysées apparaissent intangibles (I). Une conception basée sur les contradictions du libéralisme et qui va difficilement redresser la situation des États et les régions fragiles (I).

I/Des réformes intangibles

Le PREF en tant que programme, est structuré autour de cinq piliers pour l'ensemble des six pays membres de la CEMAC sans exception. Ces piliers portent sur les politiques budgétaires, la politique monétaire et le système financier, les réformes structurelles, l'intégration régionale et la coopération internationale. Toutes les réformes et actions mises en œuvre dans le cadre de ce programme sont incorporées dans une matrice. Celle-ci définit par pilier : les objectifs généraux, les objectifs spécifiques, les actions, les critères de réalisation, les entités en charge de la mise en œuvre de ces réformes, l'ordre de priorité de celles-ci, ainsi que les échéances de réalisation sans prise en compte d'une quelconque spécificité des pays dans le suivi-évaluation de la mise en œuvre par le PREF-CEMAC[216]. En réponse, les experts du PREF présentent un certain nombre d'arguments qui justifient cette intangibilité.

Concernant les craintes sur le risque souverain dans une région où il existe des États souvent en forte difficulté financière, et où les changements de régime sont souvent brusques, les réformes en cours dans le cadre du PREF-CEMAC, notamment du pilier 1 qui porte sur les politiques budgétaires, entendent minimiser et éviter ce risque à travers l'harmonisation

---

[216]Réponses au questionnaire que l'auteur a adressé aux responsables du PREF-CEMAC à Brazzaville du 04 au 06 décembre 2023.

des règles budgétaires et l'amélioration de la coordination des politiques budgétaires, en vue de garantir la solvabilité de la dette publique des États membres de la CEMAC. C'est ainsi que depuis la mise en œuvre du PREF-CEMAC, le taux d'endettement moyen des pays de la sous-région est passé en deçà du seuil communautaire de convergence de 70 % du PIB. Il se situe en 2023 à 53,7 % du PIB et s'établirait à 43 % du PIB à moyen terme[217].

L'un des objectifs du pilier 1 est d'éviter ce type de situation. C'est pour cela que les réformes du pilier 1 portent sur : (i) le renforcement de la politique fiscale, avec pour objectif le renforcement de la mobilisation des recettes non pétrolières et des capacités de l'administration fiscale. Les actions prévues dans ce cadre portent, entre autres, sur la poursuite de la rationalisation des dépenses fiscales, le renforcement de la transparence dans le cadre de la parafiscalité, la mise en place d'un compte séquestre à la BEAC pour la sécurisation des remboursements de crédits TVA, la généralisation de l'utilisation d'un numéro d'identifiant fiscal unique ; (ii) la rationalisation de la gestion financière des États, notamment l'optimisation de la gestion de la trésorerie publique afin de réduire les coûts d'opportunité liés à la dispersion des dépôts publics. Il s'agit en particulier de la centralisation des comptes des trésors publics à la BEAC ; (iii) la rationalisation et l'amélioration de la qualité et de l'efficacité de la dépense publique, en conduisant des politiques budgétaires ciblées en matière de dépenses publiques à travers leur ciblage et la réduction des subventions aux entreprises. Il est également question d'améliorer la qualité des dépenses publiques, notamment celle des investissements publics considérés comme prioritaires, en rationalisant les choix budgétaires en fonction de la rentabilité économique et sociale, tout en préservant les dépenses sociales (éducation, santé, affaires sociales, jeunesse, promotion de la famille) ; et (iv) l'harmonisation des règles budgétaires et l'amélioration de la coordination des politiques budgétaires à travers le suivi de l'application des nouveaux critères de surveillance multilatérale, et l'accélération de la transposition et la mise en œuvre des nouvelles directives de gestion des finances publiques.

En 2022, en termes de réalisation de la mise en œuvre des actions de ces réformes, par pays, on peut relever entre autres les points suivants :

— Au titre du renforcement de la politique fiscale, au Cameroun, pour améliorer sa performance budgétaire, le gouvernement s'est engagé à renforcer la mobilisation des recettes internes non pétrolières et à améliorer l'efficacité des dépenses publiques afin de réduire le déficit budgétaire global de 3,1 % du PIB en 2021 à 1,8 % en 2022, et de maintenir la dette

[217] Babissakana, 2021, « Monnaie commune de l'Afrique Centrale et nouvellecoopération avec la France », https://ndengue.com/monnaie-commune-de-lafrique-centrale-et-nouvelle-cooperation-avec-la-france-par-babissakana/ , consulté le 25 janvier 2024.

publique en dessous de 50 % du PIB. Cet engagement s'est traduit dans la loi de finances 2022 par la mobilisation supplémentaire de recettes non pétrolières de l'ordre de 0,8 % du PIB.

En RCA, certaines réformes mises en œuvre ont conduit à la segmentation de la population fiscale marquée par la reclassification et la migration de certaines entreprises de la direction de la fiscalité des petites entreprises à la direction de la fiscalité des moyennes entreprises, et de certaines entreprises de la direction de la fiscalité des moyennes entreprises à la direction de la fiscalité des grandes entreprises.

Au Congo, les actions menées ont porté sur (i) le renforcement de la mobilisation des recettes non pétrolières, à travers l'interconnexion des systèmes d'information des régies financières (impôt, douane et trésor) ; l'obligation d'utilisation de numéro d'identifiant unique) ; la rationalisation des dépenses fiscales (suppression des exonérations exceptionnelles) ; la numérisation des déclarations douanières et fiscales, ainsi que des paiements des recettes y afférentes ; l'opérationnalisation du compte unique du trésor (CUT) et sur (ii) : le renforcement des capacités de l'administration fiscale, à travers : la dynamisation des unités de fiscalité (unités des grandes entreprises, unités des petites et moyennes entreprises, conservation foncière, unités de fiscalité des particuliers, unicité de la fiscalité pétrolière) ; la dynamisation des postes de douane installés auprès des sociétés forestières et minières ; la mise en œuvre du plan de renforcement des capacités des agents ; l'allocation des moyens matériels d'opérationnalité et aménagement des locaux.

Au Gabon, l'exécution du budget à fin septembre 2022 fait apparaitre une hausse des recettes hors pétrole de près de 8 %, comparativement à septembre 2021, soit, 12 % du PIB hors pétrole contre 11,3 % du PIB hors pétrole un an auparavant. Le Gabon a pris des mesures pour rationaliser les exonérations fiscales et douanières dans la Loi de finances 2022.

En Guinée-Equatoriale, pour renforcer la mobilisation des recettes non pétrolières, le gouvernement a pris des mesures pour la promotion et le développement de l'impôt foncier. Par ailleurs, pour renforcer les capacités de l'administration fiscale, les numéros d'Identification fiscale unique (NIF) des entreprises actives ont été mis à jour et publiés.

Au titre de la rationalisation de la gestion financière des États, au Cameroun, pour optimiser la gestion de la trésorerie publique afin de réduire les coûts d'opportunité liés à la dispersion des dépôts publics, la modernisation de la gestion de la trésorerie à travers l'opérationnalisation du Compte unique du trésor (CUT) est en cours de mise en œuvre par le gouvernement.

Au Congo, le gouvernement a mené des actions qui ont porté sur l'optimisation de la gestion de la trésorerie publique par la création d'un comité de trésorerie, ainsi que la mise en place du Compte unique du Trésor. Au Gabon, ce Compte est opérationnel. Les comptes des administrations publiques ont été fermés dans les banques commerciales et rapatriés à la Banque centrale. À cet égard, pour améliorer le fonctionnement dudit compte, un dialogue s'est instauré entre le Trésor et la Banque centrale afin que cette dernière soit en capacité de proposer une plateforme pouvant faciliter les échanges et l'exécution des ordres des comptables.

En matière de conduite des politiques budgétaires ciblées en matière de dépenses *publiques*, au Cameroun, la politique du gouvernement en matière de finances publiques sur la période 2022-2024 continue de reposer sur un effort de consolidation visant à assurer la soutenabilité budgétaire de ses opérations financières. Ceci se fait dans l'optique d'éviter un endettement public non viable, tout en garantissant la bonne mise en œuvre de la SND30 en cohérence avec les orientations du nouveau programme économique et financier conclu avec le Fonds Monétaire International (FMI).

Au Congo, le gouvernement a mis en place un plan d'apurement des arriérés, alors qu'au Gabon, il a été mis en œuvre un guichet unique pour le recouvrement des taxes et impôts et la négociation avec les entreprises de BTP et des banques en vue de l'établissement d'un plan d'apurement du stock des arriérés comprenant une période de remboursement de 10 à 14 ans, et des amortissements annuels de 100 milliards de FCFA.

II/Une conception basée sur les contradictions du libéralisme et non favorables aux États fragiles

Toutes les solutions retenues dans le cadre des réformes du PREF sont incontestablement salutaires pour redresser à brève échéance la situation globale des États d'Afrique centrale. Elles portent sur le renforcement de la politique budgétaire, la rationalisation de la gestion financière des Etats, la rationalisation et l'amélioration de la qualité et de l'efficacité de la dépense publique, ou encore l'harmonisation des règles budgétaires. Les Etats sont appelés à prendre de part et d'autre, des mesures favorables au libre épanouissement des entreprises, à l'instar de la migration de certaines d'entre elles de la catégorie des petites entreprises à celle des entreprises moyennes et celles des entreprises moyennes à celle des grandes entreprises. L'on voit également émerger des mesures pour rationaliser les exonérations fiscales et douanières, supprimer les exonérations exceptionnelles, la numération des déclarations douanières et fiscales, l'allocation des moyens matériels d'opérationnalité et aménagement des locaux, etc.

Toutes les mesures ci-dessus citées convergent vers les exigences du libéralisme que prônent les grandes institutions financières internationales, et qui assignent à l'État le rôle de stimulateur des investissements et d'harmonisation des conditions de la concurrence par un allègement du fardeau fiscal, l'élimination des règlementations trop contraignantes ou discriminatoires, la restriction des pratiques monopolistiques, etc.[218]. Limité à son rôle minimal, l'État doit protéger le libre-échange sans l'encombrer, en mettant ses institutions au service de l'initiative privée qui, elle, est créatrice de richesses et de « bonheur ». C'est ce libre-échange protégé qui sera source de croissance et de prospérité, car les libéraux soutiennent que la richesse des nations repose sur le développement du libre commerce au sein des Etats et entre les États. Le marché doit être libre pour que le monde soit prospère. Le commerce libre entre les nations les rend interdépendants du point de vue économique et pacifique du point de vue politique. Source de croissance et de richesses, le libre-échange serait également source de paix. Il faut éviter de le perturber par le protectionnisme, les contrôles et les règlementations trop contraignantes ou encore les pratiques monopolistiques des entreprises. Tout commerce serait par essence avantageux et toute guerre est par essence désavantageuse. Le commerce rendrait rapidement la guerre obsolète en renforçant et multipliant les intérêts personnels qui lui sont opposés. Le libre-échange serait un moyen pour assurer la paix universelle et permanente. Une société commerciale tendrait naturellement à la paix, car les peuples satisfaits ne se font pas la guerre (Richard Cobden, John Hobson, John Rawls, Norman Angell…). Ces propositions se trouvent également chez les penseurs de l'économie politique internationale. Pour Susan Strange, la paix et la guerre entre les nations ont cessé d'être une préoccupation première des relations internationales, et la guerre entre les grands États est devenue une option bien trop dangereuse. Le commerce est mieux pour eux en raison du fait qu'il aboutit à la prospérité[219]. Pour Richard Cobden ou Michel Chevalier, la liberté laissée au mouvement international des marchandises serait un « gage de paix », et elle permettrait à chaque nation d'avoir accès aux avantages économiques dont les autres sont dotées. Cela atténuerait l'envie et l'esprit belliqueux, et pourrait établir entre les peuples, dans leurs activités économiques, un sentiment de solidarité propice à la coopération politique[220].

Les propositions ci-dessus excellemment formulées semblent s'adresser aux États « normaux », c'est-à-dire ceux dont les institutions fonctionnent normalement et qui peuvent se soumettre, non seulement à toutes les réformes nécessaires, mais également mettre en place toutes les mesures adéquates pour l'exercice libre du commerce. Lorsqu'un État ou une région n'est pas stable, qu'elle est permanemment en guerre, ou qu'elle sort d'une série de guerres comme c'est le cas de plusieurs États en Afrique

---

218 Ethier D, 2010, *Introduction aux relations internationale*, Presses de l'Université de Montréal, Montréal.

219 Story J C, *op, cit.*, p. 437.

220 Renouvin P et Duroselle J B, 1965, « Introduction à l'histoire des relations internationales », *Population*, Vol. 20, no 3, p. 68.

centrale, comment peut-il aisément se soumettre à tous ces vertueux principes du libéralisme reproduits dans nos sociétés ?

La notion d'État ou de région fragile n'est pas une aberration ou une clause de style, tant pour la région Afrique centrale que pour l'ensemble de l'Afrique, car elle fait penser à de nombreux cas soumis aux différentes réformes actuelles. Elle est associée aux efforts de l'ONU et issue fondamentalement des travaux de l'Organisation pour la Coopération et le Développement Economique (OCDE) qui définit la fragilité comme la combinaison de l'exposition au risque et des capacités d'adaptation insuffisantes de l'État, du système et/ou des communautés pour gérer, absorber ou atténuer ces risques. Les contextes fragiles représenteraient un quart (24 %) de la population mondiale, mais trois quarts (73 %) des personnes vivent dans l'extrême pauvreté dans le monde. La fragilité compromet les personnes, la planète et la prospérité. Dans un monde interconnecté, s'attaquer aux causes profondes de la fragilité multidimensionnelle est essentiel pour le développement durable et la paix[221]. Les cinq facteurs de fragilité identifiés par l'OCDE correspondent, non seulement aux préoccupations de l'ONU, mais aussi aux caractéristiques des États africains : violence, résilience, justice, bases économiques et institutions fragiles, etc. La République centrafricaine, le Tchad, et la République démocratique du Congo, pour ce qui est de l'Afrique centrale sont en 2015 identifiés comme Etats fragiles, et ils le sont encore aujourd'hui comme d'autres États de l'Afrique centrale.

L'on est d'ailleurs proche de ce que William Zartman appelle à partir des années 1990 « État failli » ou « État défaillant », « État en déliquescence », voire « État échoué » ou en « échec » traduisant la notion anglaise de « failed state » qui désigne « un État reconnu en droit international, mais qui n'exerce pas en pratique le contrôle sur une partie significative de son territoire, cette partie non contrôlée pouvant être qualifiée de zone grise »[222]. Ce type d'État possède bien un territoire, une population permanente et des institutions selon la définition classique d'un État. Il entretient également des relations avec les autres États proches ou lointains, mais ses institutions sont trop faibles pour contrôler totalement le territoire et la population qu'il revendique et que les autres États lui reconnaissent[223]. De nombreux classements internationaux publient chaque année des classements des États fragiles en fonction de leur stabilité. Celui de la revue Foreign Policy[224] et du

---

221 https://www.oecd.org/dac/states-of-fragility-fa5a6770-en.htm consulté le 13 mars 2023 à 16H 47mn

222 Notions en débat. État failli, État de facto, quasi-État — Géoconfluences (ens-lyon.fr) consulté le 07 février à 02h25mn.

223 Ibid.

224 Fondée par Samuel Huntington.

Fonds pour la paix[225] qui publie depuis 2005 ce type d'index sur la base des douze critères que sont : la pression démographique, les déplacés et réfugiés, les violences communautaires, l'émigration, les inégalités, le déclin économique, la légitimité de l'État, l'efficacité des services publics, les droits humains et l'État de droit, l'appareil de sécurité, la division des élites, et les interventions étrangères[226]. Plus les Etats sont classés dans les premiers rangs, plus ils se rapprochent de la note totale et plus ils sont proches de la notion d'Etat failli. Le *Fragile States Index* produit par The *Fund For Peace* donne le classement suivant pour les 11 États d'Afrique centrale en 2023 : Angola (39e/179), Burundi (20/179), Cameroun (21e/ 179), Centrafrique (8e/179), Congo (28e/179), RDC (4e/179), Gabon (99e/179), Guinée Equatoriale (42e/179), Rwanda (44e/179), Sao Tomé et Principe (86e/179), Tchad (Non classé)[227]. Presque tous ces États disposent de zones grises sur leur territoire, c'est-à-dire des espaces de dérégulation sociale de nature politique ou socio-économique échappant au contrôle de l'État et vivant sous l'emprise « des groupes alternatifs » qui développent une économie parallèle[228]. Ces zones sont considérées par le pouvoir central comme étant « hors-système », alors qu'elles ne se considèrent pas elles-mêmes comme telles, mais exploitent simplement les faiblesses de l'État. Elles aspirent à une indépendance politique ou économique vis-à-vis de l'État central et sont le siège d'une insécurité permanente dont la première cible est les institutions de l'État et ceux qui l'incarnent. Les efforts des pouvoirs publics consistent alors à ramener le territoire dans le giron de la République en usant certes de la force, mais en mettant également en place des mesures incitatives de retour à la norme.

Face aux situations différenciées, le libéralisme propose le principe du gouvernement différentiel qui nous vient des préoccupations de Montesquieu qui a cherché à savoir comment gouverner différentiellement de telle sorte que les particuliers se sentent libres, c'est-à-dire en sûreté. Pour lui, il faudrait d'une part « éclairer » les particuliers, c'est-à-dire leur faire prendre conscience que les contraintes auxquelles ils sont assujettis sont objectivement déterminées par la conjoncture et ne peuvent pas être transformées *ex nihilo.* D'autre part, il faut que l'on sache gouverner en usant différentiellement du droit, des mœurs et des manières en référence à l'état de la conjoncture[229]. L'« habileté suprême » de l'administration se juge par l'aptitude à savoir « quel type de contraintes employer en fonction des

---

[225] Organisation américaine fondée en 1957 dans le contexte de la guerre froide et qui défend la vision du monde des Etats-Unis.

[226]Ibid.

[227]Country Dashboard | Fragile States Index consulté le 07 février 2024 à 02H53.

[228] Zone grise — Géoconfluences (ens-lyon.fr) consulté le 07 février 2024 à 02H53.

[229] Binoche B, 2004, « Les deux principes du libéralisme », *Actuel Marx*, n°36, p. 141.

circonstances, sachant que le sentiment de liberté résulte de l'écart entre ces régimes qui doivent être non seulement distincts, mais encore hétérogènes au sens où ils ne s'instituent ni s'exercent identiquement »[230].

La ZLECAf semble bien gérer cette démarche différentielle dans son processus de libéralisation des échanges, en tenant compte des situations hétérogènes entre les pays les moins avancés (PMA) et les pays en développement (PVD). Les États partis à la convention de Kigali (2018) ont convenu d'éliminer les droits de douane progressivement en tenant compte de l'hétérogénéité des situations en présence. Il est prévu que 97 % des lignes tarifaires seront libéralisées sur une période convenue tout en se laissant la liberté d'exclure un maximum de 3 % du total des lignes tarifaires dans le cadre de la libéralisation. Des 97 % de produits dont les tarifs devraient être réduits et supprimés, il existe deux situations en présence. Pour les premiers 90 % des produits, les droits de douane seront éliminés sur cinq ans dans les pays africains les plus avancés et sur dix ans pour les PMA. Les 7 % restants, désignés comme lignes tarifaires sensibles seront certes réduits et éliminés, mais dans un délai plus long. Les pays en développement le feront sur 10 ans, tandis que les PMA se voient accorder un délai de 13 ans. Il est prévu que les PMA commencent à libéraliser les produits sensibles 5 ans après le début des échanges dans le cadre de l'accord, c'est-à-dire jusqu'au 1er janvier 2026. La date de la fin de la libéralisation tarifaire resterait inchangée tout de même. Au final, toutes les réductions s'effectuent par tranches annuelles égales[231].

Les réformes en cours, tant au sein de la CEEAC que de la CEMAC, ne gagneraient-elles pas à renforcer leur pertinence sociale et politique en ouvrant une brèche sur l'accompagnement de ces États et régions fragiles au sein des États en Afrique centrale ?

---

[230]Ibid.

[231] ONU/CEA et Centre africain pour les politiques commerciales (CAPC), 2023, *La ZLECAf : Tout ce que vous devez savoir. Foire aux questions et réponses*, n°1, p. 17.

Chapitre 9
Le cadre organisationnel et système de valeurs de la future CER unique

Dans ce chapitre, il est question de répondre empiriquement à la question théorique de savoir si tout changement produit nécessairement des bons résultats et quels sont les bénéfices qui en découleront. Il s'agit de tenter une anticipation pour éclairer le processus d'intégration présent, c'est-à-dire les décisions des États à la lumière des futurs possibles et souhaitables. Plusieurs préoccupations nous intéressent ici : quels sont les effets que la création d'une nouvelle CER peut produire sur l'intégration en Afrique centrale au plan politique, institutionnel, et sécuritaire ?

Lors de la cinquième réunion du Conseil des ministres du COPIL/CER-AC tenu en août 2022 à Yaoundé au Cameroun, les plénipotentiaires de la CEMAC et de la CEEAC ont validé le projet de traité constitutif de la « future » CER d'Afrique centrale, et l'ont transmis avec avis favorable au président camerounais en charge du processus de rationalisation dans la région. Le présent chapitre a ainsi pour objectif de présenter l'architecture de la nouvelle CER proposée par le COPIL et la gouvernance qu'elle va engendrer.

Vu sous le prisme du change management, le changement organisationnel dans lequel s'intègre harmonieusement la rationalisation des CER en cours en Afrique centrale — demande de tenir compte de trois éléments complémentaires et en interaction : (1) le cadre organisationnel qui permet d'appréhender les conditions de la performance ; (2) les interactions entre les personnes ou groupes de personnes qui composent l'Organisation et qui sont la meilleure porte d'entrée pour comprendre son fonctionnement réel, sa vraie vie ; (3) et le système de références communes qui constituent les fondations de l'organisation et qui seul offre l'opportunité de plonger dans les profondeurs de l'Organisation et d'accéder à son identité[232]. Ce chapitre va se limiter à examiner le cadre organisationnel (section 1) et le système de valeurs communes qu'instaure la future CER unique (section 2).

---

[232] Delavallée E, 2014, *Les 10 règles d'or du changement. Une méthodologie et des outils opérationnelles pour conduire vos transformations*, Eyrolles, Paris, pp. VIII-IX.

Section 1 : La structure globale de domination au sein de la future CER

Nous mobilisons la notion de « structure de domination » ou de « contrainte » parce que les rapports existants entre les différentes structures de la future CER unique sont fondamentalement dissymétriques ou asymétriques. Au sens de Max Weber (Économie et société), nous sommes en présence d'un phénomène structurel qui définit le champ d'exercice de l'autorité sur le fondement de quelques principes essentiels[233]. Les comportements de certains acteurs, par leur contenu significatif, se règlent sur celui des autres et s'orientent en conséquence au point où une asymétrie s'instaure entre l'agir des uns et celui des autres. Cette domination met en place « un ensemble d'attentes émanant d'un ou de plusieurs acteurs concernant le comportement probable d'autres acteurs. Les uns et les autres agissent en référence à un sens et à une norme »[234] qui institue la domination.

Deux appellations ont été proposées à la future CER en Afrique centrale : Communauté Economique et de Développement de l'Afrique Centrale (CEDAC) en anglais *Central African Economic and Development Community* (CAEDC), et Communauté de l'Afrique Centrale (CAC) en anglais *Central African Community* (CAC). Selon le COPIL/CER-AC, le projet de traité instituant une seule communauté répond à la volonté des chefs d'État de l'Afrique centrale d'aboutir à terme à une seule CER dans la région. Il a ainsi vocation à remplacer les traités de la CEEAC, de la CEMAC et de la CEPGL dès le dépôt du 7e instrument de ratification. Par ce fait même, l'on peut parler de la naissance prochaine d'un nouvel « ordre communautaire » qui viendra remplacer les différents ordres existants. Certes l'on n'est pas en présence d'une autorité centrale qui surplomberait toutes les structures, mais l'on a une hiérarchie au-dessus de laquelle on a la conférence des chefs d'État et des priorités collectives et hiérarchisées ayant au-dessus d'elles les questions d'intégration et de développement économique suivies de celles du développement durable et enfin celles de la paix et de la sécurité.

L'architecture de la future CER permet de distinguer d'une part, son caractère inter-étatique et ses aspects intégratifs, le premier volet l'emportant sur le second et confirmant l'option historique qui a toujours été retenue en Afrique centrale de mettre sur pied des regroupements inter-étatiques, où les gouvernements des États contrôlent tous les processus, laissant simplement aux institutions d'intégration la possibilité de mettre en œuvre les décisions prises au niveau des instances inter-gouvernementales, et accordant très peu

---

[233] Guibet Lafaye C, 2014, « La domination sociale dans le contexte contemporain », *Recherches sociologiques et anthropologiques* [En ligne],45-1 consulté le 05 mars 2024. URL : http://journals.openedition.org/rsa/1203 ; DOI :https://doi.org/10.4000/rsa.1203.
[234] *Ibid.*

de place aux autres acteurs hors souveraineté dont les rationalités devraient pourtant être prises en compte pour une pleine réussite des objectifs, politiques, programmes et projets.

Il est question d'identifier parmi les organes de la future CER quels sont ceux où ne siègent que les représentants des États membres et ceux composés exclusivement des fonctionnaires de la communauté travaillant indépendamment des ordres étatiques. Les premiers qui sont des organes inter-étatiques maintiennent l'inter-étatisme ou inter-gouvernementalisme, et montrent que l'ensemble des échanges au sein de la communauté est l'œuvre des gouvernements des États à travers leurs marchandages répétés, et que bien que nous soyons dans processus d'intégration, celui-ci est commandé par les gouvernements. Les États partagent leur souveraineté entre eux. Les instances communautaires n'ont que la charge de traduire leur volonté en acte sur la base des décisions prises soit en conférence des chefs d'État, soit en conseil des ministres, même s'il leur est reconnu un droit d'initiative en matière normative comme c'est le cas de la commission de la future CER d'Afrique centrale.

I/La prééminence hiérarchique des organes gouvernementaux

Au nombre de trois, les organes inter-étatiques de la future communauté sont : la conférence des chefs d'État, le conseil des ministres, et le comité des représentants permanents. Le caractère inter-étatique ou intergouvernemental de ces organes est principalement identifiable à leur composition où l'on retrouve particulièrement les représentants des États membres de la communauté. Ceux qui prennent les décisions au sein des organes inter-étatiques le font sur les consignes données par les gouvernements des États dont ils sont des plénipotentiaires. Ils peuvent être pléniers lorsqu'y siège l'ensemble de représentants des membres de l'organisation, ou restreints lorsque ne siègent que certains représentants des États membres235. Dans un cas comme dans l'autre, les plénipotentiaires font valoir la voix de leur État lors des rencontres régionales et sous-régionales tout en recherchant un consensus communautaire. Cette conciliation entre intérêts des États et intérêt communautaire institutionnalisée au sein de l'Union européenne est désignée sous l'expression très discutée de « méthode communautaire ». Celle-ci consiste à assurer le traitement équitable de tous les États membres, des plus grands aux plus petits, et fournit un moyen d'arbitrer entre divers intérêts au travers de deux filtres successifs : l'intérêt général, au niveau de la commission et la

[235]https://cours-de-droit.net/structure-et-composition-des-organisation-internationales-

représentation démocratique, européenne et nationale, au niveau du conseil et du parlement, qui constituent ensemble le pouvoir législatif de l'UE[236].

La conférence des chefs d'État qui est l'autorité suprême de la communauté est un organe inter-étatique restreint, composé exclusivement et statutairement des chefs d'État qui peuvent être exceptionnellement représentés par leur chef de gouvernement. Elle définit la politique générale et les orientations fondamentales de la communauté. Elle est chargée notamment de définir et arrêter les politiques communautaires, de tracer les grandes orientations de la politique monétaire de la communauté, de fixer les sièges des organes, institutions et agences d'exécution de la communauté, de donner des directives au conseil des ministres en vue de l'harmonisation et de la mise en œuvre des politiques communes aux États membres, de solliciter le cas échéant, l'avis consultatif de la cour de justice et de la Cour des comptes sur toute question relevant de leurs compétences respectives, d'approuver après avis obligatoire du parlement, les demandes d'adhésion à la communauté, de créer toute autre agence d'exécution de la communauté, de donner des directives sur la gestion des conflits, des situations de guerre et autres situations d'urgence ainsi que sur la restauration et le maintien de la paix, de nommer et de mettre fin aux fonctions des premiers responsables des organes, institutions et agences d'exécution de la communauté, d'exercer tout autre pouvoir que lui confère le traité. Certaines de ces fonctions, pouvoirs ou attributions peuvent être délégués au conseil des ministres237. En dehors de l'adoption du traité constitutif et des conventions de la communauté (droit communautaire primaire), dans l'accomplissement de ses missions, la conférence prend des actes additionnels et des décisions. Les premiers sont des actes juridiques qui complètent le traité constitutif de la communauté sans le modifier. Ils s'imposent à tous les organes, institutions et agences d'exécution de la communauté ainsi qu'aux autorités nationales des États membres. Les décisions sont des actes juridiques obligatoires dans tous leurs éléments et applicables directement à l'égard des destinataires qu'elles désignent.

Le Conseil des ministres. Il est chargé d'assurer le bon fonctionnement et le développement de la communauté. Il assure neuf fonctions spécifiques : examine sur proposition de la commission, les questions à soumettre à la conférence, prend sur délégation de pouvoir de la conférence, des directives dans les domaines de l'harmonisation et de la coordination des politiques d'intégration économique, formule des recommandations à l'intention de la conférence sur toute action visant la réalisation des objectifs de la

---

[236] Dehousse R, 2013, « La méthode communautaire, système opérationnel par défaut de l'UE », *Notre Europe*, P. 1.

[237]Article 19 du projet de traité de fusion des communautés économiques en Afrique centrale.

communauté, adopte le budget de la communauté, après avis obligatoire du parlement et sans préjudice des textes particuliers, propose à la conférence la nomination des premiers responsables des organes, institutions, et agences d'exécution, nomme sur proposition du président de la commission après avis du comité inter-Etat, des hauts responsables au sein des organes, institutions et agences d'exécution, approuve le cadre organique et sans préjudice des textes particuliers adopte le statut de la fonction publique communautaire, le règlement financier et les statuts des agences d'exécution, demande en cas de besoin à la cour de justice et à la Cour des comptes des avis consultatifs sur toute question relevant de leurs compétences respectives, nomme aux fonctions d'agent comptable et de contrôleur financier après avis conforme de la Cour des comptes de la communauté. Le conseil des ministres coordonne les activités des institutions que sont la haute autorité monétaire, la haute autorité des marchés financiers, la Banque de Développement, et le groupe d'action contre le blanchiment d'argent en Afrique centrale. Il est composé de trois ministres par État membre que sont le ministre en charge de l'intégration régionale/des affaires étrangères/relations extérieures, le ministre en charge des finances et le ministre en charge de l'économie. Ils sont assistés d'un comité inter-Etats composé de trois experts par État membre dont l'organisation et le fonctionnement reposent sur un règlement adopté par le conseil des ministres. Le conseil des ministres peut, sur des questions ne portant pas sur la politique économique et financière de la communauté, réunir en formation ad hoc les ministres compétents dans le cadre d'un comité ministériel sectoriel. Ce comité ministériel sectoriel est assisté d'un comité d'experts du domaine considéré. Le conseil des ministres édicte des règlements, des directives et des décisions. Il peut également formuler des recommandations et émettre des avis. Un règlement est un acte juridique de portée générale, obligatoire dans tous ses éléments et applicable directement dans tous les États membres. Une directive est un acte juridique qui fixe des objectifs à atteindre par les États membres tout en leur laissant, en vue de sa transposition, la compétence quant à la forme et les moyens.

Le Comité des représentants permanents (COREP) est chargé d'étudier ou d'instruire, pendant l'intersession, sous la responsabilité du Conseil des ministres, les questions et projets que lui soumet la Commission ou toute institution de la Communauté. Il s'acquitte de toutes autres missions qui lui sont confiées en application du traité. Il se compose des ambassadeurs, représentants permanents ou autres plénipotentiaires des États membres auprès de l'État du siège de la Communauté. Sans être créé par le conseil des ministres, le COREP agit conformément aux règlements et directives de celui-ci et tient des réunions préparatoires à celles du conseil des ministres.

II/La complémentarité des structures à vocation communautaire

Malgré son caractère fortement inter-étatique ou inter-gouvernemental, la future CER prévoit également l'existence d'organes d'intégration où siègent des personnes ayant la nationalité des États membres de la Communauté, mais ne s'exprimant pas en leur nom. Ils agissent, soit en leur nom propre, soit au nom de l'organisation qui les emploie. L'on dit que les organes intégrés « symbolisent l'autonomie et l'indépendance de l'organisation ». Ils marquent à cet effet le caractère ou les aspects supranationaux de l'organisation. Les membres composant ces organes sont censés être neutres ou en tout cas, ne pas s'exprimer sur ordre de l'Etat dont ils ont la nationalité. Ce ne sont pas des représentants des États membres. Leur indépendance n'est pas vis-à-vis de l'organisation qui les utilise, mais vis-à-vis des États membres. D'où un statut prévoyant des privilèges et des immunités plus ou moins étendus, selon la place occupée par la personne qui en bénéficie dans l'organigramme de l'organisation. Dans ces organes intégrés, l'on peut distinguer les organes de direction, les organes administratifs et les organes juridictionnels.

La Commission. Organe de direction, la Commission est garante du bon fonctionnement et de l'intérêt général de la communauté. Elle se veut un organe d'intégration comme c'est traditionnellement le cas au sein des autres regroupements d'intégration, car, doivent entière loyauté à la communauté et ne rendent compte qu'à elle seule. Ils ne sollicitent ni n'acceptent directement ou indirectement d'instruction d'aucun gouvernement ni d'aucune autorité nationale ou internationale extérieure à la communauté. Ils s'abstiennent de toute conduite ou activité incompatible avec leur statut de fonctionnaire international, et chaque État membre s'engage à respecter ce caractère communautaire et supranational. Sauf dispositions contraires du traité constitutif et des textes subséquents, le président de la commission est le chef de l'exécutif de la communauté, il exerce ses fonctions dans l'intérêt général de la Communauté et dans le respect du traité constitutif. Il est représentant de la communauté. Lors de leur prise de fonction, les commissaires prêtent serment devant le président en exercice de la Commission : « Je jure de remplir fidèlement et loyalement les charges de ma fonction. Je m'engage, dans l'intérêt supérieur de la communauté, à observer les devoirs d'indépendance, d'impartialité, de réserve et d'honnêteté nécessaires à l'accomplissement de ma mission ». La commission est dépositaire et gardienne du traité et des textes subséquents. Le président, le vice-président ainsi que les commissaires, bien qu'étant désignés parmi les ressortissants des États membres, sont nommés non pas par ceux-ci pris individuellement, mais par l'assemblée des dirigeants de la Communauté, c'est-à-dire la conférence des chefs d'État pour une durée de cinq ans non renouvelables. Leur destitution ne peut venir que de cette conférence, sur propre initiative ou sur recommandation du conseil des ministres de la communauté. La commission dispose du droit d'initiative en matière normative à côté des pouvoirs d'exécution et de mise en œuvre des politiques et programmes communautaires impulsés et adoptés par les représentants des États dans les différents organes inter-gouvernementaux (conférence, conseil, etc.). La commission prend des règlements d'application des actes du Conseil des ministres et édicte des décisions. Elle peut également formuler des recommandations et/ou des avis.

Le Parlement communautaire : Dans l'exercice de ses fonctions consultatives et de contrôle démocratique, le parlement communautaire est un organe d'intégration. Il est composé de représentants de citoyens de la communauté, en raison de cinq députés par État membre. Ces membres seront élus au suffrage universel indirect pour un mandat de cinq (05) ans renouvelables, avec une obligation faite à chaque État parti d'envoyer des représentants reflétant autant que possible la configuration politique de leurs parlements nationaux et du critère du genre. Le futur parlement émettra des avis, prendra des résolutions et formulera des recommandations. Les pouvoirs et les compétences du futur parlement portent sur le contrôle démocratique des institutions, organes et agences d'exécution d'une part, et à la participation au processus décisionnel de la communauté d'autre part. Le contrôle démocratique porte sur plusieurs points : l'examen du rapport général du fonctionnement et de l'état de la communauté que présente au parlement, chaque année, le président de la commission, l'examen du rapport annuel sur l'exécution du budget de la communauté que lui présente la Cour des comptes, la possibilité d'entendre sur son initiative ou à leur demande, le président du Conseil des ministres, le président de la Commission, les premiers responsables des organes, le chef de toute agence d'exécution, la conduite de missions d'information, d'enquête ou d'observation, l'interpellation de la commission, la saisine du conseil des ministres, et le vote éventuel d'une motion de censure contre la Commission. Dans ces différents cas, le parlement fait des rapports ou vote des résolutions dont la force juridique n'est bien sûr pas déterminée. Dans le cadre de la participation au processus décision, le parlement émet soit des avis conformes, soit obligatoires, soit consultatifs, adopte des résolutions et fait des rapports et/ou des recommandations. Les avis conformes sont émis pour l'adhésion d'un État à la Communauté, les accords d'association avec les États tiers, l'exclusion et la réadmission d'un État de la Communauté. Les avis obligatoires sont émis pour l'adoption ou la révision de tous les actes de la Communauté. Ils sont relatifs à la promotion et à la protection des droits de l'homme, les accords internationaux affectant les institutions, organes et agences d'exécution de la communauté, les politiques en matière de paix et de sécurité de la communauté, les politiques communes de la Communauté, le budget de la Communauté, les impôts, taxes et tous prélèvements communautaires ; la révision du traité constitutif, des conventions et des protocoles de la Communauté, la libre circulation des personnes, des biens, des services et des capitaux, ainsi que le droit d'établissement, ou toutes autres politiques sectorielles qui lui seraient soumises par la conférence ou le Conseil des ministres. Le parlement émet des avis consultatifs pour la création des agences de la communauté, l'ouverture des représentations permanentes des institutions, organes et agences d'exécution de la Communauté, et les projets d'acte additionnel, de règlement et de directive.

La source du pouvoir du parlement (qui désigne les membres), sa composition (représentativité sociographique et politique), la durée des mandants, la force juridique des actes émis, les rapports avec les autres institutions de la structure globale de domination déterminent la consistance du pouvoir du parlement dans le processus décisionnel de la communauté telle que nous allons l'analyser dans le chapitre suivant.

La Cour de justice et des droits de l'homme *:* C'est un organe d'intégration en ce sens qu'elle exerce ses fonctions indépendamment des États membres, des organes, institutions et agences de la Communauté. Sa création répond au besoin de faire de la Communauté de l'Afrique centrale, un espace respectueux des principes de l'État de droit et des droits fondamentaux de la personne humaine. Elle a pour missions essentielles de garantir le respect du principe de la prééminence du droit et du principe d'équité dans l'interprétation et l'application des textes juridiques de communauté, notamment le traité et les textes subséquents et dans la garantie des droits de la personne humaine. Elle se veut également une sorte de gardienne des conventions et autres instruments juridiques universels et régionaux auxquels ont adhéré les Etats d'Afrique centrale, notamment les textes relatifs aux droits de l'homme, en l'occurrence, la charte africaine des droits de l'homme et des peuples (CADHP) et ses protocoles additionnels, la charte africaine des droits et du bien-être de l'enfant (CADBE) et la charte africaine de la démocratie, des élections et de la gouvernance (CADEG). Elle sera alors investie de la responsabilité de régler tous différends pouvant lui être soumis et relevant de sa compétence, ainsi que les différends pouvant surgir entre les États membres et les institutions, organes et agences d'exécution de la communauté. Elle a une triple fonction : juridictionnelle, arbitrale et consultative. Ses arrêts ont force obligatoire à l'égard des États membres, des organes, institutions et agences d'exécution de la communauté, ainsi que des personnes physiques et morales. L'indépendance des juges de la cour et donc l'intérêt communautaire sont théoriquement garantis ici par le fait que : bien qu'étant proposés par les gouvernements des États membres de la communauté, ils exercent un seul mandat de 06 ans non renouvelable, et n'espèrent donc pas revenir aux mêmes fonctions. Toutefois, il est prévu un renouvellement de la moitié des membres de la cour tous les trois (03) ans. En vue du premier renouvellement partiel, il est procédé, avant l'entrée en fonction des juges, à un tirage au sort, par le conseil des ministres, pour désigner les six (06) membres qui bénéficient d'un mandat limité à trois (03) ans. Cette indépendance aurait pu être encore mieux garantie s'ils étaient proposés par leurs pairs dans un cadre des regroupements non gouvernementaux.

La Cour des comptes. Elle est créée sur la conviction selon laquelle : la bonne gouvernance de la communauté nécessite la mise en place d'une Cour des comptes autonome et indépendante, capable de veiller à une gestion financière saine, rigoureuse et efficace des ressources, et dans le souci de voir le droit communautaire découlant du traité constitutif être appliqué dans les conditions propres à garantir la mise en place des procédures administratives, financières et comptables harmonisées ainsi que l'exécution généralisée des bonnes pratiques au niveau des institutions, des organes et agences d'exécution de la communauté. C'est un organe à vocation d'intégration, car elle se veut indépendante des États membres, des organes, institutions et agences d'exécution de la communauté avec des fonctions juridictionnelles et non-juridictionnelles. Elle est chargée du contrôle juridictionnel des comptes des comptables, du contrôle de la bonne gestion des ressources financières ainsi que de la discipline budgétaire et financière de la Communauté, sans préjudice des textes particuliers. Cela suppose l'examen de la régularité des actes de gestion des ordonnateurs, de l'économie des moyens mis en œuvre et de l'évaluation des résultats atteints par rapport aux objectifs fixés dans les programmes d'actions des politiques communautaires. Toutefois, l'indépendance des membres de la Cour des comptes peut être discutable dans la mesure où ils sont proposés par les États membres de la communauté, en plus un renouvellement de la moitié des membres a lieu tous les) trois (03 ans, et au terme de ce premier mandat de triennal, les titulaires peuvent bénéficier d'un nouveau mandat de six [06] ans. Comme c'est le cas de la Cour de justice, les arrêts de la Cour des comptes sont exécutoires à l'égard des États membres, des organes, institutions et agences d'exécution de la communauté ainsi que des personnes physiques et morales.

La Haute Autorité Monétaire [HAM]. Dans une future communauté qui pourrait regrouper des Etats ayant des monnaies différentes, cette institution a été créée sur la base de l'idée que l'intégration monétaire et financière constitue un important levier pour former des espaces économiques viables s'appuyant sur un marché commun. Cela suppose qu'il faut améliorer la fluidité des échanges commerciaux et des systèmes de paiement, promouvoir la mobilité des capitaux entre les onze États membres et réduire les coûts des transactions transfrontalières. L'établissement d'une coopération monétaire et financière fondée sur l'appartenance à une communauté serait alors de nature à soutenir la coordination des politiques économiques ainsi que la mise en œuvre des actions communes dans les domaines essentiels de la vie communautaire. L'institution pourrait alors servir de cadre pour bâtir de manière pragmatique une zone de stabilité monétaire et financière régionale, fondée sur une politique de convergence et de convertibilité visant l'élimination des restrictions sur les mouvements de capitaux et la suppression ou la diminution des différentiels de taux d'intérêt et des variations des taux de change. La coopération monétaire et financière et la stabilité des taux de change, conditions favorables à l'essor du commerce au sein de la communauté pourrait limiter le risque de change et une gestion des trésoreries multidevises[238]. La HAM est chargée de coordonner le processus de mise en place d'une union monétaire, d'une banque centrale et d'une monnaie unique à travers notamment le suivi de la convergence macro-économique, l'harmonisation des politiques monétaires, ainsi que la régulation et la supervision bancaire, l'intégration du secteur financier et le développement des systèmes de paiement et la promotion de la stabilité financière. L'institution est déclarée autonome, mais « rattachée de manière fonctionnelle » au conseil des ministres. Elle prendra des décisions, édictera des principes et lignes directrices, formulera des recommandations et émettra des avis.

La Haute Autorité des Marchés Financiers. Elle est également créée sur la base de l'idée que : l'intégration et la coopération financières constituent un important levier dans la construction d'une économie régionale forte assise sur un marché commun. Il s'agit donc de bâtir une zone de stabilité financière régionale. Elle est chargée d'harmoniser la régulation des marchés financiers, de veiller à la protection de l'épargne publique, au bon fonctionnement des marchés financiers de la région et à la stabilité financière. Elle est à cet effet chargée de promouvoir l'accès de tous les acteurs économiques de l'espace communautaire à tous les marchés financiers existants, dans des conditions d'égalité, de sécurité et de transparence. Elle veille également à renforcer la coopération entre les autorités de régulation et entre les différents marchés financiers au sein de communauté de l'Afrique centrale, à travers notamment l'harmonisation des procédures et des pratiques en matière de supervision des marchés financiers ; l'harmonisation des règles qui s'appliquent aux acteurs, aux structures et aux produits sur les différents marchés financiers de la communauté de l'Afrique centrale ; le suivi de l'application harmonisée, au sein des différents marchés financiers, des dispositions des règlements adoptés par le conseil des ministres et des décisions prises par la haute autorité ; la prise des dispositions visant à assurer la convergence des marchés financiers de la région, leur interconnexion et l'égalité d'accès de tous les acteurs et intervenants dans les différents marchés financiers, etc. Comme c'est le cas de la Haute autorité monétaire, elle se veut autonome,

[238]Préambule du projet de Protocole régissant la Haute Autorité monétaire de l'Afrique centrale.

mais « rattachée de manière fonctionnelle » au conseil des ministres de la communauté. La haute autorité des marchés financiers prendra des décisions, édictera des principes et lignes directrices, formulera des recommandations et émettra des avis[239].

La Banque de Développement des États de l'Afrique Centrale. Elle est chargée de trois grandes missions : i) promouvoir le développement durable et contribuer à l'intégration économique des pays d'Afrique centrale, notamment par le financement des investissements nationaux, multinationaux et des projets d'intégration économique ; ii) apporter son concours aux États membres, aux organes, institutions, agences d'exécution, aux institutions financières et opérateurs économiques, dans leurs efforts pour la mobilisation des ressources financières et le financement des projets pour préserver les écosystèmes et lutter contre le changement climatique et améliorer les conditions de vie des citoyens de la communauté ; iii) appuyer les États membres, les organes, institutions, agences d'exécution et les opérateurs économiques dans le financement des études de faisabilité des programmes et projets et la réalisation de ces derniers. Comme c'est le cas de la haute autorité monétaire et celle des marchés financiers, elle se veut autonome, mais « rattachée de manière fonctionnelle » au Conseil des ministres.

Le Conseil économique, social et environnemental : C'est une institution à caractère consultatif rattachée de manière fonctionnelle au parlement de la Communauté. Elle est composée des représentants des différentes catégories d'activités économiques, sociales et environnementales. Elle comprend notamment les observatoires suivants : l'observatoire des affaires économiques et du marché commun, l'observatoire du développement du capital humain et de l'inclusion sociale, l'observatoire de l'environnement et du développement durable et l'observatoire de la recherche, de l'innovation et de l'économie numérique. À ce titre, le CESE constitue l'espoir qui permettra aux différents représentants des catégories d'activités de se faire entendre pour mieux défendre leurs intérêts. Toutefois, tout dépendra du pouvoir qui lui sera accordé et des relations inter-institutionnelles qu'il entretiendra avec les autres organes de décision et le leadership de ses dirigeants. Le CESE émettra des avis et formulera des recommandations.

Le médiateur. Il est chargé de concilier ou de faire la médiation entre les citoyens et les organes, institutions et agences d'exécution de la communauté. Il est rattaché de manière fonctionnelle au parlement et à la

[239] Projet de protocole régissant la Haute Autorité des Marchés Financiers d'Afrique centrale.

commission. Il est garant du droit des citoyens à une bonne administration. Il émet des avis et formule des recommandations.

Le Conseil de paix et de sécurité (COPAX) a été retenu comme mécanisme de coopération et de décision en matière de défense commune, de promotion, de maintien et de consolidation de la paix, de la sécurité et de stabilité de la communauté. C'est l'architecture sécuritaire de la CEEAC. Il dispose d'un système d'alerte et de sécurité régionale dont le but est de permettre une réaction préventive, rapide et efficace face aux situations de crises et conflits en Afrique[240]. Celui-ci compte de nombreux instruments de mise en œuvre que sont le comité des sages, la force multinationale de l'Afrique centrale (FOMAC), le mécanisme d'alerte rapide de l'Afrique centrale (MARAC), le mécanisme régional de coopération policière et judiciaire, la stratégie régionale de sûreté et sécurité maritimes, les organismes de formation, et tout autre instrument créé par la conférence. En le maintenant comme système de sécurité régionale de la communauté, cela suppose_une structure unipolaire basée sur le COPAX comme pilier unique de l'architecture de paix et de sécurité et l'absorption du comité des chefs de police de l'Afrique centrale (CCPAC) de la CEMAC qui en devient une agence d'exécution spécialisée en charge de la lutte contre la criminalité transnationale. Le centre régional de sécurité maritime de l'Afrique centrale (CRESMAC) peut également se greffer sur le COPAX, ce d'autant plus que le projet de traité précise bien que les questions de paix et de sécurité soient placées sous la coordination du COPAX. Demeurera la lancinante question de l'efficacité de ce mécanisme qui fait penser au débat sur l'influence des institutions internationales sur la paix dans le monde. Alors que les libéraux pensent que ces institutions jouent un rôle déterminant dans les relations internationales en favorisant la stabilité et l'ordre[241], les néo-réalistes y voient des miroirs de la puissance des États incapables de freiner leurs ardeurs guerrières si leurs intérêts sont menacés[242]. Des réformes seront incontestablement nécessaires pour que le COPAX puisse jouer le rôle qui lui est attribué, et diminuer la méfiance qui existe entre États de la région.

Quatorze agences d'exécution des politiques et programmes de la Communauté sont prévues : la commission internationale du bassin du Congo-Oubangui-Sangha (CICOS), l'Agence pour le développement agropastoral, halieutique et la sécurité alimentaire (fusion de la CEBEVIRHA, PRASAC, CPAC, COREP), l'Agence de supervision de la

[240]Article 2 (2) du Protocole relatif au Conseil de paix et de sécurité en Afrique centrale.

[241] Keohane R, Martin L, 1995, « The Promise of institutionalist theory », *International Security*, Vol. 20, N° 1, pp. 39-51.

[242] Measheimer J, 1994-1995, « The false promise of international institutions », *International Security*, Vol. 19, N° 3, pp. 5-49.

sécurité aérienne en Afrique centrale (ASSA-AC), l'Organisation de coordination pour la lutte contre les endémies en Afrique centrale (OCEAC), le Pool énergétique de l'Afrique centrale (PEAC), la Commission des forêts d'Afrique centrale (COMIFAC), l'Agence pour le développement durable et l'économie des ressources naturelles (remplacerait le centre d'application et de prévision climatologique en Afrique centrale), le Centre régional de la sécurité maritime de l'Afrique centrale (CRESMAC), le Comité des chefs de police d'Afrique centrale (CCPAC), le Groupe d'action contre le blanchiment d'argent en Afrique centrale (GABAC), le Fonds de solidarité et de développement communautaire, l'agence communautaire de normalisation et d'assurance qualité et l'Agence statistique d'Afrique centrale (AC Stat.).

La composition, les attributions et l'organisation de la plupart de ces organes et institutions seront précisées dans des protocoles additionnels au traité de création dont de nombreux ont déjà également fait l'objet d'élaboration par le COPIL-CER-AC.

La structure de la nouvelle CER telle qu'elle est présentée par le projet de traité révèle une fois de plus le caractère inter-gouvernemental de l'intégration en Afrique centrale, au regard du pouvoir qui est accordé aux organes inter-étatiques ou inter-gouvernementaux dans la prise ou la non-prise de décision, en comparaison à celui qui est réservé aux organes qui ont vocation à défendre l'intérêt communautaire. Ce sont ces organes inter-gouvernementaux qui se trouvent à l'échelle suprême de la future CER, définissent la politique générale et les orientations fondamentales de la communauté, donnent des directives en vue de l'harmonisation et de la mise en œuvre des politiques communes aux États membres, approuvent les demandes d'adhésion, créent toute autre agence d'exécution de la Communauté, donnent des directives sur la gestion des conflits, des situations de guerre et autres situations d'urgence, ainsi que les restaurations et le maintien de la paix, assurent le bon fonctionnement et le développement de la Communauté, etc. Cette présence d'un nombre élevé d'organes inter-étatiques au sein de la future CER est un signe avant-coureur de la prépondérance des volontés étatiques sur les logiques intégratives. La conséquence est que la Communauté qui est envisagée sera encore prise dans le piège de l'intergouvernementalisme comme c'est le cas actuellement des regroupements existants. Ici, la volonté des États et le jeu interétatique priment sur la logique intégrationniste ou supranationale, car, les autorités étatiques restent les maîtres du processus d'intégration et toute décision ayant une dimension communautaire doit nécessairement passer par un consensus, une entente, un marchandage entre gouvernements des États. Ce sont les représentants des États qui inventent ou imaginent les projets communautaires en fonction de leurs priorités nationales, et des moyens qu'ils peuvent disposer parce que c'est eux qui financent l'intégration. Cette volonté des gouvernements s'exprime également dans l'inscription de toute question dans l'agenda des rencontres restreintes ou au sommet. Ce schéma intergouvernemental est inscrit dans les gènes des institutions d'intégration africaine ; il rend difficile toute affirmation supranationale, et fait de ces regroupements régionaux et sous-régionaux, des ententes inter-étatiques où est appliquée une démarche intergouvernementale intégrale, par opposition à un intergouvernementalisme partiel tel qu'il est appliqué dans d'autres regroupements d'intégration comme l'Union européenne[243].

Des structures à vocation intégrationniste existent, à l'instar de la commission qui est traditionnellement un organe d'intégration dans d'autres regroupements régionaux. Il lui est reconnu officiellement « un droit d'initiative en matière normative », mais en pratique, l'on attend plus d'elle un bon usage de ses pouvoirs d'exécution et de mise en œuvre des politiques et programmes communautaires impulsés et adoptés par les chefs d'État et/ou le Conseil de ministres, ou alors l'adoption des règlements d'application des actes de ce Conseil. Le droit d'initiative reconnu à la commission de la future CER suppose qu'elle peut : soit introduire un texte complet pour son adoption par les instances compétentes, soit déposé un amendement, c'est-à-dire une proposition de modification d'une disposition d'un projet de texte. La communauté n'ayant pas d'instance législative à proprement parlé, cette hypothèse est donc à exclure, car il sera difficile pour des commissaires nommés par la conférence, c'est-à-dire les chefs d'État de la communauté, de remettre en cause un texte déjà adopté soit par le Conseil des ministres, soit par cette conférence.

Le projet de traité est resté scotché sur les dispositions des deux traités révisés de la CEEAC et de la CEMAC. Celui de la CEMAC prévoit justement que la commission « dispose du droit d'initiative en matière normative, ainsi que des pouvoirs d'exécution et de mise en œuvre des politiques et programmes communautaires relevant de l'UEAC »[244]. Les rédacteurs n'ont pas été assez audacieux pour donner à la commission, des prérogatives nécessaires pour faire avancer l'intégration en Afrique centrale à l'image de celle dont dispose par exemple la commission européenne. Il en

---

[243]L'intergouvernementalisme au sein de l'UE se caractérise par les principaux éléments suivants tels que le partage du droit d'initiative de la commission avec les Etats membres de l'UE où il est limité à certains domaines spécifiques ; le rôle clé du conseil européen ; l'implication du parlement européen dans le processus de prise de décision à des degrés variables ; le conseil agit généralement de façon unanime et adopte les lois. En dehors de la méthode intergouvernementale, les décisions sont adoptées au sein de l'UE au moyen de la méthode communautaire (ou de l'union) qui se caractérise par des rôles importants des institutions supranationales notamment : le droit de la CUE à initier et à exécuter des lois à quelques exceptions près ; le partage de la co-législation entre le parlement européen, le CUE et le conseil de l'UE (triangle institutionnel) au même pied d'égalité ; le recours au vote à la majorité qualifiée au conseil.

[244]Article 34 du Traité révisé de la CEMAC

est de même du futur parlement de l'Afrique centrale ou des autres institutions comme la haute autorité monétaire ou la haute autorité des marchés financiers. Elles sont toutes des innovations qui vont certainement contribuer à résoudre de nombreux problèmes et peut-être à faire avancer l'intégration dans la communauté, mais dont le fonctionnement sera limité parce qu'ils ne disposeront pas suffisamment de pouvoirs. La nouvelle architecture de la future CER telle qu'elle est proposée par le projet de traité validé en août 2022 par le conseil des ministres CEEAC/CEMAC pose donc globalement un problème de gouvernance, tant à l'intérieur de chaque organe ou institution qu'entre les organes et les institutions.

Section 2 : Le système de valeurs de la future CER unique

Les valeurs sont fondamentales tant pour les individus que pour les groupes, car elles président aux choix, sont la source des motivations et participent à la définition des objectifs individuels et collectifs à atteindre. Parce qu'elles sont au cœur de la vie sociale, elles ont fait l'objet d'une grande attention de la part des pères de la sociologie comme (Emile Durkheim, 1893-1897) ou (Max Weber, 1905-1958). Pour eux, elles sont fondamentales pour expliquer l'organisation et le changement au niveau de la société comme à celui des individus[245]. On les utilise pour caractériser les individus ou les sociétés, pour suivre le changement au cours du temps, et pour expliquer les motivations de base qui sous-tendent attitudes et comportements[246]. Un système de valeurs comprend des principes éthiques et moraux qui guident les décisions prises par des individus ou des organisations, et définit ce qui est bien ou mal et guide un comportement éthique basé sur ces croyances. Parce qu'il est à la base du changement et de sa réussite, il est important de parcourir le système de valeurs de la nouvelle communauté dans son originalité ou non, ses contradictions et ses complémentarités, ses hiérarchisations ou ses nivellements (I), son recours ou non aux valeurs africaines (II).

I/Les « dix commandements » de la future CER ou la simple reprise des valeurs universelles

Un simple coup d'œil rapide sur les textes fondamentaux de la CEMAC, de la CEEAC et du projet de traité de la future CER unique permet d'identifier un certain nombre de principes éthiques et moraux intitulés soit comme des « valeurs de la communauté », soit énumérés sous forme de principes et étalés à la fois dans les préambules et les corpus de ces textes. Dans les trois communautés, l'on retrouve presque les mêmes principes érigés au rang de valeurs, c'est-à-dire d'idéaux collectifs partagés. Il s'agit

---

[245] Schwartz S H, 2006, « Les valeurs de base de la personne : théorie, mesures et applications », *Revue française de sociologie*, Vol. 47, pp. 929-968.
[246] *Ibid.*

entre autres de la solidarité communautaire, la démocratie, le respect des droits de l'homme, l'État de droit, la bonne gouvernance, la dialogue social, la liberté, la coexistence pacifique, la non-agression, l'assistance mutuelle, la non-ingérence dans les affaires intérieures des États, le respect de la souveraineté, l'indépendance, l'unité, l'intégrité territoriale, la non-indifférence, la développement durable, le bon voisinage, la subsidiarité, la géométrie variable, la non-agression, le non-recours à la force, la loyauté envers la communauté, l'égalité des genres, la transparence dans la gestion des ressources, etc.

Les rédacteurs du projet de traité de la future CER unique ont voulu innover en réservant un article particulier (art.3) à ce qu'ils appellent « Valeurs de la Communauté ». Ils y énumèrent six valeurs constituant le « socle » de la communauté. Il s'agit de la paix, la solidarité, l'État de droit, la démocratie, le respect des droits de l'homme et des libertés fondamentales, ainsi que la bonne gouvernance. L'on ne retrouve pas ce type d'intitulé ni dans le traité révisé de la CEMAC ni dans celui de la CEEAC. Mais l'innovation s'arrête juste au niveau de l'intitulé, car non seulement le texte de la future CER unique reprend les valeurs qui sont évoquées dans les regroupements que l'on entend supprimer comme si elles sont eu tellement de succès, mais elles-mêmes s'appuient sur un certain nombre de textes universels, à l'instar de la déclaration universelle des droits de l'homme de 1948, et les pactes internationaux des Nations unies de 1966, relatifs respectivement aux droits civils et politiques et aux droits économiques, sociaux et culturels. De nombreux textes purement africains sont également cités, à l'instar de la charte africaine des droits de l'homme et des peuples de 1981, la charte africaine des droits et du bien-être de l'enfant de 1990, le protocole à la charte africaine des droits de l'homme et des peuples relatif aux droits de la femme en Afrique de 2003, la charte africaine de la démocratie, des élections et de la gouvernance de 2007 et à la convention de l'OUA régissant les aspects propres aux problèmes des réfugiés en Afrique de 1969 ; mais aucune précision n'est faite sur les valeurs spécifiques tirées de ces textes et qui seront largement promues. Aux six valeurs nommément identifiées comme telles, l'on peut ajouter tous les autres principes que l'on retrouve tout au long du texte et qui doivent être considérés comme faisant constituant le système de valeurs communes de la future CER unique : sécurité, cohésion, égalité souveraine, indépendance, interdépendance, non-ingérence, non-ingérence, intangibilité des frontières, etc.

En reprenant des valeurs qui sont proclamées non seulement à l'échelle de l'Afrique entière, mais également au niveau de toute la planète, le projet de traité de la future CER fait penser qu'il n'existe pas ou très peu de valeurs appartenant spécifiquement aux peuples et États d'Afrique centrale, et que ceux-ci ne sont rien d'autre qu'une simple composante de la globalité universelle. Nous sommes ainsi en présence de ce que les sociologiques appellent « une organisation universelle des motivations humaines »[247] dont les valeurs sont l'expression. Pourtant, tous les individus et les groupes se distinguent nettement les uns des autres quant à l'importance relative qu'ils attribuent à leurs différentes valeurs. Nos valeurs nous font penser à ce qui nous semble important dans la vie. Chacun de nous accorde à des degrés d'importance divers, une attention à de nombreuses valeurs particulières qui peuvent pourtant être sans importance pour d'autres personnes. Dans la théorie des valeurs de Schwartz, six caractéristiques principales ressortent et parmi lesquelles : la conception des valeurs comme critère ou étalon, car les valeurs guident la sélection ou l'évaluation des actions, des politiques, des personnes et des évènements. Elles permettent de décider de ce qui est bon ou mauvais, justifié ou illégitime, de ce qui vaut la peine d'être fait ou de ce qui doit être évité en fonction des conséquences possibles pour les valeurs que l'on affectionne[248]. À défaut d'avoir des valeurs différentes, toutes les communautés établissent une hiérarchie ou une priorité dans les valeurs. À charge aux experts chargés d'élaborer les textes de la future CER unique d'établir cette hiérarchie si salutaire, tout en permettant à la communauté de demeurer intégrée dans la globalité universelle.

II/Une nécessaire identification et hiérarchisation des valeurs spécifiques

La nécessité d'identifier des valeurs spécifiques à l'Afrique centrale et d'en établir une hiérarchie tient principalement à une raison empirique qui nous rappelle les multiples échecs qu'ont subis toutes les valeurs universelles transférées dans notre environnement. Que de violation de principes démocratiques, des droits de l'homme, d'État de droit, de bonne gouvernance, de dialogue social, d'intangibilité des frontières, de la non-ingérence dans les affaires intérieures des États, du respect de la souveraineté, de l'indépendance, de l'unité, de la non-indifférence, du développement durable, des principes de bon voisinage, etc. De nombreux pays d'Afrique centrale sont dans des situations de tensions dues notamment à des soupçons de déstabilisation ou de violation des frontières. Les promesses faites par les chantres de la démocratie libérale n'ont pas toujours produit les résultats attendus. Ils se basent sur la théorie de la paix démocratie découlant des écrits d'Emmanuel Kant, et développée notamment par l'Américain Michael Doyle. L'un et l'autre soutiennent que « la démocratie est favorable à la paix parce que, dans une démocratie, ceux qui supportent le coût de la guerre sont les mêmes que ceux qui prennent la décision de la guerre, à savoir les citoyens, contrairement à ce qui se passe dans un État non démocratique où celui qui décide de la guerre n'en supporte pas les conséquences »· Selon Michael Doyle, Kant explique que si nous

[247] Schwartz S H, 2006, *op cit.*
[248] *Ibid.*

envisageons les républiques autrement — c'est-à-dire comme de véritables républiques fondées sur la séparation des pouvoirs et sur l'idée de liberté — nous serons en mesure de résoudre le problème de la paix : ces républiques s'imposeraient en effet d'elles-mêmes des restrictions, et respecteraient l'autonomie des autres États — autonomie reflétant celle des citoyens qui les contrôlent. La pensée de Kant nous enseigne que si nous envisageons les républiques autrement — c'est-à-dire comme de véritables républiques fondées sur la séparation des pouvoirs et sur l'idée de liberté — nous serons en mesure de résoudre le problème de la paix : ces républiques s'imposeraient en effet d'elles-mêmes des restrictions, et respecteraient l'autonomie des autres États — autonomie reflétant celle des citoyens qui les contrôlent. Pour Michael Doyle, l'instauration de la démocratie triomphera des passions guerrières et suscitera l'avènement d'une paix universelle durable. C'est à travers la diffusion des valeurs de la démocratie qu'on peut atteindre la paix internationale. Les États libéraux seraient ainsi capables d'établir entre eux des liens pacifiques et n'auraient pas besoin de « *se contrebalancer en permanence* »[249]. Proche de cette pensée, se trouvent les positions de Joseph Schumpeter qui, dans sa contribution à une sociologie des impérialismes (1919) défend l'idée que les sociétés démocratiques à économie de marché sont en elles-mêmes démocratiques, simplement parce que les ressources dont une société a besoin peuvent être obtenues à travers des échanges, là où la guerre, au contraire, est inefficace, coûteuse et nocive. Une position qui, non seulement disculpe le capitalisme des accusations d'impérialisme que lui adressent les marxistes-léninistes, rejoint également la pensée de Francis Fukuyama qui parle de la « fin de l'histoire » pour dire que le consumérisme et la démocratie rendent les États intrinsèquement pacifistes.

D'ailleurs, si la démocratie qui prend ses racines dans les réformes engagées autour de la cité d'Athènes, dans la Grèce antique, autour du Ve siècle avant Jésus Christ, a simplement été popularisée à une époque de l'histoire qui lui était favorable et diffusée de siècle en siècle, de force ou de gré aux peuples qui n'en connaissaient pas les pratiques et les supposés bienfaits. Elle n'est pour de nombreux auteurs qu'une « possibilité » qui envisage que la gouvernance de la cité se fasse par les citoyens, que le peuple se gouverne lui-même, et exerce le pouvoir au sens où il est considéré comme le souverain juge des actions et des décisions politiques[250]. Célébrée et même imposée à certains peuples et gouvernements aujourd'hui, la démocratie n'a jamais eu la faveur de tous les grands penseurs. Platon et Aristote la considèrent comme une forme corrompue de la République idéale

---

[249] Doyle M, *le libéralisme, entre guerre et paix. À quelles conditions une démocratie doit-elle faire la guerre ?* par Marieke L, 2019, traduit par Catherine Guesde.

[250] Holleindre J-V, *op, cit.*, pp. 14-17.

et la préféraient au régime mixte à tendance aristocratique « le mieux à même de combiner les aspirations des différentes strates de la cité »[251]. Dans la Grèce antique même où elle est née, la démocratie n'était pas le régime le plus adulé. Présentée sous sa forme représentative aujourd'hui, elle comporte des travers qui ne peuvent pas être ignorés. Il s'agit principalement de la dépossession du pouvoir par les gouvernants qui est réel dans le système représentatif ci-dessus présenté. Si le citoyen accepte volontiers que ce pouvoir soit exercé par une élite choisie par lui-même, a-t-il la possibilité de la sanctionner véritablement au cours d'un mandat ? Ou alors, quelle solution lui semble idoine pour sanctionner cette élite en cours de mandat ? Jean-Jacques Rousseau n'avait-il pas déclaré l'impossibilité de la démocratie dans les nations modernes dont le corps est trop imposant pour être manœuvré ? Régime difficile tant pour les gouvernés que pour les gouvernants dont il exige des qualités si pures et si diverses que le penseur genevois ne la concevait parfaite que chez un peuple de dieux. C'est dans le même élan de scepticisme que Georges Burdeau pense qu'à l'épreuve de la vie, la démocratie « a perdu la sérénité des traits dont l'ennoblissaient les philosophes du XVIIIe siècle ; et alors qu'elle n'était qu'une statue dans un temple désert, elle revêt maintenant le visage tourmenté des hommes vivants »[252].

En se limitant à énoncer en vrac un ensemble de principes du reste importés des cultures occidentales, l'on ne construit pas véritablement un système de valeurs propres aux États et aux peuples de la sous-région. Tous les États et les peuples d'Afrique centrale accordent-ils la même importance à la démocratie, à l'intangibilité des frontières, à l'État de droit, à l'alternance au pouvoir ou à la bonne gouvernance ? Si l'idée est d'encourager tous les membres de la communauté à adopter un système de valeurs uniques, quelles sont les dispositions à prendre pour promouvoir ces valeurs ? En retenant ces valeurs comme système universel applicable par tous et pour tous, il est bon de se rassurer comme le dit Schwartz que celles retenues trouvent leur source dans au moins une des trois nécessités de l'existence humaine : satisfaire les besoins biologiques des individus, permettre l'interaction sociale, et assurer le bon fonctionnement et la survie des groupes[253].

La question des valeurs traditionnelles est très peu évoquée dans les projets de texte de la future CER unique. Dans l'article parlant des « valeurs de la Communauté » l'on fait plutôt allusion aux « traditions constitutionnelles » des différents Etats et non aux traditions au sens de coutumes ancestrales. Pourtant, un système de valeurs s'appuie également

---

[251] *Ibid.*

[252] Burdeau G, *op, cit.*, pp. 12-13.

[253] Schwartz H S, 2006, « Les valeurs de base de la personne : théorie, mesures et applications », …*op cit.*, p. 932.

sur le respect, l'engagement et l'acceptation des coutumes et des idées soutenues par la culture ou la religion auxquelles on se rattache[254]. Quel est le sort réservé aux pratiques, symboles, idées et croyances qui représentent les expériences ancestrales auxquelles les différents peuples d'Afrique centrale accordent beaucoup de valeur ? Les sociologues pensent que ces coutumes et traditions « deviennent l'expression de la solidarité du groupe, expriment sa valeur singulière et contribuent à sa survie »[255]. Si la solidarité est clairement proclamée dans l'intégration en Afrique centrale, l'on ne dit pas qu'elle a pour source ces traditions africaines.

L'hospitalité africaine nous semble une valeur fondamentale à mettre en évidence, laquelle peut même booster d'autres objectifs de l'intégration comme la libre circulation des personnes. Elle ressemble au principe de non-indifférence que l'on retrouve dans le préambule du traité révisé de la CEEAC, mais qui a été abandonné dans le projet de traité de la CER unique. La non-indifférence s'entend comme « la responsabilité collective des États membres à protéger et à fournir assistance multiforme à tout État membres qui en exprime le besoin en cas de crise ou de conflit ». Elle se rapproche de la solidarité, de l'assistance mutuelle et de la complémentarité prévues dans les principes de la CEEAC. Toutefois, ces principes sont limités aux rapports entre les États et ne semblent pas concerner les individus et les groupes non-étatiques. L'on parlerait alors seulement de l'hospitalité publique qui est celle que les pouvoirs publics accordent au demandeur d'asile, différente de l'hospitalité domestique qui est celle de l'hôte qui reçoit chez lui[256].

L'on est dans l'ordre de l'entraide, l'accueil, les égards dus aux étrangers ou même la courtoisie. Des mots qui ont une résonnance particulière en Afrique et moins en Occident où l'individualisme et la méfiance sont des valeurs consacrées. Là-bas, l'on parle même de « la crise de l'accueil » qui secoue l'Europe et qui interroge les 35 000 morts en Méditerranée en vingt ans, la destruction des campements et des « lieux d'installation » à Calais ou à Paris en France[257].

Au Sénégal, l'on parle de Terranga, au Mali du Diyatiguiya, en Côte d'Ivoire, l'on souhaite « Akwaba » à tout le monde. L'on réserve ainsi aux étrangers et invités un accueil digne de la valeur accordée à l'être humain en leur donnant la meilleure chambre, en cuisinant spécialement pour eux des plats locaux et en partageant avec eux les moments conviviaux qui accompagnent le repas. Très souvent, au Sénégal, l'ataya leur est servi, le traditionnel thé souvent aromatisé à la menthe qui est encore une occasion de se détendre dans la bonne humeur et le partage. Il est reconnu qu'en

---

[254] *op, cit.*, p. 934.

[255] Durkheim E, 1912, Parsons, 1951, cités par Schwartz, *ibid.*

[256]Saglio-Yatzimirsky M C, 2019, « L'hospitalité est une question de parole », *Diversité*, n°196, p. 48.

[257] Ibid.

Afrique : « Savoir accueillir et recevoir c'est honorer la confiance du dunan et lui donner envie de revenir une prochaine fois. C'est aussi une question d'honneur pour celui qui reçoit. Il ne faut pas grand-chose pour ouvrir sa porte à un invité, l'envie sincère de faire plaisir est le secret de l'hospitalité africaine. Au-delà du fait de recevoir, l'hospitalité est un comportement naturel chez tout Africain. Les familles sont élargies et cohabitent ensemble. L'idée du partage est donc naturelle et n'est pas une pression sociale »[258]. En Afrique, l'hospitalité n'est pas mise en scène par des associations et des groupes de bénévoles que mobilisent parfois les communes dans profondeur humanitaire. Elle ne se réduit pas à un repas chaud offert à des primo-arrivant et à cette « amitié extériorisée »[259], à ces gestes d'accueil souvent perçus comme « insuffisamment respectueux de l'altérité de l'exilé »[260]. L'on ne place pas, ne déplace pas, ne reloge pas ou ne sort pas l'Autre au gré des saisons ou de la trêve hivernale pour le laisser à l'errance, des squats, des installations précaires, etc. Si tel est déjà le cas, il faut réinventer ou reconsolider la solidarité en l'inscrivant au fronton de tous les édifices publics africains.

La promotion de l'hospitalité comme valeur centrale rendra facile la mise en œuvre du principe de libre circulation qui est au cœur du processus d'intégration. Elle empêche l'intolérance et toutes les expulsions des « sans-papier » qui l'accompagnent. Elle favorise la connaissance et la reconnaissance de l'autre si chères pour l'acceptation, le travail en commun, la confiance mutuelle, et la fusion. Si l'on n'héberge l'autre qu'à condition qu'il remplisse une liste de conditions interminables, le temps de l'intégration sera toujours repoussé à plus tard et place sera accordée à la méfiance et au conflit. Au même titre que l'hospitalité, il est bon que soient promues toutes les autres valeurs qui caractérisent spécifiquement l'Afrique, à l'instar du partage, de la famille, de la piété, le sens du devoir, etc.

---

[258] Le sens de l'hospitalité en Afrique, une richesse culturelle (fox360.net) consulté le 24 février 2024 à 10h31 mn.

[259] Saglio-Yatzimirsky M C, *op, cit.*, p. 49.

[260] *Ibid.*

Chapitre 10
La problématique de la gouvernance de la future CER unique

Il en est du projet de traité de la future CER unique que des différents textes de la CEEAC et de la CEMAC, la gouvernance est à la fois valeur de la communauté et l'un des objectifs et principes officiellement proclamés. Le traité révisé de la CEEAC (2019) dans ses principes fondamentaux parle de « bonne gouvernance » à travers la transparence dans la gestion des ressources communautaires, la lutte contre la corruption et les situations de conflit d'intérêts[261]. Dans les traités révisés de la CEMAC (2008 et 2009), les Etats réaffirment leur attachement au respect des principes de démocratie, des droits de l'homme, de l'État de droit, de la « bonne gouvernance », du dialogue social et des questions de genre. Cette notion qui est à la fois ancienne et nouvelle parce que non seulement elle remonte au Moyen-Âge, mais aussi parce qu'elle émerge au tournant des années 1930 aux États-Unis, signifie certes beaucoup de choses, mais met surtout l'accent sur des aspects bien précis. Elle insiste sur le fait que le processus décisionnel au sein des organisations ne se fait pas sur la base des logiques purement internes, mais intègre les règles et les modes de comportement externes qui influencent les rapports de l'organisation avec son environnement. Ceux-ci sont appelés par les économistes « les coûts de transaction », lesquels exigent de prendre en compte l'ensemble des régulations, formelles ou informelles qui contraignent la liberté de choix et le calcul rationnel du décideur[262]. Cette multiplicité de régulations suppose l'exercice du pouvoir, non pas seulement par les autorités publiques légalement investies des prérogatives de puissance publique, mais aussi par divers acteurs au pouvoir inégal, soit subordonnés hiérarchiquement, soit au contraire plus ou moins indépendants les uns des autres[263]. L'un des principes du projet de traité de la future CER unique est la « participation des peuples de la région aux activités de la Communauté »[264]. Pourtant, en dehors de cette énonciation, très peu de dispositions sont prévues pour favoriser effectivement cette participation populaire.

La question de la pluralité d'acteurs aux rationalités multiples fait principalement problème dans la composition des organes, institutions et

[261]Article 3 du traité révisé de la CEEAC.

[262] Hermet G, Badie B, Birnbaum P et Braud P, 2015, *Dictionnaire de la science politique et des institutions, op cit.*

[263] *Ibid.*

[264] Article 8.

agences d'exécution de la future CER. Il est alors intéressant d'examiner la représentativité dans certaines structures principales de la future CER (Section 1) avant de formuler quelques perspectives d'amélioration de leur gouvernance (Section 2).

Section 1 : La représentativité dans les structures

La question de la représentativité dans les organisations internationales (globales ou régionales) se pose en plusieurs termes et concernent notamment : 1) la qualité des membres devant adhérer à l'organisation ou devant être représentés, 2) la répartition du pouvoir entre les différends membres, 3) l'occupation des postes de responsabilité et des postes d'exécution pour les fonctionnaires internationaux et 4) la représentativité linguistique, 5) la représentativité de tous les acteurs pertinents de l'intégration. Nous allons nous limiter ici à examiner la problématique de la qualité des membres et la répartition des pouvoirs au sein des différentes structures d'une part (I) et la représentativité des acteurs pertinents dans les structures de la future communauté d'autre part (II).

I/De la qualité des membres et la répartition des pouvoirs.

Il faut distinguer d'une part, la situation des Etats devant adhérer à la future CER et d'autre part, celle des différentes catégories d'acteurs devant faire partie des différentes structures. Sur la qualité des États devant faire partie de la future CER, le projet de traité fait allusion « aux parties contractantes… et éventuellement tout autre État qui remplit les conditions d'adhésion aux termes du présent traité ». Cela suppose que feront partie de la future CER, tous les Etats ayant signé le traité lors de son adoption et tous ceux qui ultérieurement vont y adhérer. Les premiers seront certainement constitués de la plupart des États appartenant aux trois regroupements que sont : la CEEAC, la CEMAC et la CEPGL, alors que les seconds devront remplir les conditions d'adhésion. Cette deuxième catégorie est intéressante parce qu'elle élargit la notion d'« Afrique centrale », car, comme le souligne Guillaume Devin, « les frontières du régionalisme ou de l'universel sont variables, relatives et relèvent en définitive de conventions politiques »[265]. Les frontières sont par définition artificielles, elles n'existent pas naturellement. Elles sont le produit d'une volonté de délimitation de l'espace à un moment donné. C'est une construction sociale, et c'est à juste titre que les organisations régionales laissent ouverte leur adhésion même si le régionalisme est une question de voisinage et de proximité géographique. Les géographes ne disent pas autre chose quand ils affirment qu'« une frontière ne saurait être « naturelle » en soi. Elle est toujours conventionnelle, produite par les sociétés humaines qui font d'éléments morphologiques, de simples supports physiques destinés à en conserver le

---

[265] Guillaume D, *op cit.*, p. 91.

tracé. Une ligne de crête sur un relief, par exemple, n'est une frontière que si les deux États riverains s'accordent pour le décréter : les communautés locales, pastorales par exemple, s'en affranchissent au quotidien »[266]. Il ne fait pas de doute que les frontières africaines héritées de la colonisation et qui continuent de constituer les lignes de démarcation de nos regroupements économiques découlent des lignes de friction entre puissances impérialistes, c'est-à-dire des espaces de tensions et de concurrence entre des forces et des processus contradictoires et complexes. Laisser ouvertes les adhésions signifie également remettre en cause ces tracés coloniaux. Michel Foucher rappelle que l'Union européenne a effacé la frontière en tant que paramètre de l'identité des nations, au nom de la libre circulation économique et des personnes, et parce que la seule politique extérieure de l'Europe était l'élargissement[267]. C'est une très bonne idée de ne pas définir les limites d'une région parce que l'on espère un élargissement qui pourrait faire adhérer plus d'États pouvant apporter de la prospérité à la zone. Toutefois, cette ouverture à l'élargissement sur la base de la seule volonté contractuelle contribue à poursuivre la violation du vieux principe de définition des régions africaines arrêté par le conseil des ministres de l'OUA en 1976, lequel limite l'Afrique centrale aux neuf (09) États que sont : le Burundi, le Cameroun, la RCA, le Tchad, le Congo, la RDC, la Guinée Equatoriale, le Gabon et Sao Tome et Principe[268]. Cette décision loge l'Angola dans la région Afrique du sud et le Rwanda dans la région de l'Afrique de l'est.

L'absence de conditionnalités pour les adhésions ultérieures pose également un problème. En parlant de « conditions d'adhésion » à l'article 2, aucune autre précision n'est faite sur ces différentes conditions, nulle part dans le projet de traité elles ne sont mentionnées. On peut déduire simplement qu'elles peuvent renvoyer aux conditions d'adhésion, l'adhésion aux valeurs, aux principes et aux objectifs de la communauté que sont notamment la paix, la solidarité, l'État de droit et la démocratie, le respect des droits de l'homme et des libertés fondamentales, la bonne gouvernance, l'égalité souveraine et l'interdépendance des États, la non-ingérence, l'intangibilité des frontières, l'interdiction du recours à la force, le règlement pacifique des différends, etc. Toutefois, aucun mécanisme n'est prévu pour évaluer le degré d'application par les différents États de ces valeurs. Toutes ces valeurs sont proclamées par tous les États, mais très peu acceptent se soumettre à une évaluation de leur mise en œuvre, en démontre le sort qui a

---

[266] Frontière, frontières, Géoconfluences (ens-lyon.fr) consulté le 07 février 2024 à 03h31.

[267] Foucher M, « On assiste à la réaffirmation des frontières, qui n'avaient jamais disparu », (lemonde.fr) ? consulté le 07 février 2024 à 03h31.

[268] Répartition faite sur la base de la décision du Conseil des ministres de l'OUA lors de sa 26e session ordinaire tenue à Addis-Abeba en Ethiopie du 23 février au 1er mars 1976 arrêtant le principe de cinq régions en Afrique.

été réservé au mécanisme d'évaluation par les pairs (MAEP) de l'UA qui était un concept très innovant et louable, mais qui est depuis relégué aux oubliettes.

Créé en 2003, dans le cadre de la mise en œuvre du NEPAD, le MAEP est un instrument d'auto-évaluation auquel adhèrent librement et volontairement les États membres de l'UA. La soumission à ses principes passe simplement par la ratification de son protocole d'accord issu de la déclaration de l'UA de Durban, en juillet 2002. Il a pour but primordial d'encourager l'adoption de politiques, normes et pratiques en vue de promouvoir la stabilité politique, une croissance économique élevée, un développement durable et une intégration économique sous-régionale et continentale accélérée. Il fonctionne sur la base des principes de transparence, de responsabilité, et se veut un mécanisme à l'abri de toute pression et manipulation politique ou diplomatique. Le MAEP a conclu des accords d'assistance spéciaux de coopération avec cinq institutions basées en Afrique et désignées par le forum comme partenaires stratégiques : la Banque africaine de développement (BAD), la Commission économique des Nations-Unies pour l'Afrique (CEA), le Bureau régional pour l'Afrique du Programme des Nations Unies pour le Développement des (PNUD) pour l'Afrique, la Fondation Mo Ibrahim et la fondation pour le renforcement des capacités en Afrique (ACBF)[269]. En 2011, le MAEP comptait déjà trente pays membres[270] ayant accepté le principe d'évaluation et ayant ratifié son protocole. Parmi ces pays, quatorze ont été évalués au 31 janvier 2011 : Ghana, Rwanda, Kenya, Afrique du Sud, Algérie, Bénin, Ouganda, Nigeria, Burkina Faso, Mali, Mozambique, Lesotho, Maurice et Éthiopie. Lors du sommet de l'UA de janvier 2016, il a été lancé un processus de revitalisation du MAEP. Celui-ci a abouti en 2019, à la mise en œuvre de nouvelles évaluations ciblées qui sont un nouvel outil d'évaluation de la gouvernance, piloté par les membres du panel du MAEP, et axé sur des thèmes de gouvernance identifiés par les États membres. Les premières évaluations ciblées ont été réalisées en 2019, dont une pour Djibouti sur la décentralisation fiscale, deux pour la Zambie sur le tourisme et le développement des ressources minières, et une évaluation ciblée sur le chômage des jeunes pour la Namibie. En 2020, ce nouvel outil a permis de réaliser une évaluation ciblée sur la gouvernance de la santé et la riposte contre la pandémie de la Covid-19 pour la Sierra Leone. Ensuite, le MAEP a été retenu en 2018 pour piloter le rapport biennal sur la gouvernance en

[269] Le Mécanisme africain d'évaluation par les pairs (MAEP) | Union africaine (au.int) consulté le 24 février 2024 à 11h53mn.

[270]Afrique du Sud, Algérie, Angola, Bénin, Burkina Faso, Cameroun, Djibouti, Egypte, Éthiopie, Gabon, Ghana, République du Congo, Kenya, Lesotho, Libéria, Malawi, Mali, Mauritanie, Maurice, Mozambique, Nigeria, Ouganda, Rwanda, Sao Tome & Principe, Sénégal, Sierra Leone, Soudan, Tanzanie, Togo et Zambie

Afrique (RGA), en tant que projet phare de la plateforme pour la gouvernance en Afrique, au titre de la décision inspirée par la réforme de Kagame à l'endroit du MAEP visant à suivre la mise en œuvre, et à superviser le suivi et l'évaluation des grands axes de la gouvernance sur le continent en vertu de la décision de la conférence de l'UA. Depuis cette période, deux rapports sur la gouvernance en Afrique ont été finalisés par le MAEP : le RGA 2019 et le RGA 2021 sur les perspectives de la gouvernance en Afrique, qui a été finalisé en 2020. Le MAEP reconnaît ainsi avoir servi le continent dans des conditions difficiles. Il a atteint et dépassé ses objectifs dans le cadre de l'exécution de son mandat durant cette période[271]. L'Afrique centrale gagnerait à mettre sur pied un mécanisme complémentaire de ce type pour mieux évaluer les principes qui constituent ses conditions d'adhésion.

Parler de « conditions d'adhésion » nécessite d'élaborer des clauses ou exigences ainsi que les étapes que les États futurs doivent remplir pour être aptes à adhérer à la future CER, si l'on ne veut plus retomber dans un fourre-tout où l'on retrouvera les États de toutes les catégories, et où, au moindre contre-choc l'on sera obligé de soumettre la région tout entière à des réformes drastiques. L'Union européenne tient sa relative stabilité et sa crédibilité aujourd'hui, et en grande partie grâce à l'ensemble des conditions qu'elles imposent, non seulement à ses membres, mais également à tous les candidats qui veulent la rejoindre. Sa politique d'élargissement est régie par l'article 49 du Traité de l'UE, lequel dispose que : tout État européen respectant les principes fondamentaux de l'UE énoncé à l'article 2 (dignité, liberté, démocratie, État de droit, droits de l'homme, etc.) peut demander à devenir membre de l'Union. Le traité pose ainsi une triple condition pour obtenir le statut de candidat : être un État, être un État européen et respecter les valeurs de l'union, tout en s'engageant à les promouvoir. Avant d'y adhérer, plusieurs États doivent être franchis des conditions suivantes[272] :

1) Dépôt de candidature. Cette étape prépare le futur entrant à son adhésion. Sa candidature est précédée d'un « accord d'association », qui met en place une zone de libre-échange avec l'UE. Si la signature d'un tel accord ne garantit pas l'adhésion, cela reste un moyen pour l'État de commencer à intégrer dans son droit « l'acquis de l'UE », c'est-à-dire les règles de l'union qu'il devra, à terme, entièrement adopter.

2) Acquisition du statut de pays candidat. La demande d'adhésion est soumise par le pays aux États membres. Ils saisissent la Commission européenne, appelée à rendre un avis. Une fois celui-ci rendu, le statut de

---

[271] Rapport final du processus de revitalisation du MAEP 2016-2020 | Association africaine pour la recherche et le contrôle de la résistance aux antimicrobiens (africa-amr.org) consulté le 24 février 2024 à 12h00.

[272] La procédure d'adhésion à l'Union européenne - Touteleurope.eu consulté le 07 février 2024 à 04h21.

pays candidat doit être accordé à l'unanimité par les pays de l'UE. Le statut de pays candidat ne préjuge en rien de l'admission du pays dans l'Union européenne.

3) Stratégie de pré-adhésion : Une fois le pays devenu candidat, une stratégie de pré-adhésion est mise en œuvre. Elle a pour objectif de familiariser le candidat avec les procédures et les politiques de l'UE, en lui offrant la possibilité de participer à des programmes européens et en lui accordant une aide financière. Ce soutien est destiné à aider ces pays à entreprendre les réformes politiques, économiques et institutionnelles nécessaires pour respecter les règles européennes. Pour entrer dans l'UE, le pays doit notamment avoir une économie de marché viable, et la capacité de faire face à la pression concurrentielle et aux forces du marché à l'intérieur de l'Union. Une aide lui est donc fournie pour soutenir la mise en œuvre de réformes économiques.

4) Ouverture des négociations d'adhésion. Un État qui souhaite intégrer l'Union doit satisfaire quatre conditions d'adhésion dont les trois premières ont été consacrées par le Conseil européen à Copenhague en décembre 1993 : critère politique (institutions stables garantissant la démocratie, l'État de droit, le respect des minorités et leur protection), critère économique (économie de marché viable et capable de faire face aux forces du marché et à la pression concurrentielle à l'intérieur de l'UE), acquis de l'Union européenne (aptitude à assumer les obligations découlant de l'adhésion, et notamment à souscrire aux objectifs de l'UE politique, économique et monétaire), capacité d'intégration (capacité de l'Union à assimiler de nouveaux membres et à approfondir l'intégration. Elle implique que l'adhésion du pays soit compatible avec le fonctionnement efficace des institutions et les procédures décisionnelles de l'UE, et ne remette pas en cause les politiques communes et leur financement. À la différence des autres, ce critère ne dépend donc pas du pays candidat à l'adhésion, mais de l'UE).

5) Signature du traité d'adhésion. Le résultat des négociations est incorporé dans un traité d'adhésion, soumis aux États membres pour approbation et au parlement européen pour accord.

6) Adhésion à l'UE. Après sa signature par les États membres et les candidats concernés, le traité d'adhésion doit être ratifié par tous ces signataires (dans certains pays par référendum). L'adhésion devient effective à la date d'entrée en vigueur du traité. Le pays candidat devient alors un membre.

Sur la question de la répartition des pouvoirs entre les différentes structures, nous insisterons sur le cas d'une institution élective majeure comme le parlement de la communauté. Il est composé de membres élus au suffrage universel indirect, ne prévoit pas une représentation sociographique complète, ne jouera qu'un rôle consultatif en exerçant un pouvoir de contrôle limité sur le reste de la structure globale de domination.

Le « suffrage universel indirect » dont les origines remontent au XIXe siècle, est le système électoral des sénateurs qui sont désignés par les conseillers municipaux et non par le peuple en âge de voter et jouissant de tous ses droits civiques et politiques. Son caractère démocratique est très discuté parce que tous les électeurs ne votent pas, mais seule une élite politique[273]. Ses rares défenseurs n'utilisent même pas le mot « universel » pour le désigner, mais parlent simplement de suffrage direct, même s'ils considèrent qu'il joue « un rôle modérateur » et empêche « les impures passions populaires de s'exprimer »[274]. Ils considèrent que c'est un système plus éclairé et plus mesuré en ce qu'il permet d'éviter « emballement et changements trop brusques d'une opinion jugée frivole et sans discernement »[275]. En permettant aux élus d'élire d'autres élus, on préserverait l'espace politique des intrusions malveillantes et incontrôlées de la populace. On est élu par des élus qui sont élus au suffrage universel donc on est alors également élu au suffrage universel.

Comme le souligne fort éloquemment Bruno Daugeron, nous sommes en présence d'une contradiction, car on entend par « universel », l'ensemble des citoyens d'une nation jouissant de leurs droits civils et politiques et appelés à voter et notamment à élire. Les constitutions des régimes dits démocratiques en donnent un sens particulier, parce qu'« il permet aux individus composant le peuple souverain d'exprimer leur voix à intervalles réguliers »[276]. Philippe Braud relève sans conviction, que l'on prête aux électeurs, dans leurs préférences partisanes à la fois une démarche utilitaire, rationnelle et consciente. L'on pense qu'ils sont lucides sur l'identification de leurs intérêts, et qu'ils chercheraient à les faire prévaloir en ordonnant leurs préférences et en évaluant les coûts afférents au choix partisan qu'ils effectuent[277]. Les électeurs sont supposés, avec une perception claire de leurs intérêts réels sur le plan matériel, professionnel ou moral, qu'ils ne confondent pas le court, le moyen et le long terme. Ils auraient également une connaissance suffisante du système partisan, c'est-à-dire « les aptitudes respectives des divers compétiteurs [...] à prendre en charge leurs intérêts et leurs demandes, et cela avec la meilleure efficacité possible »[278].

Selon les termes de Raymond Carré de Malberg, c'est « le régime dans lequel l'électorat n'est subordonné à aucune condition spéciale de capacité, c'est-à-dire ni à une condition de cens, ni à une condition de valeur

---

[273] Daugeron B, 2013, « La notion de suffrage « indirect » », *Revue française d'histoire des idées politiques*, n° 38, p. 330.

[274] Op cit., p. 331.

[275] Ibid.

[276] Braud P, 1980, *Le suffrage universel contre la démocratie*, PUF, Paris, p. 8.

[277] *Ibid.*

[278] *Op cit.*, p : 9.

intellectuelle »[279]. Dans ce cas, comment l'universalité peut être indirecte ? Elle implique le vote de tous ceux qui sont considérés comme ayant la capacité et non seulement de quelques-uns. Il est universel ou ne l'est pas. Et pour qu'il soit direct, il faut qu'il soit universel[280]. Il n'y a en cette matière comme dans tant d'autres, guère de milieu »[281]. Daugeron pose à ce sujet une question essentielle, celle de savoir : « si le suffrage universel se définit comme l'électorat ouvert en principe à tous, sans condition, ni de capacité, ni de cens, reste à savoir, dans le cas du suffrage universel dit « indirect », de quel électorat il s'agit, car l'électorat par degrés introduit bien une condition de capacité qui n'est certes pas liée à l'âge ou à la fortune, mais, aux « lumières » ou aux « qualités spéciales » que sont censés avoir les grands électeurs ou qu'est réputé leur procurer le filtre qui les font être ce qu'ils sont : avoir été élu »[282]. Le saxophoniste camerounais Manu Dibango aimait à dire qu'un « La est un La ».

Que le sens de la représentativité du parlement de la future CER unique ne soit donc guère brouillé par un jeu de mots de mauvais aloi. Les députés de la communauté seront élus au suffrage indirect et leur légitimité en prendra incontestablement un coup, comme c'est le cas actuellement au sein de la CEMAC. Le premier mérite du suffrage universel est de rendre le pouvoir acceptable aux yeux des citoyens. Un pouvoir qui n'émane pas directement d'eux demeure suspect et étranger. Combien de citoyens de la CEMAC peuvent donner cinq noms des députés de la communauté ? Dans ce cas, comment peuvent-ils faire confiance à ces députés s'ils ne connaissent même pas leurs noms ? Le second mérite du suffrage universel est de renforcer l'autorité des institutions qui en sont l'émanation par rapport aux autres pouvoirs de la « structure globale de domination », c'est-à-dire l'ensemble des pouvoirs au sens organisationnel qui sont liés entre eux par des rapports d'emprise réciproque et d'interdépendance[283]. Sans légitimité venant du peuple, il va falloir une institution disposant de « sources autonomes d'influence » pour pouvoir occuper une place raisonnable au sein du paysage institutionnel.

Dans ses pouvoirs de contrôle démocratique qui ne sont que consultatifs, le parlement de la communauté reçoit pour examen un rapport général sur le fonctionnement et l'État de la communauté. Il est saisi du rapport annuel de la Cour des comptes sur l'exécution du budget de la communauté. Les députés peuvent poser des questions écrites ou orales au président du Conseil des ministres, au président de la commission, aux commissaires et aux premiers responsables des organes et agences d'exécution de la

---

[279] *Op cit.*, p : 333.
[280] *Ibid.*
[281] *Ibid.*
[282] *Op cit.*, p. 334.
[283] Braud Ph, *op. cit.*, pp. 70-71.

communauté. Ils peuvent entendre sur leur initiative ou à leur demande, le président du Conseil des ministres, le président de la commission, les premiers responsables des organes et le chef de toute agence d'exécution. Il peut mener des missions d'information ou d'enquête et des missions d'observation. Toutefois, tous ces pouvoirs se limitent à trois prérogatives caractéristiques du simple pouvoir consultatif du parlement : interpeller la commission, saisir le Conseil des ministres et voter une motion de censure contre la commission ou saisir la conférence. Mais, le parlement ne peut pas demander la démission de la commission, seule la conférence peut le faire, tout comme elle a le pouvoir de dissoudre le parlement lui-même[284].

II/La représentativité de tous les acteurs pertinents de l'intégration

Dans le projet de traité, la conférence des chefs d'État de la communauté est exclusivement composée des autorités des États portant cette désignation, sans exception ; le Conseil des ministres comprend trois ministres par État membre que sont : les ministres en charge de l'intégration régionale/des affaires étrangères/des relations extérieures, le ministre en charge des finances et le ministre en charge de l'économie. Le comité des représentants permanents se compose des ambassadeurs, représentants permanents ou autres plénipotentiaires des États membres auprès du siège de la communauté. La Commission est composée des commissaires désignés par les gouvernements des États membres parmi leurs ressortissants pendant que le parlement communautaire comprend : 55 députés à raison de cinq sièges par État membre. La Cour de justice et des droits de l'homme quant à elle aura des membres choisis parmi les magistrats ressortissants des États partis possédant les qualifications et l'expérience requises pour occuper les plus hautes fonctions juridictionnelles, les professeurs d'université ayant une compétence notoire en droit communautaire et/ou en droits de l'homme, tous nommés par la conférence des chefs d'État, etc.

Le Conseil de paix et de sécurité présente les mêmes inquiétudes de gouvernance, à partir du moment où il demeure une institution purement inter-étatique ne prévoyant pas de représentativité pour les acteurs non-étatiques dont la contribution à la sécurité dans les Etats d'Afrique centrale est pourtant reconnue par les pouvoirs publics. Au Cameroun par exemple, depuis le début de la lutte contre la secte islamiste Boko Haram, des milliers de jeunes se sont réunis en comités de vigilance, positionnés en première ligne face aux kamikazes et aux raids djihadistes et encouragés par le gouvernement. Ces volontaires livrent de précieux renseignements aux responsables des bataillons d'intervention rapide (BIR), les unités d'élite de l'armée camerounaise. En échange, ils reçoivent de l'armée des médailles, des vivres et du crédit pour leurs téléphones. Aisha Pemboura relève avec

[284] Articles 36-45 du projet de convention régissant le Parlement de la Communauté d'Afrique centrale.

emphase combien la littérature consacrée aux comités de vigilance est « unanime sur l'efficacité opérationnelle de ces derniers sur le terrain de la lutte contre le terrorisme » au Cameroun[285]. Participant à la « défense populaire », ils permettent à l'État de « rationner ses dépenses militaires en comptant sur le soutien de la population pour préserver la sécurité »[286]. Ils sont efficaces et contribuent énormément à la réduction des victimes civiles de la guerre. Ils sont aussi adulés, respectés, décorés, un peu à l'image des citoyens héroïques[287]. Tout un vibrant hommage leur est rendu par le président de la République lors de son discours à la nation le 31 décembre 2015, presque au même titre que les forces de défense et de sécurité dont « la vaillance et le professionnalisme des uns, l'engagement et le courage des autres, ont permis de préserver l'intégrité de notre territoire ». Il reconnait que face aux atrocités de Boko Haram, « les forces vives de la nation se sont mobilisées pour dire, avec fermeté, non au terrorisme. Mieux encore, elles participent à l'effort de guerre, par leurs contributions financières ou matérielles ». Cette grande mobilisation des uns et des autres a donné une résonnance particulière à la stratégie camerounaise de défense populaire dans laquelle l'armée et nation font bloc pour préserver le territoire et la souveraineté. Il conclut en saluant « le rôle des comités de vigilance qui appuient avec efficacité les forces de défense et de sécurité »[288]. La place et les transformations de ces acteurs sont souvent discutées. L'ONG *International Crisis Group* relève combien les États africains confrontés à des insurrections croissantes sont constamment appelés à sous-traiter certains services de sécurité à des acteurs non étatiques ou à des comités de vigilance, dont beaucoup de membres ont pris les armes pour protéger leurs communautés. Cette approche qui se présente comme une nécessité, serait néanmoins dangereuse, en particulier dans les Etats politiquement instables et divisés : « Plus l'Etat est fragile, plus il est dépendant des comités de vigilance, mais moins il est capable de les contrôler ou d'empêcher les abus de pouvoir. Plus le comité de vigilance parvient à lutter contre les insurgés, plus il est difficile de démobiliser ses combattants, et plus il a de chances de s'établir durablement »[289]. Ces groupes de défense communautaire pourraient donc se transformer en organisations prédatrices, quasi

[285] Pemboura A, « Lutte contre l'extrémisme violent à l'extrême-nord du Cameroun : penser l'avenir des comités de vigilance », Article-5-vol-11-1-fr.pdf (caert.org.dz) consulté le 10 février 2024 à 03H20.

[286] *Ibid.*

[287] *Ibid.*

[288] Discours à la nation du président Paul Biya le 31 décembre 2015.

[289] International Crisis Group, 2017, « Une arme à double tranchant : Comités de vigilance et contre-insurrections africaines », *Rapport d'Afrique* n°251. dans 251 Une arme à double tranchant comités de vigilance (peacebyafrica.com) consulté le 10 février 2024 à 3h51 mn.

criminelles ou en ennemis de l'État central au point où les risques de leur mobilisation l'emporteraient sur les avantages[290]. La réalité de l'insécurité et des conflits asymétriques que connaissent les États africains sont tels qu'il est impossible de se passer de ces acteurs non-étatiques qui travaillent, certes avec des rationalités différentes, mais suppléent incontestablement l'Etat dans les lieux où il ne peut pas être en permanence avec efficacité. Parce qu'ils font partie de la communauté dont il faut assurer la sécurité, et parce que l'insécurité est commise par des acteurs dont ils peuvent avoir la connaissance, les associer tout en les encadrant ne peut avoir qu'une valeur ajoutée sur l'efficacité de la lutte. D'ailleurs, même les armés réguliers connaissent des dérapages en termes de criminalité au sein des troupes.

Tous les organes et institutions majeurs de la future communauté ci-dessus cités ne prévoient guère dans leur composition, les représentants des secteurs d'activité directement concernés par les questions traitées ou des défenseurs des droits et intérêts des citoyens de la communauté. Ils sont autrement appelés les « acteurs hors souveraineté ». Il s'agit des acteurs non-étatiques, c'est-à-dire tous les acteurs dont l'action ne dépend pas de la volonté des Etats ou des pouvoirs publics, mais qui sont mus par une volonté personnelle ou collective de défendre les intérêts d'un secteur d'activité donné ou de ceux des populations. Il s'agit des groupements civils divers à l'instar des associations, des organisations non-gouvernementales, des partis politiques, des entreprises, des firmes multinationales, des groupes ou associations religieuses, etc. Ces acteurs mènent des relations non-étatiques ou transnationales, et de par leur efficacité et leur dynamisme, ils imposent un regard différent des relations internationales qui échappe depuis à la vision réductrice qu'en donnent les perspectives inter-gouvernementalistes, lesquelles privilégient les interactions entre les nations ou entre gouvernements.

La représentation des acteurs non-étatiques sectoriels est rattrapée par la création d'un conseil économique, social et environnemental (CESE) composé de représentants de différentes catégories d'activités économiques, sociales et environnementales. Il est composé de plusieurs observatoires qui vont certainement contribuer à la formation et à la coordination des opinions des représentants de ces différents secteurs d'activités. Toutefois, comme c'est le cas du parlement de la communauté, le CESE est une institution consultative, donc limitée à conseiller et à éclairer les organes de pouvoir et de coordination sur des questions spécifiques lorsqu'elle est sollicitée. Ce type d'organe peut mener des études, des missions d'observation et de médiation et contribuer indirectement au processus de prise de décision, tout dépendant du leadership des personnes que l'on a à leur tête ou des ressources intérieures. Mais, les résultats de leurs démarches ne sont contraignants vis-à-vis d'aucun organe, institution ou agence d'exécution.

[290] *Ibid.*

Leur légitimité tient à la nature des problématiques abordées, mais leurs avis ne lient pas.

La faible représentativité des acteurs sectoriels et de la société civile dans les différentes instances qui traitent des questions dont ils sont concernés, ressemble fort bien à ce qui se passe dans les processus de sécuritisation où, non seulement c'est une oligarchie d'acteurs qui prend les décisions, en plus les autres options de décisions sont closes, car on se prive volontairement ou involontairement de saisir les autres significations et les autres chaines causales des phénomènes à traiter. Il y a risque de restriction drastique de la délibération, car on ne délibère plus parce que les termes du débat sont posés par les autorités suprêmes qui sont au début et à la fin de la décision collective. Tout ceci posera incontestablement un problème d'efficacité dans l'action des futurs organes, institutions et agences d'exécution.

Section 2 : Perspectives d'amélioration de la gouvernance

En partant de l'hypothèse que le principal problème que pose la structure de la future CER unique, telle qu'elle est proposée par le projet de traité validé par le conseil des ministres en août 2022, quatre solutions d'amélioration seront proposées : la soumission des adhésions ultérieures à des conditionnalités (I) et une meilleure participation des peuples et des acteurs pertinents de l'intégration, à travers l'octroi de plus de pouvoirs au parlement, à la commission et au CESE (II).

I/Des conditionnalités pour les adhérents ultérieurs

Le constat général est que la composition des organisations régionales ou à vocation spécialisée est soumise à des conditions politiques exigeantes, et que la cooptation et la part de l'idéologie y sont très importantes[291]. L'on exige aux nouveaux adhérents de faire la démonstration qu'ils sont aptes à remplir les obligations, respecter les principes et partager les objectifs qui réunissent les membres fondateurs[292]. Autant c'est le cas au sein des institutions financières internationales que sont le Fonds monétaire international et la Banque mondiale, qu'au sein de l'UE dont les conditionnalités ont déjà été présentées dans le chapitre précédent. Les États africains dans leur processus de coopération et d'intégration, au nom de l'unité et de la solidarité, ont conservé la fâcheuse habitude de vouloir faire avec tous les pays, même ceux qui ne sont pas dignes d'être membres des différentes organisations. Cela se traduit notamment par l'acceptation de l'adhésion de tous les États qui en expriment la volonté, même s'ils ne disposent pas des capacités à remplir les objectifs de base de l'organisation. L'on note régulièrement l'incapacité qu'ont de nombreux États à s'acquitter de leurs cotisations au sein des organisations auxquelles elles appartiennent.

---

[291] Devin G, *Les organisations internationales,* op cit., p. 86.
[292] *Ibid.*

Ceci les condamne à dépendre des financements extérieurs. À force de vouloir intégrer tout le monde sans condition, de nombreuses organisations africaines sont paralysées. Les arriérés des cotisations sont même l'une des causes de la « mort » de l'Organisation de l'unité africaine (OUA) au profit de l'UA qui, à son tour est tombée dans les mêmes travers, avec les mêmes conséquences. En 1995, l'OUA cumulait un total de 58 millions de dollars d'arriérés de cotisations de ses membres, et tentait d'engager des sanctions à l'encontre des mauvais payeurs de l'organisation. Les neuf États qui étaient en ligne de mire pour refus de règlement de leurs arriérés de cotisations étaient menacés d'interdiction de vote dans les assemblées, ou de présenter des candidats à des postes de responsabilité. En 2020, l'UA à son tour a pris la décision de suspendre le Soudan du Sud en retard de paiement de ses cotisations d'un montant de 9 millions de dollars. L'organisation continentale éprouve un grand besoin en ressources adéquates, fiables et prévisibles pour mettre en œuvre ses programmes, si elle veut atteindre ses objectifs de développement et d'intégration. Elle est confrontée à l'imprévisibilité et la volatilité de ses revenus, la dépendance vis-à-vis des partenaires extérieurs, la dépendance vis-à-vis d'un petit nombre d'États membres, la nécessité de démontrer l'optimisation des ressources et la probité, ainsi que l'augmentation de son budget[293]. L'enjeu d'instaurer des conditionnalités dans l'adhésion au sein de la future CER unique d'Afrique centrale réside dans le fait que la nouvelle structure pourra être plus viable, parce que composée d'États capables de remplir, non seulement les conditions de base reposant sur le respect des valeurs et principes prônés, mais également des conditions supplémentaires confirmant leur capacité à résister aux chocs intérieurs et extérieurs à l'instar de ceux vécus par les États membres actuels de la CEEAC et de la CEMAC.

II/Pour plus de pouvoirs aux organes et institutions d'intégration

Les trois institutions que sont la commission, le parlement communautaire et le CESE prévus dans le projet de traité constitutif de la CER unique, nous semblent ne pas avoir reçu tous les pouvoirs nécessaires leur permettant de faire avancer réellement l'intégration en Afrique centrale. Non pas qu'elles sont dénuées complètement de tout pouvoir, mais que l'on peut faire mieux pour qu'elles jouent effectivement le rôle qui est le leur dans le processus de prise de décision.

Concernant la commission de la future CER unique, l'essentiel de ses pouvoirs au sein du processus décisionnel de la communauté est contenu dans les dispositions qui lui donnent le droit d'initiative en matière normative, à côté des pouvoirs d'exécution et de mise en œuvre des politiques et programmes communautaires impulsés et adoptés par les

---

293 UA/Comité technique spécialisé sur la finance, les affaires monétaires, la planification économique et l'intégration, 4-6 mars 2019.

représentants des États dans les différents organes inter-gouvernementaux (conférence et conseil). Sauf dispositions contraires du traité constitutif et des textes subséquents, le président de la commission est le chef de l'exécutif de la communauté. Ces dispositions sont à quelques différences près similaires à celles qui sont contenues, tant dans le traité révisé de la CEEAC (2019) que dans le traité révisé de la CEMAC (2008 et 2009). Elles sont plus proches des formulations de la CEMAC, mais avec la même substance. Au sein de la CEMAC, la commission « dispose du droit d'initiative en matière normative, ainsi que des pouvoirs d'exécution et de mise en œuvre des politiques et programmes communautaires relevant de l'UEAC. À cet effet, sauf dispositions contraires, le conseil ne peut amender les propositions de la commission qu'à l'unanimité de ses membres ». Au sein de la CEEAC, la commission est l'organe exécutif de la Communauté, gardienne de l'esprit communautaire, partie prenante à l'élaboration des décisions, règlements et directives. C'est à ce titre qu'elle est entre autres chargée de l'élaboration des projets de texte à soumettre à la conférence et au conseil pour approbation.

De part et d'autre, la commission est l'exécutif et dispose du droit d'initiative en matière législative. Ce droit lui permet en principe d'être au cœur de la production des normes au sein de la Communauté. Il lui permet d'élaborer des projets de textes à soumettre à la conférence et au conseil. Par la suite, la Commission se limite à exécuter et à mettre en œuvre les politiques et programmes communautaires. Il ne lui est pas donné la possibilité de proposer des amendements des textes venant de ces deux instances. En tant que garant du respect et de l'application par les États membres ou leurs ressortissants des dispositions du traité constitutif et des actes pris par les organes, institutions et agences d'exécution de la communauté, il ne lui est pas donné la prérogative de sanctionner les États membres ou leurs ressortissants qui ne respectent pas ces textes. Or, en lui refusant le pouvoir de sanction, on amenuise son autorité. Le fait pour le président, le vice-président et les commissaires d'être nommés et démis par la conférence des chefs d'État, sans autres formalités devant d'autres instances comme le parlement, réduit encore plus cette autorité et leur légitimité. Les commissaires étant traditionnellement d'anciens ministres ou de simples hauts fonctionnaires, il est fort à parier qu'ils ne pourront jamais exprimer une volonté contraire à celle des chefs d'État, ou mener des réformes suffisamment audacieuses pour faire avancer l'intégration, tant que les textes ne leur confèrent pas un droit d'amendement ou de sanction des États ou de leurs ressortissants. Toutes les difficultés rencontrées et exprimées par l'ancien président de la commission de la CEMAC, le professeur Daniel Ona Ondo, sur la collecte de la taxe communautaire d'intégration (TCI) en sont la preuve.

Présentant au parlement de la CEMAC, le rapport général de fonctionnement et l'état de la communauté le 07 mars 2022, conformément aux dispositions de l'article 3 de la convention instituant le parlement communautaire, le président de la commission de la CEMAC avait relevé avec emphase pour le déplorer combien : « le défis le plus crucial, le principal risque qui pèse sur les perspectives de la communauté, porte sur la rétention de ses ressources »[294]. D'année en année, les performances de la TCI n'ont guère dépassé 40 % des recettes attendues, obérant la réalisation optimale des plans d'action communautaires et engendrant d'importantes dettes sociales dont l'encours ne cesse de s'épaissir. La rétention de la TCI mettrait à mal l'existence même des institutions communautaires[295].

L'article 52 du traité révisé de la CEMAC dispose que si un État ne s'est pas acquitté de ses contributions un an après l'expiration du délai fixé par les règlements financiers, sauf cas de force majeure dûment constatée par le conseil des ministres, le gouvernement de cet État est privé du droit de prendre part aux votes lors des assises des institutions, organes, et institutions spécialisées de la communauté. Six mois après la suspension du droit de vote, ledit gouvernement est privé de prendre part aux activités de la communauté, et cesse de bénéficier des avantages prévus au titre du traité et des conventions de l'UEAC et l'UMAC. Le traité révisé assigne à la commission la mission de veiller au respect et à l'application par les États membres ou leurs ressortissants, des dispositions du traité et des actes pris par les organes de la communauté, et d'attirer l'attention des États sur les conséquences du non-respect des politiques communautaires. Mais, le pouvoir de sanction ne lui revient pas, plutôt à la cour de justice qui constate les manquements et agit après silence du conseil des ministres. C'est pourquoi même après avoir constaté que le non-reversement de la TCI bloque le fonctionnement des institutions communautaires, le président Ona Ondo s'est limité à un plaidoyer devant le parlement à qui il avait demandé d'« inscrire la prise en compte de la problématique de la rétention de la TCI » parmi les priorités de ses actions alors que les parlementaires eux-mêmes n'ont qu'un pouvoir consultatif[296].

Le fait pour les rédacteurs du projet de traité de la futur CER unique de refuser et le pouvoir d'amendement, et le pouvoir de sanction à la Commission, et de limiter la nomination et la révocation des commissaires à la compétence de la seule conférence des chefs d'État sans formalité aucune devant une instance plus représentative comme le parlement, réduit l'autorité de cet organe qui est pourtant créé pour doter la Communauté d'une supranationalité au-dessus des différents États membres. Dans ce cas, la Commission aura du mal à incarner l'intérêt communautaire prévu dans les textes et dans la plupart des regroupements de cette nature.

---

[294] Parlement communautaire, 2022, *Journal des débats n°24*, session ordinaire du 07 février et du 08 mars 2022, p. 39.
[295] *Ibid.*
[296] *Ibid.*

Concernant le parlement de la future CER unique, l'idée d'en créer un au sein de la structure globale de domination de la future CER unique, repose sur la volonté d'accorder une plus grande participation des citoyens à la vie de la communauté, à travers leurs représentants parce que la Communauté se veut officiellement un regroupement des peuples. L'un des principes clés de la future CER unique est d'assurer « la participation des peuples de la région aux activités de la Communauté »[297]. Mais, comment une communauté des peuples peut exister et agir sans la représentation communautaire de ces peuples dans la chaine institutionnelle réelle pour qu'ils se sentent associés à la construction de l'édifice, parce que justement bien placée pour comprendre ces peuples ainsi que leurs difficultés ? Nous avons déjà souligné le fait que les députés de la Communauté étant élus au suffrage indirect, ils verront leur légitimité réduite, car le suffrage universel direct, certes contesté, dispose de nombreuses vertus. Il confère au pouvoir politique une prééminence juridique, dans la mesure où la légitimité rationnelle qu'il confère aboutit selon les termes de Philippe Braud « à ce que le peuple souverain, origine mythique de toute norme juridique, investit les organes de l'État [...] de la compétence pour poser les règles contraignantes sur l'ensemble du territoire »[298]. Cette prééminence juridique est doublée d'une prééminence éthique, c'est-à-dire d'« un label explicite de légitimité, en organisant la démonstration régulière de l'acquiescement des citoyens aux institutions politiques »[299]. Braud parle également d'une « prééminence scénique »[300] pour dire que la scène électorale constitue une sorte de grand spectacle à faire valoir les institutions démocratiques et les dirigeants que se donne « librement » le peuple souverain. Grâce à cette mise en scène, « l'attention de l'opinion publique est intensément concentrée sur les leaders politiques »[301] au point où, l'existence et l'influence des autres pouvoirs de la structure globale de domination sont rejetées « dans une ombre relative, leur poids largement occulté »[302]. Une institution issue du suffrage universel dispose plus globalement du « pouvoir » : elle incarne l'espoir, les illusions, les revendications des groupes, l'admiration, la déférence, la réceptivité aux messages émis, et devient pour ainsi dire un « modèle d'achèvement »[303].

Tout comme est également louable le souci que les dirigeants de l'Afrique centrale ont de promouvoir les principes démocratiques, de consolider les institutions et la culture démocratiques tout en assurant la

[297] Article 8 du projet de traité de la future CER unique.

[298] Braud P, 1980, *Le suffrage universel*, op cit., p. 74.

[299] *Ibid.*

[300] *Ibid.*

[301] *Op cit.*, p. 77.

[302] *Ibid.*

[303] *Ibid.*

bonne gouvernance et la protection des droits de l'homme et des peuples, il serait important de renforcer les pouvoirs des institutions clés que sont : la commission, le parlement, le CESE, et compléter la structure globale de contrainte par d'autres organes qui n'existent pas encore, mais qui pourtant joueraient un rôle fondamental. Le fait de limiter le parlement à une fonction consultative le dépouille de sa substance et risque d'en faire une institution d'« apparat » ou un organe « figurant », contrairement aux institutions d'« efficience »[304] qui participent réellement au processus décisionnel et pèsent sur les choix retenus. Alors que celles-ci sont associées quotidiennement à la prise de décision, bien qu'étant statutaires, sont avant tout symboliques et ne concourent pas de façon substantielle à la réalisation des objectifs de la communauté. Cette situation situe le parlement de la future CER au niveau le plus bas des institutions de ce type.

L'expérience du parlement de la CEMAC est assez édificatrice pour voir comment les parlementaires de la communauté ont su exploiter au fil des années, les maigres pouvoirs qui leur ont été concédés par les textes communautaires. Tout en reconnaissant le caractère modeste de leur contribution à la construction de l'édifice de la Communauté, ils ont véritablement mis en valeur certaines dispositions qui leur permettent de participer aux instants clés de la vie de la communauté. C'est le cas des dispositions leur permettant de participer aux travaux du conseil des ministres de l'UEAC. C'est surtout le cas des dispositions de l'article 13 de la convention instituant le parlement de la CEMAC qui prévoient que : chaque année, le président de la commission soumet au parlement, pour examen, un rapport général sur le fonctionnement et l'état de la communauté, et celles de l'article 22 qui disposent que le parlement émet un avis conforme sur le budget de la Communauté.

Au-delà, le parlement communautaire de la CEMAC assure sa diplomatie parlementaire, déploie des activités rattachées à l'actualité politique de la sous-région, etc. À chaque fois, les parlementaires de la CEMAC ont refusé de se complaire dans ce que l'ancien président de la chambre Hilarion Etong appelait la « situation de parasitage »[305] pour pouvoir jouer un véritable rôle dans le processus décisionnel de la Communauté. Face au parlement européen, les critiques parleraient d'un « simulacre de parlement mu par des compromis coupables et une logique technocratique »[306].

---

[304] Mvelle G, 2007, *L'Union africaine. Fondements, organes, programmes et actions*, L'Harmattan, Paris, p. 90.

[305] Parlement communautaire, *Journal des débats n°24*, p. 69.

[306] Costa O et J Navarro, 2003, « Les représentations au parlement européen. Qui représente les parlementaires européens ? » dans S Saurugger (sous la direction), 2003, *Les modes de représentations dans l'Union européenne*, L'Harmattan, Paris, p. 126.

À travers une philosophie de la « convergence », les élus de la CEMAC ont le plus souvent laissé passer par des votes à l'unanimité des députés présents, les questions qui leur ont été soumises sans présenter d'amendements. Cette convergence des points de vue est officiellement justifiée par le fait que, le parlement ne veut pas en rajouter aux difficultés qui plombent la Communauté et fait le choix d'assurer la légitimation de l'action de l'exécutif communautaire, en lui donnant un cadre juridique pertinent et une autorité politique nécessaire à son action. Cette philosophie de convergence est bien perceptible dans la procédure d'adoption du budget de la Communauté dont la Commission a toujours présenté le projet, à l'effet de recueillir l'avis obligatoire du parlement après l'aval du conseil des ministres. Mais, le parlement de la communauté peut-il aller au-delà des prérogatives que d'aucuns qualifient de résiduelles ? Il partage certes le pouvoir budgétaire avec la Commission et le Conseil des ministres, mais il n'émet qu'un avis obligatoire pour le vote du budget, c'est-à-dire que la Commission est obligée de lui présenter le budget, mais le sens et le contenu de ses délibérations ne lient pas en principe l'autorité de saisine, c'est-à-dire les commissaires qui peuvent donc aller de l'avant même avec des délibérations négatives.

L'avis conforme du parlement est requis pour les questions d'adhésion de nouveaux membres, les accords d'association avec les États tiers, le droit d'établissement et la libre circulation des personnes, des biens et des services. Lorsque le parlement de la Communauté relève des dysfonctionnements dans l'accomplissement des missions dévolues à la Commission par le traité de la CEMAC, il peut de façon graduelle saisir le Conseil des ministres, interpeller la Commission ou voter une motion de censure contre la Commission ou saisir la conférence des chefs d'État. Seuls les chefs d'État peuvent alors inviter la Commission à leur présenter sa démission[307].

Le projet de convention régissant le parlement de la CER unique d'Afrique centrale a repris presque à la virgule près, toutes les dispositions et surtout les faiblesses du parlement de la CEMAC, notamment le partage du pouvoir budgétaire avec la Commission et le Conseil des ministres, sans possibilité de présenter des amendements qui s'imposeraient à la Commission, le contrôle de l'action de la commission sans possibilité de l'inviter à la démission, etc. Dans ce cas, comme c'est le cas au sein de la CEMAC, tout dépendra du leadership des dirigeants du futur parlement communautaire pour rendre plus efficace les plaidoyers qu'ils auront à faire auprès des gouvernements, des organes, institutions et agences de la communauté au cours de leurs missions d'information ou d'enquête, et leurs missions d'observation prévues par l'article 41 du projet de convention. L'on s'attend encore à la philosophie de convergence dont parlait le président

[307] Article 19 de la convention régissant le parlement de la CEMAC.

Hilarion Etong. Mais*, si les choses restent en l'état, il va falloir que le nouveau parlement de la CER unique dispose de sources autonomes d'influence pour occuper la place qui devrait être la sienne dans le paysage institutionnel de la communauté.

Au-delà du mimétisme institutionnel pratiqué par les rédacteurs des textes de la future CER unique, il aurait été de bon ton que des innovations se firent jour pour que le changement souhaité par la rationalisation ne fût pas un simple effet de mode ou d'habillage cosmétique. Loin de militer pour une forte parlementarisation du système communautaire, qui donnerait trop de pouvoirs aux députés pour qu'ils aient la prétention d'être les seuls représentants des citoyens, un renforcement de leur pouvoir, celui de la Commission et du CESE est nécessaire.

Le concept de gouvernance qui est proclamé dans tous les textes communautaires, ne met-il pas en évidence la question de la capacité des pouvoirs publics à produire des résultats satisfaisants pour l'ensemble du corps social, en associant les principales parties prenantes à la production de la décision collective ? En montrant ses limites et la nécessité de recourir à d'autres acteurs aux rationalités différentes, la gouvernance pose le problème de « l'effacement relatif de la primauté de la politique et de l'État au profit d'une approche plus technique et négociée »[308] du politique ou de la gestion de la cité. L'idée est d'associer d'autres acteurs que ceux de la puissance publique. Ceux-ci contribueront de façon plus efficace et plus efficiente aux choix collectifs rationnels, à travers « des procédures consultatives et délibératives »[309] que d'aucuns jugent « inédites »[310]. L'on parle d'une double mutation du pouvoir, de la technique, mais aussi des idéologies de management, dans la mesure où la gouvernance se présente comme une nouvelle méthode de coproduction d'action publique reflétant « la fin des antagonismes classiques et la possibilité d'une autogestion des groupes sociaux »[311]. Le sens que les disciplines des sciences sociales donnent au concept diffère quelque peu, mais elles ont tous en toile de fond, l'idée de recul de la puissance publique ou de l'État, et l'ouverture de la décision à d'autres acteurs représentant des intérêts sectoriels et ayant une parfaite connaissance des dynamiques de terrain. L'on est en présence d'une gestion de la société nationale ou internationale à plusieurs échelles de décisions et avec plusieurs acteurs. Les économistes qualifient la gouvernance de « nouveaux mécanismes de coordination des activités économiques en dehors de l'échange et de la hiérarchie »[312]. L'État et ses représentants, bien que pouvant demeurer au cœur des processus internationaux, sont secourus

[308] *Op cit.*, pp: 163-164.
[309] *Ibid.*
[310] *Ibid.*
[311] *Ibid.*
[312] *Op cit.*, p. 164.

par d'autres acteurs aux rationalités et aux intérêts différents. Ceci les condamnant au repli, car obligés de s'adapter à la montée en puissance d'acteurs publics et privés, internes et externes, qui revendiquent légitimement le droit d'influencer et de participer à la décision publique[313].

313 *Ibid.*

Conclusion générale

Les dix chapitres que compte cet ouvrage sur l'intégration régionale en Afrique centrale ont pour ambition de nous offrir des enseignements, tant sur les dynamiques du haut que sur les déploiements du bas dans cette sous-région, au-delà d'un certain nombre de lieux communs souvent décalés de la réalité.

Notre préoccupation principale a été de savoir comment s'agencent toutes les réformes économiques, financières et institutionnelles en cours ces deux dernières décennies en Afrique centrale, et comment comptent-elles s'articuler avec la rationalisation des CER pour aboutir à une communauté unique ? Par ailleurs, ces réformes sont-elles capables de booster l'intégration et le développement de la région, dans un contexte de mondialisation où les États et peuples sont plus tournés vers le système global que vers l'Afrique elle-même ? Au-delà du diagnostic général opéré par l'Union africaine et la Commission économique des nations unies pour l'Afrique centrale (CEA), les trois institutions d'Afrique centrale et tous leurs démembrements sont-elles si en crise au point où elles sont devenues incapables d'assurer toute régulation de la vie sociale au sein de leur zone d'intégration ? Quelle est la capacité des institutions futures à contraindre les États et les populations de la communauté afin que l'on n'ait plus ces disparités dans l'application des instruments communautaires ? Quelles sont les raisons du retard qu'accuse le processus de rationalisation des CER en Afrique centrale depuis son lancement en 2007 ?

Avec trois regroupements (CEMAC, CEEAC, CEPGL) dont un seul est reconnu comme CER par l'UA, nous sommes néanmoins en présence d'un paysage institutionnel pluriel, et même concurrentiel qui est pour certains, une expression libre de la souveraineté des États à adhérer à autant de regroupements qu'ils le souhaitent, et pour d'autres, un facteur inhibant les efforts des gouvernements et freinant l'intégration et le développement de la région. De part et d'autre, la perspective est globalement économique, même si les économistes eux-mêmes pensent que l'intégration doit d'abord être politique et juridique. Il est question pour les trois regroupements de chercher la stabilité du cadre macro-économique des Etats et de la région, la transformation structurelle et profonde des économies afin de renforcer leur résilience et les placer sur le sentier de l'émergence, etc. Une perspective qui tire ses sources dans l'influence que les États de la région ont toujours subi de la part des institutions financières internationales (FMI, BM) et de la France notamment, qui ont toujours privilégié les aspects économiques de l'intégration au détriment des dynamiques plus politiques, tout en faisant mieux asseoir l'idéologique libérale et même néo-libérale dans les politiques régionales. Pourtant, au plan économique les scores affichés demandent toujours d'être améliorés.

Malgré l'opinion tenace selon laquelle : l'Afrique centrale est l'une des régions les moins intégrées sur le continent noir, de nombreuses avancées perceptibles ont pourtant été réalisées au fil des années, à l'instar du Marché commun de la CEMAC qui a progressé au niveau de la libre circulation des personnes et des biens, l'union douanière, la fiscalité et le commerce, même si les échanges intra-communautaires restent faibles (environ 4 %), et qu'ils sont plus favorables à certains pays (Cameroun, Gabon, Tchad et Congo) qu'à d'autres (RCA et Guinée Équatoriale). Avec l'arrivée en grande pompe de la ZLECAf, la CEMAC, bien que non reconnue par l'UA, a aussitôt mesuré l'importance des mutations à venir, en élaborant notamment la liste régionale harmonisée de ses concessions tarifaires, en vue de conserver les acquis de l'union douanière et de bénéficier d'une période de libéralisation plus longue tel que prévu par l'accord de Kigali (2018).

Les faiblesses ne manquent pas au sein de la région. Celle-ci peut même être considérée comme un système chaotique, à cause de sa forte sensibilité aux variations qu'engendrent les conditions initiales de production des évènements qui se déploient autour ou loin de lui. Ce chaos donne l'impression d'un désordre parce qu'il fait apparaître des évènements aléatoires, désordonnés ou imprévisibles qui sont difficilement maîtrisables par les dirigeants de la région. Les défis globaux produisent ainsi des variations et rendent le système afro-centralien qu'ils affectent chaotique parce qu'il est un lieu d'impact des chocs, et se trouve déstabilisé dans son cycle de vie. À ces défis globaux, il faut ajouter de nombreuses contraintes internes à la région, à l'instar des instabilités et des insécurités internes, les replis nationaux, la faible confiance entre les dirigeants des Etats, l'absence d'un leadership bienveillant, etc. D'où l'adoption volontaire ou non de toutes ces réformes observées au sein de la région tant à la CEEAC qu'à la CEMAC au cours des deux dernières décennies : rationalisation des CER, réformes économiques et financières, réformes institutionnelles, projets prioritaires, etc.

En retraçant les compositions et recompositions des regroupements régionaux en Afrique centrale, il nous a été donné de constater que les premières grandes réformes en Afrique centrale remontent à la décennie 1980-1990, avec l'adoption sous l'égide de la Banque mondiale de la grande réforme de l'UDEAC, comprenant un train de mesures au niveau régional dans le domaine de la politique financière, notamment dans les domaines de la politique fiscalo-douanière et de la politique des transports et du transit. Le programme de réforme proposé avait entre autres pour but d'améliorer le rendement des recettes fiscales au sein de l'UDEAC. Au fil des années, les six pays de l'UDEAC n'ont pour autant pas été épargnés de sérieuses difficultés économiques, exacerbés par la baisse brutale des prix des produits de base et la dépréciation du dollar. De part et d'autre, on y retrouve les mêmes difficultés à l'instar de la faible mobilisation des ressources intérieures, l'étroitesse de la base génératrice des recettes publiques, les taux de change surévalués, un compte vulnérable des opérations courantes, étroitement dépendant de secteurs exportateurs insuffisamment diversifiés, des dépenses publiques excessives, etc. D'où la vague des grandes révisions « constitutionnelles », des grandes réformes et de la rationalisation des CER dans lesquelles les dirigeants de l'Afrique centrale ont adopté le principe de la rationalisation des CER en 2007. Ensuite, le traité de la CEMAC a été révisé en 2008 et en 2009, le PER et le PREF ont été adoptés dans la foulée de la fin des années 2010 et le traité de la CEEAC revu et corrigé en 2019.

Le toilettage des différents textes constitutifs ainsi que les réformes adoptées sous l'égide des institutions financières internationales ont globalement pour but de moderniser les institutions, d'améliorer la gouvernance de la région, de maintenir la prospérité économique et d'avoir des espaces où les peuples se sentent chez eux et en sécurité dans les onze États.

Si des changements sont effectivement observables, il est à reconnaître également que de nombreux efforts restent à faire, si l'on compare la région avec d'autres espaces suffisamment intégrés. La prépondérance des institutions intergouvernementales, au détriment des organes d'intégration presque dépourvus de réels pouvoirs, demeure une cause de déséquilibre institutionnel portant atteinte à l'amélioration de la gouvernance souhaitée. Il en est de même de la prépondérance des préoccupations économiques sur les aspects sociaux et politiques, source de tensions sociales et d'instabilité dans la presque totalité des onze États de la région.

La région Afrique centrale demeure néanmoins un pôle d'attraction mondial du fait de ses positions favorables aux échanges extérieurs, particulièrement de sa position charnière et stratégique au centre de l'Afrique qui pourrait en faire une zone privilégiée d'échanges commerciaux entre les régions du continent. Les richesses y sont abondantes et font d'elle « une triple puissance » en matières premières, en agriculture et en métallurgie, laquelle doit néanmoins rester attentive aux défis globaux qui de par leurs variations, entraînent le plus souvent des instabilités inattendues, des contrechocs difficilement maîtrisables et obligent les dirigeants à se soumettre aux injonctions de la communauté internationale. Parce qu'ils ne se limitent pas dans les zones où ils prennent naissance, mais se propagent comme des vagues successives atteignant les espaces à première vue lointains, l'Afrique centrale devrait être plus prévisible pour assurer sa résilience et se reconstruire chaque fois que cela est nécessaire pour maîtriser son cycle de vie.

À côté de ces défis globaux, les contrecoups internes que sont les contraintes politiques et sécuritaires, ainsi que les faiblesses matérielles ou infrastructurelles, devraient demeurer des préoccupations constantes des dirigeants afro-centraliens. L'absence de confiance entre les États et au sein des États a entraîné et maintenu au fil des années, des insécurités internes et inter-étatiques qu'aucune institution de la région n'a pu maîtriser depuis leur création au début des années 1960. Le COPAX demeure la réponse contemporaine à cette préoccupation sécuritaire. Il est dédié à la coopération et à la prise de décisions en matière de défense commune, de promotion, de maintien et de consolidation de la paix, de sécurité et de stabilité. Toutefois, son efficacité et son opérationnalité sont à questionner au regard de la multitude des zones d'instabilité, de crises et de conflits qui existent dans les onze Etats d'Afrique centrale. Ceci redonne raison aux néoréalistes qui attribuent aux institutions une influence minimale sur les questions de paix dans le monde. Alors que les libéraux soutiennent qu'elles sont les agents qui éloignent les États de la guerre et renforcent l'équilibre des forces, les néo-réalistes eux relèvent la question de la confiance au cœur du dilemme de sécurité, car les États conduisent leurs comportements au gré de leurs intérêts et les institutions reflètent la distribution de la puissance entre les États. Aussi bien structurées puissent-elles être, les institutions ont difficilement d'effets indépendants de la volonté politique des États qui les composent. À l'image d'autres institutions ou organes internationaux qui se sont montrés défaillants face aux questions de paix et de sécurité, le COPAX a eu jusqu'ici de la peine à prévenir l'escalade et le risque de guerre, tant à l'intérieur des États qu'entre eux. N'est-il pas temps d'envisager une réforme du système de sécurité en Afrique centrale, à travers notamment l'application des principes généraux énoncés dans le cadre d'orientation élaborée par l'UA d'une part, et la fusion du COPAX et du CCPAC pour passer d'une architecture bipolaire à une structure unipolaire, source de plus d'efficacité et répondant mieux au contrôle démocratique des citoyens, tout en disposant de pouvoirs nécessaires pour ses interventions. Outre ces aspects politiques et administratifs que comporte ce type de réforme, il est important de s'appesantir sur les aspects techniques que sont : le renforcement des structures institutionnelles, le renforcement de la formation du personnel, l'adéquation entre équipements à acquérir et les missions assignées aux forces de sécurité, l'élargissement du nombre de parties prenantes au secteur de sécurité. L'amélioration de ces points d'ordre technique peut permettre à une armée multinationale comme la FOMAC de développer de nouvelles compétences liées aux opérations multinationales qu'elles accomplissent en collaboration avec des unités d'autres pays ; la modernisation donnant lieu à des adaptations opérationnelles en matière d'équipement, de formation et d'information sur les systèmes de commandement.

Les questions d'infrastructures restent également très préoccupantes dans la région, car il ne peut pas avoir d'intégration sans voie de communication permettant aux hommes et aux femmes, ainsi qu'à leurs biens de circuler de façon aisée dans un espace de près de 7 millions de km^2. Pour accélérer cette intégration physique, condition *sine qua none* de l'intégration générale, l'espoir réside dans l'accélération et la réalisation de certains projets prioritaires retenus, tant au sein de la CEMAC que de la CEEAC qui sont focalisés sur les domaines tels que : les infrastructures de transport, les infrastructures de télécommunications, les aménagements hydroélectriques et les infrastructures universitaires. L'impact qui est attendu porte justement sur la transformation rapide de cette intégration physique d'une part, et la préservation des acquis sociaux et du développement durable d'autre part.

Quoi qu'il en soit, nous jugeons l'option des projets prioritaires très pertinente et salutaire pour l'intégration et le développement en Afrique centrale parce qu'elle évite d'embrasser tous les objectifs généraux consignés dans les textes constitutifs de ces organisations à la fois. En partant des projets précis et limités, l'on est dans une démarche fonctionnaliste qui suggère que l'on assigne aux institutions d'intégration des fonctions spécifiques. Autrement dit, qu'elles remplissent des missions clairement définies en lieu et place d'une démarche plus généraliste tendant à embrasser tous les problèmes à la fois. Ensuite, cette option est pertinente au plan théorique parce qu'elle peut être source de *spill over* ou effet d'entrainement. La CEMAC, en commençant par les politiques budgétaires, les politiques monétaires, le système financier et les réformes structurelles a bien à l'esprit que : les résultats engrangés dans ces domaines peuvent entraîner d'autres résultats dans d'autres domaines de l'intégration. Les réformes sur les politiques budgétaires, en essayant de renforcer la politique fiscale des Etats, la rationalisation de leur gestion financière, la rationalisation et l'amélioration de la qualité et de l'efficacité de la dépense publique, l'harmonisation des règles budgétaires et l'amélioration de la coordination des politiques budgétaires, espèrent les rendre les plus solvables tant vis-à-vis des bailleurs de fonds internationaux et surtout vis-à-vis des instances communautaires. Enfin, elle inscrit l'intégration en Afrique centrale dans un processus d'apprentissage permanent, car, l'on est dans un processus évoluant par boucles rétroactives où les dirigeants se fixent des objectifs à atteindre en commun, grâce à des institutions régionales et prennent des décisions qui peuvent aboutir à des effets inespérés et les amener aussi à réviser les objectifs initiaux.

Concernant la rationalisation des CER dans la région, notre hypothèse selon laquelle l'expression « A terme » glissée dans la déclaration des chefs d'État d'Afrique centrale de 2007 n'était pas anodine. Il est communément admis que les hommes politiques (tous genres confondus) utilisent régulièrement des mots et des expressions implicites pour cacher leur vraie opinion sur des questions sensibles, dans le but d'éviter d'être tenus pour responsables des promesses difficiles à respecter, d'une politique moins populaire, ou d'une décision qu'ils ne veulent pas voir aboutir. Les spécialistes de la linguistique en lien avec les analystes du discours politique se demandent s'il s'agit d'une question de dilution des responsabilités, ou plutôt une stratégie rhétorique faisant partie du jeu politique[314]. Dans cette stratégie, l'on retrouve souvent l'arme redoutable qu'est l'ironie : phénomène discursif fort contextualisé, dissocié entre le dit et le pensé, et selon lequel le locuteur crée un effet de non prise en charge de l'énonciation[315]. Les intentions discursives et le point de vue ne sont pas explicitement exprimés, mais sont déguisés « pour des raisons stratégiques et argumentatives »[316]. Dix-sept ans après son lancement en Afrique centrale, le processus de rationalisation est toujours en cours. Pourtant, toutes les dispositions administratives et institutionnelles ont été prises à travers la mise sur pied d'un comité de pilotage, d'un secrétariat technique et de la signature par l'État du Cameroun en 2018, d'un accord prévoyant des facilités et privilèges liés notamment au siège, aux locaux, aux documents et archives, aux biens et avoirs, au service public et d'utilité publique, aux facilités de communication, ainsi qu'aux facilités fiscales et douanières accordées aux personnels chargés de conduire la rationalisation. De nombreux textes appartenant à la CEEAC et à la CEMAC ont déjà été harmonisés, et le projet de traité de fusion a reçu un avis favorable de la part du Conseil des ministres de la région depuis le mois d'août 2022, pour transmission au président dédié de la rationalisation afin qu'il le soumette à ses pairs pour adoption éventuelle. Deux ans après, lors de la 6e réunion du Conseil des ministres du Comité de pilotage de la rationalisation des CER en Afrique centrale, tenue le 07 juin 2024, de nombreux autres textes ont été adoptés dont ceux portant sur le parlement communautaire, le projet de convention régissant la cour de justice et des droits de l'homme, le projet de plan de transition et projet de décision y afférant, le projet de protocole régissant la Haute autorité monétaire de l'Afrique centrale, et le projet de protocole régissant la haute autorité des marchés financiers de l'Afrique centrale. Toutefois, au lieu que ces textes soient enfin transmis au président dédié de la rationalisation pour qu'il puisse les soumettre à son tour à ses pairs, le Conseil des ministres, après avoir approuvé les quatre principes qui soutiendront la transition vers une CER unique en Afrique centrale[317], a encore demandé au COPIL et aux experts de préparer des « hypothèses de mise en œuvre adossées à une stratégie de financement ». Une décision qui

---

[314] Ce que les hommes politiques disent en ne le disant pas. L'implicite et le sous-entendu dans le discours politique actuel | MSH-ALPES - Université Grenoble Alpes consulté le 22 mars 2024 à 15h04.

[315] Ibid.

[316] Ibid.

[317] Principe de progressivité, principe de respect et de la capitalisation des acquis communautaires, principe de soutenabilité budgétaire et principe de solidarité communautaire. Communiqué final de la 6e réunion du conseil des ministres du comité de pilotage de la rationalisation des CER en Afrique centrale tenue le 07 juin 2024.

reporte encore la finalisation du processus de rationalisation, bien évidemment à une date ultérieure. L'hypothèse de l'expression « À terme », glissée dans la déclaration de 2007 pour prendre du temps, nous semble donc très valide.

À quel modèle théorique correspond finalement l'intégration régionale en Afrique centrale ? Est-ce du fonctionnalisme, du néo-fonctionnalisme ou de l'intergouvernementalisme ?

L'intergouvernementalisme nous semble être le modèle dominant dans cette région, car, tout est décidé, accéléré, ralenti, ou annulé par les Etats, leurs gouvernements et leurs représentants. C'est la volonté étatique qui est mise en œuvre, et aucune instance communautaire ne saurait prendre une décision sans qu'elle ait débord fait l'objet de négociation entre les représentants des États. Ce sont ces États qui décident d'un projet. Les acteurs de la société civile et autres mouvements transnationaux peuvent jouer un rôle important dans le processus d'intégration, mais leur marge de manœuvre reste limitée dans l'élaboration de la décision publique. Parfois, ces acteurs sont complètement absents des processus aboutissant aux grandes décisions. La supranationalité est encore embryonnaire en Afrique centrale, et toutes les décisions sont prises sur instruction et au nom des chefs d'État. De nombreux textes communautaires sont audacieux, mais la manière dont ils sont malmenés par les agents publics des États oblige à nier sérieusement cette supériorité des normes et instances communautaires sur les structures nationales. Le cas de l'application du TEC au sein de la CEMAC est entre autres exemples qui illustrent cette situation, et qui confirment l'hypothèse intergouvernementale de l'intégration en Afrique centrale.

La forte spécialisation de certains démembrements de la CEEAC, la CEMAC et la CEPGL fait tout de même penser au fonctionnalisme, au néo fonctionnalisme, et à certaines de leurs notions clés comme le *spill over*, ou le phénomène d'apprentissage. En débutant les réformes par les politiques budgétaires, les politiques monétaires, le système financier et les réformes structurelles, cela peut entrainer des résultats dans d'autres domaines de l'intégration. L'amélioration des politiques budgétaires à travers le renforcement de la politique fiscale des Etats, la rationalisation de leur gestion financière, la rationalisation et l'amélioration de la qualité et de l'efficacité de la dépense publique, l'harmonisation des règles budgétaires et l'amélioration de la coordination des politiques budgétaires peuvent les rendre plus solvables tant vis-à-vis des bailleurs de fonds internationaux que vis-à-vis des instances communautaires. Nos observations nous permettent donc de parler de l'intégration en Afrique centrale comme un modèle hybride à dominante intergouvernementale.

Bibliographie

— African Union Commission, 2009, "Towards a Single African Currency".
— Arès M, Boulanger E et Deblock C, 2016, « Intégration ou interconnexion ? » *Revue Interventions économiques*, n° 55.

— Auttissier D et Moutot J M, 2016, *Méthode de conduite du changement. Diagnostic, accompagnement, performance*, 4e édition, DUNOD, Paris.

— Avom D, 2020, « Zone de libre-échange continentale africaine : relever les défis à la mise en œuvre », *Cameroun Business Today*, n° 153.
— Avom D, et Nguekeng B, 2020, « Transformations structurelles des économies d'Afrique subsaharienne : Quels rôles des chaines de valeurs mondiales ? » *Revue d'économie de développement.*

— Babissakana T, 2021, « Monnaie commune de l'Afrique Centrale et nouvelle coopération avec la France », https://ndengue.com/monnaie-commune-de-lafrique-centrale-et-nouvelle-cooperation-avec-la-france-par-babissakana/.

— BAD, Fonds Africain De Développement, UA, *Programme pour le développement des infrastructures en Afrique (PIDA) : Interconnecter, intégrer et transformer un continent.*

— Badie B, 1998, « De la souveraineté à la capacité de l'État » in Smouts M C, (sous la dir.), *Les nouvelles relations internationales*, Presses de Science Po, Paris.

— Banque Mondiale, 1992, *Coopération régional et ajustement structurel : Programme de réformes de la politique fiscalo-douanière pour les États membres de l'UDEAC*, rapport n° 9747.

— Bansept L, 2022, *Les opérations spéciales françaises. Quelle place dans la compétition de puissance ? Briefings de l'IFRI.*

— Binoche B, 2004, « Les deux principes du libéralisme », *Actuel Marx*, n° 36.

— Boussaguet J, et Ravinet P, (Dir), (2006), *Dictionnaire des politiques publiques*, 2e édition revue et corrigée, coll. Références.

— Braud P, 1980, *Le suffrage universel contre la démocratie*, PUF, Paris.

— CEA, 2006, *Etat de l'intégration régionale Afrique II : Rationalisation des communautés économiques régionale*s.

— CEA/BSR/AC et CEA, 2011, *Les économies de l'Afrique centrale 2011. Enjeux et opportunités des politiques industrielles en Afrique centrale,* JePublie.
— CEMAC, 2025/2009, *Vers une économie régionale intégrée et émergente. Programme économie et régional 2010-2015*, 2009, Vol. 1, rapport final.

— CEMAC, 2025/2009, « Vers une économie régionale intégrée et émergente. Programme économique régional 2010-2015 », Vol. 1, *rapport final.*

— CEMAC, 2025/2009, *Vers une économie régionale intégrée et émergente. Programme économie et régional 2010-2015*, Vol. 1, rapport final.

— CEMAC, 2018, *Note de conjoncture commerciale*,.

— CEMAC, 2019, *Atelier régional sur l'élaboration de la liste harmonisée de concessions tarifaires CEMAC pour la ZLECAF*, Douala, Cameroun.

— CEMAC/Congo, 2011, *Programme économique régional, volet Congo,* https://cemac.int/wpcontent/uploads/2023/07/Per_Pays_Congo.pdf.

— CEMAC/Gabon, 2011, *Programme économique régional, voletGabon,* https://cemac.int/wpcontent/uploads/2023/07/Per_Pays_Gabon.pdf.

— CEMAC/Guinée Equatoriale, 2011, Programme *économique régional, volet Guinée Équatoriale,* https://cemac.int/wp-content/uploads/2023/07/Per_Pays_GE.pdf consulté le 02 janvier 2024.

— CEMAC/RCA, 2011, « Programme économique régional, volet RCA ». https://cemac.int/wpcontent/uploads/2023/07/per_Pays_Centrafrique.pdf.

— CEMAC/Tchad, 2011, *Programme économique régional, volet Tchad,* https://cemac.int/wpcontent/uploads/2023/07/Per_Pays_Tchad.pdf.

— Constantin F, 1972, « L'intégration régionale en Afrique noire : État des travaux », *Revue française de science politique*, Vol 22, n° 5.
- Costa O et Navarro J, 2003, « Les représentations au parlement européen. Qui représentent les parlementaires européens ? » In Saurugger S (dir.), 2003, *Les modes de représentations dans l'Union européenne*, L'Harmattan, Paris.

— Daugeron B, 2013, « La notion de suffrage « indirect » », *Revue française d'histoire des idées politiques*, n° 38.

— Decraene P, 1989, *l'Afrique centrale*, CHAEAM, Paris.

— Dehousse R, 2013, « La méthode communautaire, système opérationnel par défaut de l'UE », *Notre Europe.*

— Delavallée E, 2014, *Les 10 règles d'or du changement. Une méthodologie et des outils opérationnelles pour conduire vos transformations*, Eyrolles, Paris.

— Devin G, 2016, *Les organisations internationales*, Paris, Armand Colin.
— Doyle M, 2019, *Le libéralisme, entre guerre et paix. À quelles conditions une démocratie doit-elle faire la guerre ?* Entretien mené par Marieke L, traduit par Catherine Guesde.

— Dubar C, 2013, « Communauté et Société, F. Tönnies », *Sociologie du travail* [En ligne], Vol. 55 — n° 1, consulté le 21 février 2024. URL : http://journals.openedition.org/sdt/12578 ; DOI : https://doi.org/10.4000/sdt.12578, consulté le 21 février 2024 à 02h45mn.

— Dubouis L et Bluman C, 2006, *Droit matériel de l'Union européenne*, 4e édition, Paris, Montchrestien.
— Dussouy G, 2006, *Les théories de l'interétatique. Traité de Relations internationales (II),* Paris, L'Harmattan.
— Ekoue Amaïzo Y, 2010, « Union monétaire et convergence : efficacité dans les échanges et souveraineté africaine », *Proceeding of the First Congress of African Economists, African Union Commission.*
— Ethier D, 2010, *Introduction aux relations internationale*, Presses de l'Université de Montréal, Montréal.

— Figuiere C, et Guilhot Laëtitia : « Propositions pour une « approche combinée » des processus d'intégration économique régionale. L'Asie orientale comme test », Économie et institutions [En ligne], 20-21 | 2014, mis en ligne le 01 juin 2014, consulté le 19 avril 2020. URL : http://journals.openedition.org/ei/5597 ; DOI : **https://doi.org/10.4000/ei.5597**.
— FMI, 2009, « La crise financière internationale et la récession mondiale : impact sur la région de la CEMAC et considérations stratégiques », note d'orientation.

— Fouellefak Kana C, 2011, « Cheikh Anta Diop et le panafricanisme : *un repère pour l'Afrique et sa jeunesse* ? », Ethiopiques, n° 87, http://ethiopiques.refer.sn/spip.php?article1789#nb1.

— Franck C, 1996, « L'Europe et ses États », Etudes internationales, vol.27, n° 4.

— Gaymard H, 2024, « L'Afrique, miroir de nos peines ? » Politique étrangère, n° 241.

— Guibet Lafaye C, 2014, « La domination sociale dans le contexte contemporain », Recherches sociologiques et anthropologiques [En ligne].

— Guillaumont P et Guillaumont S, 2014/4, « Un indicateur de besoin d'intégration régionale », *Revue d'économie de développement*, vol.22.

— Haile-Gabriel A, 2021, « L'agriculture, la clé du libre-échange en Afrique. La transformation des systèmes agroalimentaires peut libérer le potentiel de l'Afrique », *Afrique Renouveau.*

— Hall P A et Taylor R C, 1997, « La science politique et les trois néo-institutionnalismes », *Revue française de science politique.*

— Hermet G, Badie B, Birnbaum O et Braud P, 2005, *Dictionnaire de la science politique et des institutions politiques*, 6e édition, Paris, Armand Colin.

— Hermet G, Badie B, Birnbaum P et Braud P, 2015, *Dictionnaire de la science politique et des institutions politiques*, 7e édition, Paris, Armand Colin.

— Hibou B, 1995, « Contradictions de l'intégration régionale en Afrique centrale », *Politique africaine*

— Hugon Ph, 2015, « L'intégration régionale et les trappes à vulnérabilité », *Revue Tiers Monde*, Armand Colin, n° 222, pp : 123-140.
— Hugon Ph, Les théories de la régionalisation, dans Les économies en développement à l'heure de la régionalisation.
— Hugon P, 2003, Les *économies en développement à l'heure de la régionalisation*, Paris, Karthala.

— International Crisis Group, 2017, « Une arme à double tranchant : Comités de vigilance et contre-insurrections africaines », *Rapport d'Afrique* n° 251.

— Joana J et Smith A, 2002, « Cultures nationales et institutions communautaires : Les cabinets des commissaires européens », *Revue internationale de politique comparée*, Vol. 9, n° 3.

— Kamto M, Pondi J — E et Zang L, 1990, *L'OUA : rétrospective et perspectives africaines,* Paris, Economica.
— Keohane R et M L, 1995, « The Promise of institutionalist theory », *International Security*, Vol. 20, No. 1.

— Kodjo Edem, 2013, *Panafricanisme et Renaissance africaine,* Graines de Pensées.
— Langlois G, 1999 « A quoi sert l'histoire ? », PUM en ligne, https://books.openedition.org/pum/13250?lang=fr.

— Lequesne Ch, 1996, « La commission européenne entre autonomie et dépendance », *Revue française de science politique*, vol. 46, n° 3.
— Lequesne Ch et Smith Andy (1997), « Union européenne et science politique : où en est le débat théorique ? », Cultures & Conflits [En ligne], 28 | hiver 1997, mis en ligne le 16 mars 2006.
— Limpens A, 1967, « Harmonisation des législations dans le cadre du Marché commun », *Revue internationale de droit comparé*. Vol. 19 N° 3.

— Mahiou A, 2010, *La Déclaration concernant l'instauration d'un nouvel ordre économique international*, United Nations Audiovisual Library of International Law

— Majone G, 1996, « Une approche théorique des politiques européennes », *Revue française de science politique*, vol.46, n° 1.

— Martin J P et Nonn H, 1980, « La notion d'intégration », *Travaux de l'Institut de géographie de Reims*

— Mbodj Th S, 1972, *De la théorie des cercles concentriques*, Université de Dakar.
— Measheimer J, 1994-1995, « The false promise of international institutions », *International Security*, Vol. 19, No. 3.

— Ménissier T, 2009, « La légitime défense, hier et aujourd'hui : le « résidu réaliste » du droit international », *Revue de métaphysique et de morale*, n° 64.

— Morin E, 2005, *Introduction à la pensée complexe*, Paris, Seuil.

— Mvelle G, 2013, *L'Union africaine face aux contraintes de l'action collective*, Paris, L'Harmattan.
— Mvelle G, 2019, « Une géopolitique de l'Union africaine : genèse et limite d'un projet prométhéen », *Revue camerounaise d'études internationales*, vol. 13, n° 1, pp : 23-37.
— Mvelle G, 2023, « La RSS en Afrique centrale à l'épreuve de la rationalisation CEEAC-CEMAC. Essai sur une unipolarisation sécuritaire autour du COPAX », Revue africaine de sécurité internationale, n° 005, pp : 362-363.
— Mvelle G, et Zang L, (sous la direction) 2017, L*'Union africaine quinze ans après*, Tome 1 et Tome 2, Paris, L'Harmattan.
— Mvelle G, *L'Union africaine : Fondements, structure, programmes et actions,* Paris, L'Harmattan, 2007.
— Mvelle G, « La CEMAC : à la recherche d'une introuvable nature théorique », *Revue africaine d'études stratégiques et politiques,* n° 6, 2009.
— Mvelle G, 2007, *L'Union africaine. Fondements, organes, programmes et actions*, Paris, L'Harmattan.

— Nadau C, 2010, « La résistance à la domination dans la théorie de la guerre juste », in *Le Cosmopolitisme. Enjeux et débats contemporains*,.

— Ndongo Ndiaye, *Théorie sur la Renaissance africaine*, Edition Menaibuc, Paris, 2006.

— Nkrumah K, 1994, *L'Afrique doit s'unir*, Présence africaine.

— Nye J, 1990, *Le leadership américain. Quand les règles du jeu changent*, Presses universitaires de Nancy.

— Nyerere K J, *Socialisme, démocratie et unité africaine. La déclaration d'Arusha*, textes politiques, Présence africaine, 1970.

— OCDE, 2001, « La sécurité en tant que facteur de développement », *Revue de l'OCDE sur le développement*, 2001/3.

— ONU/CEA et Centre africain pour les politiques commerciales (CAPC), 2023, *La ZLECAF : Tout ce que vous devez savoir. Foire aux questions et réponses*, n° 1.

— ONU/CEA, 2011, *Les économies de l'Afrique centrale 2011. Enjeux et opportunité des politiques industrielles en Afrique centrale.*

— ONU/CEA, 2011, *Les économies de l'Afrique centrale 2011.*

— Pemboura A, (2022), « Lutte contre l'extrémisme violent à l'extrême-nord du Cameroun : penser l'avenir des comités de vigilance », *African Center for the Study and Research on Terrorism,* Article-5-vol-11-1-fr.pdf (caert.org.dz).

— PREF-CEMAC, 2020, *Cadre stratégique pour les accords de seconde génération des pays de la CEMAC avec les partenaires techniques et financiers internationaux*,.

— PREF-CEMAC, 2021, *Document cadre révisé du Programme des réformes économiques et financières (PREF) phase 2 : 2021-2025.*

— Renouvin P et Duroselle J B, 1965, « Introduction à l'histoire des relations internationales », *Population*, vol. 20, no 3.

— Richardot P, 2003, *Les grands empires. Histoire et géopolitique*, Paris, Ellipses.

— Rocher G, 1973, *L'idéologie du changement comme facteur de mutation sociale*, Les Classiques des sciences sociales.

— Saglio-Yatzimirsky M C, 2019, « L'hospitalité est une question de parole », *Diversité*, n° 196.

— Salais R, 2011, « Indicateurs et conduite des politiques publiques : où sont les problèmes », *Informations sociales,* n° 167.

— Santander S, « Un regard comparatif sur les régionalismes africain et latino-américain », revue *Interventions économiques*, hors-série mars 2017.

— Saurugger S et Surel Y, 2006, « L'européanisation comme processus de transfert de politique publique », *Revue internationale de politique comparée,* vol.13.

— Saurugger S, 2020, *Théories et concepts de l'intégration européenne*, 2e édition mise à jour et augmentée, Presses de Sciences Po.

— Schwartz S H, 2006, « Les valeurs de base de la personne : théorie, mesures et applications », *Revue française de sociologie*, Vol. 47.

— Senarclens De P et Arifin Y, 2010, *La politique internationale*, Armand Clin, Paris.

— Sierpinski B, 2006, « La légitime défense en droit international : quelques observations sur un concept juridique ambigu », *Revue québécoise de droit international*,.

— Suarez A, 2009, *Intégration régionale : évolution d'un concept, Hachette Supérieur.*

— Tayebi O, 2022, « Réforme de la CEEAC : entre modernisation des institutions et redynamisation du processus d'intégration régionale », *Policy Center for the New South.*

— Touadera F A, 2024, *Discours du président, célébration du 30e anniversaire de la CEMAC*, 16 mars.

— *Transtec Project Management*, 2013, *Rapport général sur l'étude de la mise en place d'un observatoire du climat des affaires en zone CEMAC.*

— UA, 2024, *Rapport du président Paul Kagame sur la réforme institutionnelle de l'Union africaine*, 37e sommet de l'UA, Addis-Abeba.

Structures éditoriales du groupe L'Harmattan

L'Harmattan Italie
Via degli Artisti, 15
10124 Torino
harmattan.italia@gmail.com

L'Harmattan Hongrie
Kossuth l. u. 14-16.
1053 Budapest
harmattan@harmattan.hu

L'Harmattan Sénégal
10 VDN en face Mermoz
BP 45034 Dakar-Fann
senharmattan@gmail.com

L'Harmattan Cameroun
TSINGA/FECAFOOT
BP 11486 Yaoundé
inkoukam@gmail.com

L'Harmattan Burkina Faso
Achille Somé – tengnule@hotmail.fr

L'Harmattan Guinée
Almamya, rue KA 028 OKB Agency
BP 3470 Conakry
harmattanguinee@yahoo.fr

L'Harmattan RDC
185, avenue Nyangwe
Commune de Lingwala – Kinshasa
matangilamusadila@yahoo.fr

L'Harmattan Congo
219, avenue Nelson Mandela
BP 2874 Brazzaville
harmattan.congo@yahoo.fr

L'Harmattan Mali
ACI 2000 - Immeuble Mgr Jean Marie Cisse
Bureau 10
BP 145 Bamako-Mali
mali@harmattan.fr

L'Harmattan Togo
Djidjole – Lomé
Maison Amela
face EPP BATOME
ddamela@aol.com

L'Harmattan Côte d'Ivoire
Résidence Karl – Cité des Arts
Abidjan-Cocody
03 BP 1588 Abidjan
espace_harmattan.ci@hotmail.fr

Nos librairies en France

Librairie internationale
16, rue des Écoles
75005 Paris
librairie.internationale@harmattan.fr
01 40 46 79 11
www.librairieharmattan.com

Librairie des savoirs
21, rue des Écoles
75005 Paris
librairie.sh@harmattan.fr
01 46 34 13 71
www.librairieharmattansh.com

Librairie Le Lucernaire
53, rue Notre-Dame-des-Champs
75006 Paris
librairie@lucernaire.fr
01 42 22 67 13

www.ingramcontent.com/pod-product-compliance
Lightning Source LLC
LaVergne TN
LVHW010020081026
849535LV00016B/1949